महिला सशक्तिकरण
सम्मान, समृद्धि और सुदृढ़ता

लेखक

कु. राजीव रंजन सिंह

संपादन

अमित कुमार

डायमंड बुक्स

www.diamondbooks.in

प्रकाशक	: **डायमंड पॉकेट बुक्स (प्रा.) लि.** X-30 ओखला इंडस्ट्रियल एरिया, फेस - II नई दिल्ली- 110020
फोन	: 011-40712200
ई-मेल	: wecare@diamondbooks.in
वेबसाइट	: www.diamondbooks.in
संस्करण	: 2025

Mahila Sashaktikaran : Samman Samriddhi Aur Sudridhta

by *Kr. Rajiv Ranjan Singh*
Edt. *Amit Kumar*

भूमिका

महिला सशक्तिकरण : सम्मान, समृद्धि और सुदृढ़ता

भारत के चौतरफा विकास की गाथा लिखने के क्रम में आधी आबादी के योगदान को कतई नकारा नहीं जा सकता। देश में महिला सशक्तिकरण के लिए राष्ट्रीय नीति (2001) बनाए जाने के बाद उनके कदम सामाजिक, राजनीतिक, प्रशासनिक, शैक्षणिक और आर्थिक क्षेत्र में सुदृढ़ संकल्प के साथ उठे जरूर, लेकिन उन्हें बीते एक दशक में जो कुछ हासिल हुआ वह केंद्र और राज्य सरकारों से मिली हर स्तर की नीतिगत कार्य योजनाएं, निर्धारित लक्ष्य, उद्देश्य, सुरक्षा, सुविधाएं, सहूलियतें और विशेष सम्मान की बदौलत ही संभव हो पाया। इस दौरान केंद्र सरकार द्वारा संचालित कार्य-नीति से हर वर्ग की महिलाओं को मिलने वाला लाभ बेमिसाल साबित हुआ, जिससे उनका न केवल जीवन स्तर और रहन-सहन में व्यापक सुधार आया, बल्कि पारिवारिक और सामाजिक दायित्व के प्रति उनका नजरिया ही बदल गया और खुद को बेहतर बनाने से लेकर हर क्षेत्र में ऊंची उड़ान भरने तक की अनगिनत मिसालें बनाती चली गईं... उनमें जिस तरह आत्मसम्मान के साथ आत्मविश्वास की भावना भर गई है, वह भारत में महिला सशक्तिकरण की पुष्टि करता है...

विषय सूची

प्रस्तावना

बेमिसाल बेटियों की ऊंची उड़ान

बीते एक दशक के दौरान भारत में महिला सशक्तिकरण की बुनियाद ने समाज और देश के विकास में महत्वपूर्ण भूमिका निभाई है। यह कहें कि पिछले दस वर्षों में महिलाओं के अधिकारों की रक्षा, शिक्षा, स्वास्थ्य, रोजगार और राजनीतिक भागीदारी के क्षेत्र में कई महत्वपूर्ण कदम उठाए गए हैं, जिनसे महिला सशक्तिकरण की दिशा में जबरदस्त प्रगति हुई है। इनमें शामिल हैं—

1. कानूनी सुधार और नीतियाँ :

महिला सशक्तिकरण के लिए भारत सरकार ने कई कानूनी सुधार किए हैं, जिससे नीतियों में बदलाव आने से हर वर्ग की महिलाओं के अधिकारों में वृद्धि हुई है। इनमें निर्भया क़ानून (2013) जैसे विधायी बदलाव शामिल हैं, जो महिलाओं के खिलाफ हिंसा और यौन उत्पीड़न को रोकने में सहायक रहे हैं। इसके अलावा, महिलाओं को संपत्ति में अधिकार देने के लिए हिंदू उत्तराधिकारी अधिकार अधिनियम (2005) में सुधार किया गया, तो मुस्लिम महिलाओं को तीन तलाक से संबंधित कानून बनाकर इसके दुष्प्रभाव पर अंकुश लगा दिया गया। भारत में तीन तलाक पर विवाद लंबे समय से चल रहा था, जिसे 2017 में सुप्रीम कोर्ट ने संविधान के अनुच्छेद 14 (समानता का अधिकार) के तहत असंवैधानिक करार दिया था। इसके बाद सरकार ने तीन तलाक पर कानून बनाने की दिशा में कदम बढ़ाया। तीन तलाक पर यह कानून मुस्लिम महिलाओं के अधिकारों को सुनिश्चित करता है और यह सुनिश्चित करता है कि पुरुष अपनी पत्नी के खिलाफ अनुचित रूप से तलाक का इस्तेमाल न कर सकें। यह कदम महिलाओं के सामाजिक और कानूनी

सशक्तिकरण की दिशा में महत्वपूर्ण माना जाता है।

तीन तलाक कानून : तीन तलाक से संबंधित कानून भारत में मुस्लिम महिलाओं के अधिकारों की रक्षा के लिए एक महत्वपूर्ण विधायी बदलाव के रूप में आया। तीन तलाक **(तलाक-ए-बिद्दत)** पर प्रतिबंध लगाने वाला कानून "Muslim Women (Protection of Rights on Marriage) Act, 2019" के रूप में 2019 में पारित हुआ। यह कानून तीन तलाक को अवैध और दंडनीय बनाता है।

तीन तलाक कानून के प्रमुख बिंदु हैं :—

- **तीन तलाक की परिभाषा :** तीन तलाक का मतलब है, पति द्वारा एक साथ तीन बार "तलाक" शब्द का उच्चारण करना (या लिखित रूप में देना, या किसी अन्य इलेक्ट्रॉनिक माध्यम का उपयोग करके तलाक देना) जिससे विवाह समाप्त हो जाता है। इसे "तलाक-ए-बिद्दत" कहा जाता है।
- **अवैधता :** तीन तलाक अब भारतीय कानून के तहत अवैध है। इसे किसी भी रूप में देना यानी मौखिक, लिखित, या इलेक्ट्रॉनिक रूप में अपराध माना जाएगा।
- **दंड :** यदि कोई व्यक्ति अपनी पत्नी को तीन तलाक देता है, तो उसे तीन साल तक की सजा हो सकती है, जिसमें जुर्माना भी लगाया जा सकता है।
- **पत्नी का अधिकार :** पीड़ित महिला को तलाक के उसके समेत बच्चे की देखभाल के अधिकार मिलते हैं। महिला को उसके बच्चों के भरण-पोषण का हक भी दिया जाता है।
- **जमानत :** इस अपराध के लिए आरोपी को जमानत मिल सकती है, लेकिन केवल न्यायालय के आदेश से ही संभव हो पाता है।
- **कानूनी प्रावधान :** महिला को अधिकार है कि वह पति द्वारा तीन तलाक देने के बाद मामला दर्ज करा सकती है। यह मामला महिला के निवास स्थान या जहां तलाक दिया गया वहां दर्ज किया जा सकता है।
- **विवाह को बहाल करने की संभावना :** तीन तलाक देने के बाद महिला और पुरुष के बीच पुनः विवाह हो सकता है, लेकिन इसमें शर्तें लागू होती हैं। इस कानून के तहत, महिला को अपनी स्वतंत्रता और अधिकारों की रक्षा दी जाती है।
- **इतिहास :** भारत में तीन तलाक पर विवाद लंबे समय से चल रहा था। 2017 में सुप्रीम कोर्ट ने इसे संविधान के अनुच्छेद 14 (समानता का अधिकार) के तहत असंवैधानिक करार दिया था। इसके बाद सरकार ने तीन तलाक पर कानून बनाने की दिशा में कदम बढ़ाया।

निष्कर्ष : तीन तलाक पर यह कानून मुस्लिम महिलाओं के अधिकारों को सुनिश्चित करता है और यह सुनिश्चित करता है कि पुरुष अपनी पत्नी के खिलाफ अनुचित रूप से तलाक का इस्तेमाल न कर सकें। यह कदम महिलाओं के सामाजिक और कानूनी सशक्तिकरण की दिशा में महत्वपूर्ण माना जाता है।

2. शिक्षा और जागरूकता :

भारत जैसे विविधतापूर्ण देश में महिलाओं की शिक्षा और जागरूकता का महत्व अत्यधिक है। यह न केवल सामाजिक और आर्थिक विकास के लिए महत्वपूर्ण है, बल्कि समाज में समानता और सशक्तिकरण को भी बढ़ावा देता है। कई चुनौतियों के बावजूद पिछले एक दशक में महिलाओं की शिक्षा और जागरूकता में उल्लेखनीय सुधार हुआ है। महिलाओं की शिक्षा को प्रोत्साहित करने के लिए सरकार ने कई योजनाएं शुरू की हैं, इनमें 'बेटी पढ़ाओ, बेटी बचाओ' योजना से महिलाओं में शिक्षा के स्तर को बढ़ाने और बालिकाओं के प्रति सामाजिक दृष्टिकोण में बदलाव लाने में मदद मिली है इसके अलावा, प्रधानमंत्री कौशल विकास योजना के तहत महिलाओं को रोजगार से जोड़ने के लिए प्रशिक्षण और कौशल विकास पर जोर दिया गया है।

इसका व्यापक असर इस प्रकार हुआ है :—

आर्थिक सशक्तिकरण : महिलाओं के शिक्षित होने से उनमें आत्मनिर्भरता आई है और परिवार की आर्थिक स्थिति को बेहतर बनाने में मदद मिली है।

सामाजिक विकास : शिक्षित महिलाओं से परिवार और समाज के स्वास्थ्य, पोषण और बच्चों की शिक्षा में सकारात्मक योगदान देने में सहुलियत मिली है।

जनसंख्या नियंत्रण : शिक्षित महिलाएं बेहतर परिवार नियोजन के महत्व को समझती हैं, जिससे जनसंख्या वृद्धि पर नियंत्रण संभव हो पाया है।

स्वास्थ्य में सुधार : शिक्षा के माध्यम से महिलाओं में स्वच्छता, पोषण और स्वास्थ्य संबंधी जागरूकता आई है।

कानूनी अधिकारों की समझ : महिलाओं में उनके अधिकारों जैसे कि घरेलू हिंसा, दहेज प्रताड़ना और लैंगिक समानता के प्रति जागरूकता बढ़ रही है।

सामाजिक बुराइयों का विरोध : बाल विवाह, दहेज प्रथा और महिला भ्रूण हत्या जैसे मुद्दों के खिलाफ महिलाएं संगठित हो रही हैं।

सशक्तिकरण : महिलाओं में अपने निर्णय लेने की क्षमता और आत्मविश्वास बढ़ रहा है, जिससे वे समाज में नेतृत्व की भूमिका निभा रही हैं। हालांकि कुछ चुनौतियाँ भी बनी हुई हैं।

शिक्षा तक पहुंच : ग्रामीण क्षेत्रों और पिछड़े समुदायों में महिलाओं के लिए शिक्षा अभी भी एक चुनौती है।

सामाजिक बाधाएँ : पारंपरिक मान्यताएं और रूढ़िवादी सोच कई बार महिलाओं की प्रगति में बाधा बनती हैं।

आर्थिक असमानता : गरीबी के कारण लड़कियों की शिक्षा अक्सर प्राथमिकता नहीं होती।

सुरक्षा संबंधी चिंताएँ : स्कूलों और कॉलेजों में महिलाओं की सुरक्षा को लेकर चिंता बनी रहती है। इस क्रम में सरकार के प्रयास को नजरंदाज नहीं किया जा सकता है। जैसे–बेटी बचाओ, बेटी पढ़ाओ अभियान योजना महिला शिक्षा और उनके अधिकारों के प्रति जागरूकता बढ़ाने के लिए बनाई गई है। इसी तरह सुकन्या समृद्धि योजना का उद्देश्य लड़कियों की शिक्षा और विवाह के लिए आर्थिक सहायता प्रदान करना है।

समग्र शिक्षा अभियान से प्राथमिक और उच्च शिक्षा को सभी के लिए सुलभ बनाना संभव हो पाया है। इससे आगे की कई राहें आसान बन गई हैं। इनमें शिक्षा में निवेश, ग्रामीण और पिछड़े क्षेत्रों में महिलाओं के अधिकारों और शिक्षा के महत्व को लेकर जागरूकता अभियान, शैक्षिक संस्थानों और कार्यस्थलों पर महिलाओं की सुरक्षा सुनिश्चित करना है, तो परिवार और समाज को महिला शिक्षा और जागरूकता को प्राथमिकता देने के लिए प्रेरित किया जाना है।

3. स्वास्थ्य और सुरक्षा :

महिलाओं के स्वास्थ्य और सुरक्षा को प्राथमिकता देने के लिए सरकार ने कई पहल की हैं, जैसे महिला हेल्पलाइन 181 और प्रधानमंत्री मातृ वंदना योजना। इसके अतिरिक्त, महिला सुरक्षा ऐप और पुलिस द्वारा महिलाओं की सुरक्षा के लिए सख्त कदम उठाए गए हैं। फिर भी भारत में महिलाओं का स्वास्थ्य और सुरक्षा एक महत्वपूर्ण और बहुआयामी विषय बना रहता है, इसमें शारीरिक, मानसिक, सामाजिक और आर्थिक पहलुओं का समावेश होता है। भारतीय महिलाओं के स्वास्थ्य के क्षेत्र में मुख्य मुद्दे रहे हैं :—

पोषण और एनीमिया : महिलाओं में कुपोषण और खून की कमी (एनीमिया) व्यापक रूप से पाया जाता है, विशेषकर गर्भवती और स्तनपान कराने वाली महिलाओं में यह समस्या ग्रामीण क्षेत्रों और निम्न आय वर्ग में अधिक गंभीर है।

मातृ स्वास्थ्य : मातृ मृत्यु दर भारत में घट रही है, लेकिन यह अभी भी चिंता का विषय है। इसका मुख्य कारण प्रसव के दौरान सही चिकित्सा सेवाओं की कमी रहना है।

इसे लेकर परिवार नियोजन और गर्भनिरोधक उपायों की सीमित जानकारी और उपयोग से भी है। दरअसल, पर्याप्त स्वास्थ्य सेवाओं में कमी की यह स्थिति ग्रामीण और दूरस्थ इलाकों में देखने को मिलती है, जिसका एक बड़ा कारण जागरूकता की कमी और सामाजिक वर्जनाएं हैं।

मानसिक स्वास्थ्य : महिलाओं में अवसाद, तनाव और अन्य मानसिक स्वास्थ्य समस्याएं आम पाई जाती हैं, जिन पर समाज में खुलकर बात नहीं होती। यही घरेलू हिंसा, सामाजिक दबाव और लैंगिक असमानता पर नकारात्मक प्रभाव का कारण बनता हैं।

सुरक्षा

महिलाओं की सुरक्षा से जुड़े मुद्दे विभिन्न स्तरों पर देखे जाते हैं। इनमें मुख्य हैं—

घरेलू हिंसा : घरेलू हिंसा भारत में महिलाओं के खिलाफ सबसे सामान्य अपराधों में से एक होने के कारण इसकी चपेट में आने वाली महिलाएं शारीरिक, मानसिक और आर्थिक शोषण की शिकार हो जाती हैं।

यौन उत्पीड़न और हिंसा : कार्यस्थल, सार्वजनिक स्थानों और यहां तक कि घरों में भी यौन उत्पीड़न और हिंसा की घटनाएं अक्सर पाई जाती हैं। निर्भया केस जैसे मामले इस मुद्दे की गंभीरता को उजागर करते हैं।

बाल विवाह और मानव तस्करी : कई क्षेत्रों में बाल विवाह अभी भी प्रचलित है, जिससे महिलाओं का शारीरिक और मानसिक विकास बाधित होता है। मानव तस्करी, विशेष रूप से महिलाओं और लड़कियों की तस्करी, एक बड़ी समस्या है।

साइबर सुरक्षा : ऑनलाइन उत्पीड़न, साइबर बुलिंग और फर्जी प्रोफाइल बनाकर महिलाओं को परेशान करना हाईटेक लाइफस्टाइल में सेंध लगाता हुआ चिंता का विषय बन चुका है। इनके समाधान के लिए भारत सरकार ने कई योजनाएं शुरू की हैं।

जागरूकता अभियान : महिलाओं को उनके अधिकारों, स्वास्थ्य और सुरक्षा के मुद्दों के प्रति जागरूक करने के लिए अभियान चलाने के साथ-साथ शिक्षा और कौशल विकास महिलाओं को आत्मनिर्भर बनाने में सहायक बना है।

सामाजिक बदलाव : लैंगिक समानता को बढ़ावा देने और सामाजिक कुरीतियों को दूर करने के लिए सामुदायिक प्रयासों की जरूरत महसूस की जाती रही है। पुरुषों और लड़कों को भी इस बदलाव का हिस्सा बनाना आवश्यक समझा जाता रहा है। इसकी पूर्ति विभिन्न सरकार की योजनाओं से संभव हो पाई।

4. राजनीतिक भागीदारी :

भारतीय महिलाओं की राजनीतिक भागीदारी भारतीय लोकतंत्र का एक महत्वपूर्ण पहलू है। यद्यपि महिलाओं ने स्वतंत्रता संग्राम और स्वतंत्र भारत में राजनीतिक क्षेत्र में अपनी उपस्थिति दर्ज कराई है, लेकिन उनकी भागीदारी अभी भी पर्याप्त नहीं है।

महिलाओं की राजनीतिक भागीदारी बढ़ाने के लिए कई कदम उठाए गए हैं, जैसे संसद, विधानसभाओं, पंचायतों और स्थानीय निकायों में महिलाओं के लिए उठाए गए आरक्षण के कदमों से महिलाओं की सशक्त आवाज़ संसद और स्थानीय शासन में सुनाई देने लगी है।

वैसे भारतीय राजनीति में महिलाओं का योगदान स्वतंत्रता संग्राम से लेकर आज तक उल्लेखनीय रहा है। स्वतंत्रता संग्राम में महिलाओं की भागीदारी के इतिहास में दर्ज होने वाले कुछ नाम हैं—

सरोजिनी नायडू, विजयलक्ष्मी पंडित, एनी बेसेंट, अरुणा आसफ अली जिन्होंने स्वतंत्रता संग्राम में महत्वपूर्ण भूमिका निभाई। वे महिलाएं अहिंसा, सत्याग्रह और अन्य आंदोलनों का हिस्सा बनीं और आगे चलकर स्वतंत्र भारत का नेतृत्व किया। इनमें भारत की पहली महिला प्रधानमंत्री इंदिरा गांधी ने दशकों तक देश का नेतृत्व किया, तो भारत की पहली महिला राष्ट्रपति प्रतिभा पाटिल बनीं। साथ ही कई महिला मुख्यमंत्रियों ने राज्यों में प्रभावशाली भूमिका निभाई। इनमें शीला दीक्षित, ममता बनर्जी, जयललिता, मायावती और राबड़ी देवी का नाम आता है।

बावजूद इसके भारतीय संसद और विधानसभाओं में महिलाओं का प्रतिनिधित्व की कमी को पूरा करने के लिए महिला आरक्षण का नया विधेयक पारित किया जा चुका है। वैसे पंचायती राज अधिनियम, 1993 के तहत, स्थानीय स्तर पर महिलाओं के लिए 33% सीटें आरक्षित की जा चुकी हैं। कई राज्यों में यह 50 प्रतिशत तक है।

महिला आरक्षण बिल का मकसद ही भारतीय लोकतंत्र की समृद्धि और विकास के लिए महिलाओं की राजनीतिक भागीदारी को बढ़ावा देना है।

5. भारतीय महिला उद्यमिता

महिलाओं को आर्थिक स्वतंत्रता दिलाने के लिए सरकार और विभिन्न संस्थाओं द्वारा कई योजनाएँ बनाई गई हैं। स्टार्टअप इंडिया और महिला उद्यमिता की योजना ने महिलाओं को खुद का व्यवसाय शुरू करने के लिए प्रोत्साहित किया और उन्हें वित्तीय सहायता दी। भारतीय महिला उद्यमिता की हाल के दशकों में उल्लेखनीय वृद्धि हुई है। महिलाएं अब विभिन्न क्षेत्रों में नवाचार और नेतृत्व का प्रदर्शन कर रही हैं। चुनौतियों के

बावजूद भारतीय महिलाएं स्थानीय और वैश्विक स्तर पर अपने उद्यमों से पहचान बना रही हैं।

परिवार और समाज के विकास में महिला उद्यमिता महत्वपूर्ण भूमिका निभा रहा है। महिलाओं द्वारा शुरू किए गए व्यवसाय न केवल रोजगार के अवसर प्रदान कर रहे हैं, बल्कि देश के सकल घरेलू उत्पाद में भी योगदान कर रहे हैं। इनसे समाज में व्यापक बदलाव आया है और लैंगिक समानता के साथ-साथ महिला सशक्तिकरण को बढ़ावा मिला है। महिलाओं में विकास उनके द्वारा स्थानीय और पारंपरिक कौशल के उपयोग से संभव हो पाया है।

महिलाएं अक्सर स्थानीय संसाधनों और पारंपरिक कौशल का उपयोग कर नई संभावनाएं पैदा कर देती हैं। यही वजह है कि उद्यमशील महिलाएं आर्थिक रूप से स्वतंत्र बनकर अपने परिवार और समुदाय के लिए प्रेरणा स्रोत भी बनती हैं।

भारतीय महिला उद्यमिता के प्रमुख क्षेत्रों में ई-कॉमर्स और डिजिटल प्लेटफॉर्म की भूमिका अहम हो गई है। ई-कॉमर्स पर ब्यूटी ब्रांड हो, ड्रेस मैटेरियल हो या फिर खाने-पीने, पकाने की विधियां आदि की ही क्यों न हो। उनके जरिए उद्यमी महिलाएं अपनी खास पहचान बनाकर स्थापित व्यवसायी बन जाती हैं।

सोशल मीडिया और ऑनलाइन प्लेटफॉर्म से ऐसी महिलाओं को व्यवसाय स्थापित करने में मदद मिलती है। कई महिलाएं हस्तशिल्प, बुनाई और स्थानीय उत्पादों को बढ़ावा देकर स्वरोजगार की दिशा में कदम बढ़ा रही हैं।

खाद्य और रसोई उत्पाद : घरेलू भोजन और कैटरिंग सेवाओं में महिलाओं की भागीदारी बढ़ी है। "होम-शेफ" और "फूड स्टार्टअप्स" जैसे उद्यम लोकप्रिय हो रहे हैं।

स्वास्थ्य और कल्याण : योग, फिटनेस सेंटर और प्राकृतिक उत्पादों में महिला उद्यमी तेजी से आगे बढ़ रही हैं।

शिक्षा और कौशल विकास : महिलाएं ऑनलाइन शिक्षण, प्रशिक्षण और बच्चों के लिए शिक्षा संबंधी सेवाओं में उद्यम स्थापित कर रही हैं।

हालांकि इन उद्यमों के दरम्यान महिलाओं को वित्तीय सहायता प्राप्त करने में कठिनाई होती है। बैंक और निवेशक अक्सर महिला उद्यमियों में निवेश करने से हिचकिचाते हैं। सामाजिक और सांस्कृतिक रुकावटें भी बनती हैं। कई बार महिलाओं को पारिवारिक जिम्मेदारियों और सामाजिक रूढ़िवादिता का सामना करना पड़ता है।

साथ ही महिलाओं को व्यावसायिक नेटवर्क और मेंटरशिप प्राप्त करने में सीमित अवसर मिलते हैं। उन्हें तकनीकी ज्ञान की कमी को दूर करने की जरूरत महसूस होती है।

डिजिटल और तकनीकी उपकरणों के सीमित उपयोग के कारण महिलाओं को प्रतिस्पर्धा में कठिनाई होती है। इन चुनौतियों को दूर करने में सरकार और संगठनों की पहल से उन्हें मदद मिलने लगी है।

सरकारी योजनाओं में मुद्रा योजना से महिला उद्यमियों को सस्ती ब्याज दर पर ऋण मिल जाता है। इसी तरह स्टैंड अप इंडिया में महिलाओं और अनुसूचित जाति/जनजाति के उद्यमियों के लिए वित्तीय सहायता की मदद मिलती है।

इस संबंध में नीति आयोग द्वारा शुरू किया गया एक डिजिटल प्लेटफॉर्म महिला उद्यमी मंच (WEP) आगे आया है। गैर-सरकारी संगठन से महिला सशक्तिकरण और उद्यमिता को बढ़ावा देने के लिए प्रशिक्षण और वित्तीय सहायता मिल जाती है।

उद्यमी महिलाओं की मदद के निजी क्षेत्र की पहल में स्टार्टअप इन्क्यूबेटर्स और महिला-उन्मुख निवेश फंड है। महिला उद्यमिता को बढ़ावा देने के उपायों में आर्थिक सहायता और प्रोत्साहन के तहत सस्ती और आसानी से उपलब्ध वित्तीय योजनाओं की शुरुआत की जा सकती है। उन्हें शिक्षा और कौशल विकास के लिए विशेष प्रशिक्षण कार्यक्रम और कार्यशालाओं में शामिल किया जाता है।

उनको नेटवर्किंग और मेंटरशिप की सुविधाएं मिल जाती हैं। महिला उद्यमियों को अनुभवी मेंटर्स से जोड़ने के लिए बने मंच से उनके तकनीकी ज्ञान और डिजिटल उपकरणों का उपयोग मालूम हो जाता है।

इस तरह से भारतीय महिला उद्यमिता समाज और अर्थव्यवस्था में सकारात्मक बदलाव ला रही है। चुनौतियों के बावजूद महिलाओं ने अपनी उद्यमशीलता क्षमता साबित की है। सही समर्थन, शिक्षा और संसाधन उपलब्ध कराए जाने पर महिलाएं अधिक संख्या में सफल उद्यमी बन सकती हैं। यह न केवल महिलाओं के सशक्तिकरण में मदद करने वाला है, बल्कि देश की प्रगति को भी नई ऊंचाइयों तक ले जाने वाला भी है।

6. सामाजिक बदलाव :

महिलाओं के अधिकारों और सशक्तिकरण को लेकर समाज में जबरदस्त जागरूकता बढ़ी है। महिलाओं ने शिक्षा, खेल, विज्ञान, कला, राजनीति और व्यवसाय के क्षेत्र में अविश्वसनीय उपलब्धियाँ हासिल की हैं। यह कहें कि हर वर्ग और समुदाय की महिलाओं का सामाजिक बदलाव निरंतर हो रहा है। परंपरागत रूप से महिलाओं को परिवार और घरेलू भूमिकाओं तक सीमित रखा गया था, लेकिन विज्ञान, तकनीक, वैश्विक आबोहवा के इस आधुनिक दौर में महिलाओं ने शिक्षा, रोजगार, राजनीति और सामाजिक नेतृत्व में उल्लेखनीय तरक्की की है।

एक समय स्वतंत्रता संग्राम में भाग लेने वाली महिलाओं की भागीदारी की चर्चा होती थी। सरोजिनी नायडू, रानी लक्ष्मीबाई, इंदिरा गांधी और एनी बेसेंट अपनी असाधारण उपलब्धियों की बेसेंट प्रेरणा स्रोत थीं। अब उनकी भी चर्चा होने लगी है, जिन्होंने महिला सशक्तिकरण का स्वाद चखा है। हालांकि आधुनिक भारत में महिलाओं की ऊंची उड़ान की शुरुआत 19वीं और 20वीं शताब्दी में राजा राममोहन राय, ईश्वरचंद्र विद्यासागर और महात्मा फुले जैसे समाज सुधारकों द्वारा बाल विवाह, सती प्रथा और विधवा पुनर्विवाह जैसे मुद्दों पर सक्रिय बनकर काम करने से हुई।

इन आंदोलनों ने महिलाओं की शिक्षा और अधिकारों के लिए मार्ग प्रशस्त किया और समकालीन सामाजिक बदलाव के आयाम बने। इनमें शिक्षा में प्रगति होने से महिलाओं की साक्षरता दर में उल्लेखनीय वृद्धि हुई। ग्रामीण और शहरी दोनों क्षेत्रों में लड़कियां उच्च शिक्षा और व्यावसायिक प्रशिक्षण में आगे बढ़ने लगीं।

रोजगार और उद्यमिता को लेकर महिलाएं सक्रिय हो गईं। नतीजतन विज्ञान, तकनीक, स्वास्थ्य, बैंकिंग और उद्यमिता जैसे क्षेत्रों में अपनी पहचान बनाने लगीं। वर्क-फ्रॉम-होम और स्टार्टअप जैसे विकल्पों से महिलाओं ने रोजगार के अवसर तलाश लिए।

इनसे महिलाओं की परिवार और समाज में भूमिका का विस्तार होने लगा। महिलाओं की भूमिका केवल घर तक सीमित नहीं रही, बल्कि वे परिवार के फैसलों में सक्रिय रूप से भाग लेने लगी। संयुक्त परिवार प्रणाली में बदलाव के कारण महिलाओं को अधिक स्वतंत्रता मिलने से समाज में लैंगिक समानता को लेकर जागरूकता बढ़ती चली गई।

उनके लिए सामाजिक और सांस्कृतिक रूढ़ियों को तोड़ना सहज और सरल हो गया। नतीजा हुआ कि महिलाएं विवाह, करियर और जीवनशैली से जुड़े पारंपरिक नियमों को चुनौती देने में सफल हो गईं। विशेषकर बाल विवाह और दहेज जैसी प्रथाओं के खिलाफ उनकी मुखरता रंग लाई। उन्हें पितृसत्तात्मक समाज में बाधाओं से टकराने में जरा भी हिचकिचाहट नहीं हुई। हर बाधा को खुद दूर करने की पहल करती हुई लैंगिक समानता, महिलाओं के अधिकार और सामाजिक रूढ़ियों को समाप्त करने के लिए व्यापक अभियान का हिस्सा बन गईं। उन्होंने स्वरोजगार और कौशल विकास के प्रेरणादायक मॉडल को अपना लिया। परिणाम यह हुआ कि भारतीय महिलाओं का सामाजिक बदलाव समाज के विकास और प्रगति के लिए महत्वपूर्ण संकेतक बन गया। इस बदलाव के और अधिक व्यापक और गहन होने की संभावना है, जो एक अधिक समतामूलक और प्रगतिशील समाज का निर्माण करेगा।

7. सोशल मीडिया और आंदोलन :

महिलाओं के लिए सोशल मीडिया, जिसे तकनीकी तौर पर इंटरनेट मीडिया भी कहा जाता है, महिलाओं के अधिकारों और समानता के लिए अपनी बात को दमदार तरीके से रखने और उसे विस्तार देने में बहुत ही सहायक साबित हुआ है। इनमें #MeToo और #TimesUp जैसे आंदोलन ने भारतीय समाज में जागरूकता और संवाद को प्रोत्साहित किया है, जिससे महिलाओं की आवाज़ को मजबूती मिली है।

सोशल मीडिया ने भारतीय महिलाओं को अपनी आवाज उठाने, एकजुटता दिखाने और सामाजिक बदलाव लाने का एक सशक्त माध्यम प्रदान किया है। इसके माध्यम से महिलाएं न केवल अपने विचार और अनुभव साझा करने लगी हैं, बल्कि बड़े स्तर पर आंदोलनों और अभियानों को भी सफल बना रही हैं। सोशल मीडिया ने महिलाओं को अपनी राय रखने और अपने अधिकारों के लिए लड़ने का प्लेटफॉर्म दिया है। इसके जरिए महिलाओं को ग्रामीण और शहरी क्षेत्रों के बीच की दूरी को कम करने का समान अवसर भी मिला है।

इनसे महिलाओं को न केवल उनके अधिकारों, स्वास्थ्य, सुरक्षा और शिक्षा के बारे में जानकारी मिल जाती है, बल्कि वे अन्य महिलाओं से प्रेरणा लेकर अपने जीवन को बदलने की दिशा में कदम उठा लेती हैं। महिलाएं सोशल मीडिया के माध्यम से एक-दूसरे से जुड़कर अपने अनुभव साझा कर समर्थन प्राप्त करती हैं। सोशल मीडिया के कुछ चर्चित आंदोलन रहे हैं:—

- **#MeToo आंदोलन :** साल 2018 में भारत में यह आंदोलन सोशल मीडिया पर शुरू हुआ, जिसने कार्यस्थल और समाज में यौन उत्पीड़न के मुद्दे को उजागर किया। इस आंदोलन ने सैकड़ों महिलाओं को अपने अनुभव की कहानियां साझा करने और न्याय मांगने का साहस दिया।
- **#PinjraTod आंदोलन :** यह आंदोलन महिलाओं के लिए छात्रावासों और विश्वविद्यालयों में लागू किए गए भेदभावपूर्ण नियमों के खिलाफ था। महिलाओं ने इसके माध्यम से "आज़ादी" और समान अधिकारों की मांग करते हुए अपनी आवाज उठाई थी।
- **#Yes All Women :** यह आंदोलन महिलाओं के साथ होने वाले यौन शोषण, उत्पीड़न और हिंसा के खिलाफ था। इसके जरिए महिलाओं ने अपनी व्यक्तिगत समस्याओं को साझा कर समाज को जागरूक किया।

- **#Girls Who Code और #She Codes :** यह तकनीकी क्षेत्र में महिलाओं को प्रोत्साहित करने और लैंगिक असमानता को दूर करने के लिए एक डिजिटल पहल के तौर पर चर्चित हुआ।
- **#Farmers Protest :** इसके माध्यम से महिलाओं ने किसान आंदोलन में अपनी भागीदारी निभाई। सोशल मीडिया के जरिए अपनी भूमिका को सामने रखा और उनकी समस्याओं को उजागर किया।

दिशा रवि और पर्यावरण आंदोलन : पर्यावरणीय मुद्दों के खिलाफ दिशा रवि जैसी युवा महिलाओं ने सोशल मीडिया का उपयोग करके अपनी आवाज उठाई।

विवाह और दहेज के खिलाफ अभियान : कई महिलाओं ने सोशल मीडिया के माध्यम से शादी और दहेज प्रथाओं पर अपने अनुभव साझा किए और जागरूकता फैलाई।

महिला स्वास्थ्य और मासिक धर्म से जुड़े अभियान : मासिक धर्म से जुड़े कलंक को तोड़ने के लिए सोशल मीडिया पर **#PeriodTalk** जैसे अभियान चलाए गए।

हालांकि सोशल मीडिया पर महिलाओं को कई चुनौतियों का सामना करना पड़ा। महिलाएं ऑनलाइन उत्पीड़न की शिकार हो गईं। उनको सोशल मीडिया पर ट्रोलिंग, धमकियों और साइबर बुलिंग का सामना करना पड़ता है।

महिलाएं डिजिटल लैंगिक असमानता की भी शिकार हो गईं। ऐसा ग्रामीण और वंचित वर्ग की महिलाओं के पास डिजिटल उपकरण और इंटरनेट की सीमित पहुंच के कारण हुआ। सोशल मीडिया पर महिलाओं के खिलाफ झूठी सूचनाओं और अफवाहों को फैलाए जाने का भी उन पर असर दिखा। सोशल मीडिया पर महिलाओं की गोपनीयता का उल्लंघन और उनकी तस्वीरों और जानकारियों का दुरुपयोग एक बड़ी समस्या बनकर उभरी। इसे देखते हुए महिला आंदोलन को और मजबूत करने के उपाय निकाले गए और डिजिटल साक्षरता अभियान चलाया गया।

महिलाओं को तकनीकी उपकरणों और सोशल मीडिया के सुरक्षित उपयोग के बारे में शिक्षित करने की योजनाएं बनीं। साइबर सुरक्षा कानूनों को सख्ती के साथ लागू कर दिया गया। साइबर अपराधों के खिलाफ कड़े कदम उठाने और ऑनलाइन उत्पीड़न की रोकथाम करने की पहल के तहत टोलफ्री नंबर जारी किए गए और पुलिस में अलग से विभाग बनाए गए। महिलाओं को सोशल मीडिया पर सकारात्मक संवाद और नेटवर्किंग के लिए प्रोत्साहित किया जाने लगा। महिलाओं के लिए सुरक्षित और अनुकूल महिला-नेतृत्व के सोशल मीडिया प्लेटफॉर्म बने।

एक तरह से सोशल मीडिया ने भारतीय महिलाओं के लिए एक ऐसा मंच प्रदान किया, जो उन्हें सशक्त बनने और अपनी आवाज को प्रभावी ढंग से प्रस्तुत करने में मददगार बन गया। महिलाओं द्वारा शुरू किए गए आंदोलन अब केवल व्यक्तिगत स्तर तक सीमित नहीं रहते, बल्कि वे बड़े सामाजिक बदलाव लाने का माध्यम बनते हैं। यह बदलाव महिलाओं के सशक्तिकरण और समानता की दिशा में एक महत्वपूर्ण कदम साबित हुआ है।

8. तकनीकी ज्ञान और बौद्धिकता

भारतीय महिलाओं का तकनीकी ज्ञान और बौद्धिकता बदलते दौर में नई पहचान लेकर आई है। उनकी इस क्षेत्र में बौद्धिक विकास की उल्लेखनीय प्रगति हुई है। एक समय में जब विज्ञान, प्रौद्योगिकी और बौद्धिक क्षेत्रों को मुख्यतः पुरुष-प्रधान माना जाता था, आज भारतीय महिलाएं अपनी कड़ी मेहनत और उत्कृष्टता से इन क्षेत्रों में अग्रणी भूमिका निभा रही हैं।

तकनीकी क्षेत्र में महिलाओं की भूमिका उनको शिक्षा और प्रशिक्षण से मिली है। उल्लेखनीय है कि विज्ञान, प्रौद्योगिकी, इंजीनियरिंग और गणित क्षेत्रों में महिलाओं की भागीदारी बढ़ी है।

आईआईटी, एनआईटी और अंतरराष्ट्रीय विश्वविद्यालयों में महिलाओं के नामांकन की संख्या में वृद्धि हुई है। यहां तक कि सॉफ्टवेयर और आईटी क्षेत्र में भारतीय महिलाएं वैश्विक तकनीकी कंपनियों जैसे गूगल, माइक्रोसॉफ्ट, मेटा, एप्पल और अमेज़ॅन में शीर्ष पदों पर काम कर रही हैं।

बड़ी आईटी कंपनी में शीर्ष पदों पर काम करने वाली महिलाएं ग्रामीण और छोटे शहरों की लड़कियों के लिए प्रेरणा की स्रोत बन गई हैं। महिलाएं तकनीकी स्टार्टअप्स की संस्थापक बन रही हैं, तो आर्टिफिशियल इंटेलिजेंस, डेटा साइंस और फिनटेक में महिलाओं की भागीदारी बढ़ी है।

उनके लिए वैज्ञानिक अनुसंधान और नवाचार भी अछूता नहीं रहा है। भारत की कल्पना चावला और सुनीता विलियम्स ने अंतरिक्ष अनुसंधान में महिलाओं के लिए नया मार्ग प्रशस्त किया। इसरो (ISRO) में महिलाओं ने मंगलयान मिशन जैसी परियोजनाओं में महत्वपूर्ण भूमिका निभाई है।

बौद्धिकता और ज्ञान के क्षेत्र में महिलाओं का योगदान काफी सराहनीय कहा जा सकता है। उनके द्वारा विभिन्न विषयों में अनुसंधान और विकास की लंबी लाइन खींची

जा चुकी है। इनमें कंप्यूटिंग, इंटरनेट, प्रौद्योगिकी, चिकित्सा, पर्यावरण विज्ञान और सामाजिक विज्ञान भी शामिल है। विश्वविद्यालयों और अनुसंधान केंद्रों में महिला प्रोफेसरों और वैज्ञानिकों की संख्या बढ़ रही है।

9. लेखन और बौद्धिक विचारधारा

महिलाओं में सशक्तिकरण उनकी बौद्धिकता और वैचारिकता से भी आई है। उन्होंने साहित्य, इतिहास और समाजशास्त्र में अपने विचारों और लेखन से योगदान दिया है। इनमें कई नाम विश्वपटल पर प्रसिद्ध हो चुके हैं, जिनसे नई पीढ़ी की महिलाओं को प्रेरणा मिली है।

साथ ही महिलाओं ने नीति-निर्माण, शिक्षा प्रशासन और सार्वजनिक प्रबंधन में अपनी बौद्धिक क्षमताओं का बेहतर प्रदर्शन किया है। डिजिटल प्लेटफॉर्म पर महिलाएं ब्लॉगिंग, पॉडकास्टिंग और यूट्यूब जैसे माध्यमों से शिक्षा और ज्ञान का प्रसार करने लगी हैं। वेबिनार और ऑनलाइन पाठ्यक्रमों के माध्यम से महिलाओं का बौद्धिक विकास बेहतर हुआ है। महिलाओं के तकनीकी और बौद्धिक विकास में योगदान देने वाले कई कारकों के अच्छे नतीजे आए हैं।

सरकार और निजी संगठनों ने महिलाओं के लिए तकनीकी और बौद्धिक कौशल को बढ़ावा देने के कई लिए योजनाएं चलाई हैं। इनमें डिजिटल इंडिया और स्किल इंडिया जैसे कार्यक्रमों ने महिलाओं को तकनीकी शिक्षा तक पहुंच प्रदान की है।

इनसे लैंगिक समानता और महिलाओं को कार्यस्थल में बढ़ावा देने की दिशा में सकारात्मक बदलाव आए हैं। तकनीकी उपकरणों की पहुंच से भी महिलाओं को मदद मिली है। स्मार्टफोन और इंटरनेट की उपलब्धता ने महिलाओं को तकनीकी ज्ञान विकसित करने का अवसर दिया है। खासकर ऐसी महिलाएं, जिन्हें पारंपरिक सोच और पितृसत्तात्मक मानसिकता के कारण शिक्षा और करियर में कठिनाइयों का सामना करना पड़ता है और ग्रामीण परिवेश में रहती हैं, उन्हें तकनीक की मदद मिली है।

ग्रामीण और शहरी महिलाओं के बीच तकनीकी उपकरणों और इंटरनेट की पहुंच से असमानता कम हुई है। असुरक्षा और भेदभाव से ग्रसित महिलाओं की प्रगति में आने वाली बाधाओं को दूर करना अब आसान हो गया है। साथ ही लड़कियों के लिए स्कूल स्तर पर विज्ञान और प्रौद्योगिकी शिक्षा को प्रोत्साहित करने में सहुलियत मिली है। ग्रामीण और वंचित वर्ग की महिलाओं को डिजिटल तकनीक और इंटरनेट के उपयोग के लिए प्रशिक्षित करने एवं उन्हें तकनीकी क्षेत्रों में मेंटर और नेटवर्किंग प्लेटफॉर्म उपलब्ध

कराने का फायदा मिला है। महिलाओं के लिए कार्यस्थलों और ऑनलाइन प्लेटफॉर्म पर सुरक्षित और भेदभाव-रहित वातावरण सुनिश्चित करने जैसी पहल बेहतर परिणाम देने में कारगर साबित हुई है। भारत की पहली महिला अंतरिक्ष यात्री कल्पना चावला से लेकर मिसाइल वुमन डॉ. टेसी थामस, अरुंधती भट्टाचार्य एवं आईटी क्षेत्र की अग्रणी महिला मंजुला सुब्रह्मण्यम से प्रेरणा मिल रही है।

बड़ी संख्या में महिलाएं इसरो में चंद्रयान और मंगलयान मिशन की टीम का हिस्सा बन चुकी हैं। निष्कर्ष यह कि भारतीय महिलाएं तकनीकी और बौद्धिक क्षेत्र में उल्लेखनीय योगदान दे रही हैं। चुनौतियों के बावजूद, उनकी कड़ी मेहनत, दृढ़ता और नवाचार की भावना ने उन्हें वैश्विक मंच पर पहचान दिलाई है। उनके योगदान से यह उम्मीद बन गई है कि सही अवसर, समर्थन और शिक्षा के माध्यम से भारतीय महिलाएं भविष्य में और भी अधिक सफलताएं हासिल करेंगी तथा समाज में सकारात्मक बदलाव लाएंगी।

10. विज्ञान के शोध में महिलाओं की भागीदारी

भारतीय महिलाओं ने विज्ञान के क्षेत्र में अद्वितीय योगदान दिया है। उनके शोध और नवाचार ने न केवल राष्ट्रीय स्तर पर बल्कि वैश्विक स्तर पर भी विज्ञान के विकास में उल्लेखनीय योगदान दिया है, बल्कि विभिन्न वैज्ञानिक क्षेत्रों जैसे अंतरिक्ष अनुसंधान, चिकित्सा विज्ञान, कृषि, भौतिकी, रसायन विज्ञान और पर्यावरण विज्ञान में महिलाओं की भागीदारी उल्लेखनीय रही है। इसके ऐतिहासिक योगदान कुछ उदाहरण हैं:—

- **आनंदीबाई जोशी :** भारत की पहली महिला डॉक्टर, जिन्होंने पश्चिमी चिकित्सा में प्रशिक्षण प्राप्त किया। उन्होंने महिलाओं के स्वास्थ्य और चिकित्सा शिक्षा में प्रेरणा का काम किया।
- **रासायनिक विज्ञान में आसिमा चटर्जी :** भारत की पहली महिला रसायन वैज्ञानिक, जिनका योगदान औषधीय पौधों और कैंसर-रोधी दवाओं में उल्लेखनीय है।
- **जैव प्रौद्योगिकी में कामिनी रॉय :**आधुनिक जैव प्रौद्योगिकी और चिकित्सा शोध में अग्रणी।
- **डॉ. इंदिरा हिंदुजा :** उन्होंने भारत में पहली बार "टेस्ट ट्यूब बेबी" तकनीक (IVF) को सफलतापूर्वक लागू किया।
- **कल्पना चावला और अंतरिक्ष अनुसंधान :** अंतरिक्ष विज्ञान में भारतीय महिलाओं की पहचान बनी। अंतरिक्ष में जाने वाली पहली भारतीय महिला बनीं।

- **डॉ. टेसी थॉमस :** भारत की मिसाइल वुमन, जिन्होंने अग्नि- IV और अग्नि-V मिसाइल परियोजनाओं में नेतृत्व किया।
- **चंद्रयान और मंगलयान मिशन :** इसरो (ISRO) में रितु करिधाल और मुथैया वनिता जैसी वैज्ञानिकों ने चंद्रयान-2 और मंगलयान मिशनों में नेतृत्व किया।
- **जैविक विज्ञान में प्रतिभा :** डॉ. गगनदीप कांग ने वैक्सीन विकास में अग्रणी वैज्ञानिक। COVID-19 और अन्य संक्रमणों पर उनके शोध ने वैश्विक स्तर पर पहचान बनाई। साथ ही कई महिलाओं द्वारा चिकित्सा और जैव प्रौद्योगिकी में दिए गए योगदान को नकारा नहीं जा सकता है। उन्होंने कैंसर, प्रजनन तकनीक और संक्रामक रोगों पर कई उल्लेखनीय शोध किए गए हैं। इनमें डॉ. शुभा टंडन एक प्रसिद्ध भारतीय चिकित्सा विशेषज्ञ हैं, जो अपने कार्यों और चिकित्सा क्षेत्र में योगदान के लिए पहचानी जाती हैं।
- भौतिकी के क्षेत्र में ब्लैक होल और खगोल विज्ञान में भारतीय महिलाओं ने उल्लेखनीय योगदान दिया। विशेष रूप से, ब्लैक होल और खगोल विज्ञान के अध्ययन में भारतीय महिलाओं ने अद्वितीय कार्य किए हैं। उनके शोध से नवाचारों और वैज्ञानिक प्रगति में योगदान मिला है, जिसने न केवल भारत बल्कि वैश्विक स्तर पर खगोल शास्त्र और भौतिकी के अध्ययन को नई दिशा दी है।

कुछ प्रमुख नाम हैं—

डॉ. जयंति मेटा (Dr. Jayanthi M. Metta) : भारतीय खगोल शास्त्रियों में एक प्रमुख नाम हैं। उन्होंने ब्लैक होल के अध्ययन में कई महत्वपूर्ण योगदान किए हैं। खासकर, उनके शोध ने खगोलशास्त्र के क्षेत्र में नए दृष्टिकोण और कार्य विधियों को जन्म दिया है। उन्होंने ब्लैक होल के वातावरण और उनके आसपास के मैटर पर अध्ययन किया है, जो खगोल विज्ञान में महत्वपूर्ण साबित हुआ है।

डॉ. मीरा वर्मा (Dr. Meera Verma) : भारतीय खगोलशास्त्र और भौतिकी में महत्वपूर्ण योगदान के लिए वैज्ञानिक डॉ. मीरा वर्मा का नाम प्रमुखता से लिया जाता है। उन्होंने भारतीय अंतरिक्ष संस्थानों में ब्लैक होल की परिघटनाओं और उनके ब्रह्मांडीय प्रभावों पर गहन अनुसंधान किया है। उन्होंने ब्लैक होल के गुरुत्वाकर्षण तरंगों के अध्ययन में महत्वपूर्ण भूमिका निभाई है।

डॉ. सुतापा सिम्हा (Dr. Sutapa Sinha) : खगोल विज्ञान के विश्लेषणात्मक गणनाओं और मॉडलों पर काम करने वाली डॉ. सुतापा सिम्हा ने भारतीय खगोल विज्ञान

और अंतरिक्ष अनुसंधान के क्षेत्र में कई महत्वपूर्ण योगदान दिए हैं। उनके अनुसंधान में ब्लैक होल और गैलेक्सियों के बीच के संबंध पर ध्यान केंद्रित किया गया है। भारतीय विज्ञान संस्थाओं में उनके कार्य की गहरी पहचान है।

किरण देवी (Kiran Devi) : भारतीय महिला खगोलज्ञानी किरण देवी ने भारतीय अंतरिक्ष संस्थाओं में ब्लैक होल और सैटेलाइट मिशन पर कार्य किया है। वे भारतीय अंतरिक्ष कार्यक्रमों के लिए प्रमुख अनुसंधानकर्ता रही हैं।

डॉ. अरुणा रॉय (Dr. Aruna Roy) : भारतीय महिला खगोलशास्त्री डॉ. अरुणा रॉय ने भारतीय अंतरिक्ष मिशनों और खगोल विज्ञान में महत्वपूर्ण योगदान किया है। उनका शोध ब्लैक होल और ब्रह्मांडीय गुरुत्वाकर्षण पर केंद्रित है।

तकनीकी और इंजीनियरिंग : विज्ञान के अलावा तकनीक के क्षेत्र में महिलाओं की भागीदारी बढ़ी है। इंटरनेट मीडिया, कंप्यूटिंग, आर्टिफिशियल इंटेलिजेंस, डेटा एनालिटिक्स और प्रौद्योगिकी के अन्य उभरते क्षेत्रों में अनुसंधान के लिए महिलाओं का योगदान रहा है। यही वजह है कि अब आईआईटी, आईआईएसटी (भारतीय अंतरिक्ष विज्ञान एवं प्रोद्योगिकी) और इसरो जैसी संस्थानों में महिलाओं के लिए समान अवसर मिलने लगे हैं। वे महिला-केंद्रित वैज्ञानिक कार्यक्रम और शोध संस्थानों में बढ़-चढ़कर हिस्सा ले रही हैं। साथ ही विज्ञान की सरकारी योजनाओं में भी महिलाएं काफी तादाद में शामिल हो गई हैं। महिला वैज्ञानिकों के लिए साईंस एंड टेक्नोलॉजी विभाग (डीएसटी) द्वारा विशेष योजनाएं बनाई गई हैं। विज्ञान और तकनीकी क्षेत्र में महिलाओं की भागीदारी को बढ़ावा देने के लिए "विज्ञान ज्योति योजना" चलाई जा रही है।

विज्ञान ज्योति योजना : भारत सरकार द्वारा की गई इस पहल से भारत सरकार ने महिलाओं और लड़कियों को विज्ञान और प्रौद्योगिकी के क्षेत्र में प्रोत्साहन मिला है। इसे महिलाओं को सशक्त बनाने के लिए शुरू किया गया है। इस योजना का उद्देश्य विशेष रूप से महिला वैज्ञानिकों और शोधकर्ताओं को उनके कार्य में सहयोग और सहायता प्रदान करना है, ताकि वे विज्ञान और प्रौद्योगिकी के क्षेत्र में अधिक योगदान कर सकें। इससे उन्हें आत्मनिर्भर बनने के सिलसिले में विज्ञान, प्रौद्योगिकी और अनुसंधान में कौशल विकास का अवसर मिल जाता है, जिससे वे समाज और देश के विकास में सक्रिय रूप से भाग लेने में सक्षम बन जाती हैं।

यह योजना महिलाओं को विज्ञान और प्रौद्योगिकी के विभिन्न क्षेत्रों में करियर बनाने के लिए प्रोत्साहित करती है। इसके जरिए लड़कियों को विज्ञान के प्रति आकर्षित करने के लिए कार्यशालाएँ, प्रशिक्षण और शिक्षा प्रदान की जाती है। महिलाओं को

स्नातक, स्नातकोत्तर और शोध कार्यक्रमों में प्रवेश की सुविधा दी जाती है। योजना का उद्देश्य महिलाओं को उच्च शिक्षा और अनुसंधान के क्षेत्र में अधिक अवसर उपलब्ध कराना है।

विज्ञान और प्रौद्योगिकी के क्षेत्र में महिला वैज्ञानिकों, अनुसंधानकर्ताओं और विद्यार्थियों के लिए योजनाओं और कार्यक्रमों को वित्तीय सहायता प्रदान की जाती है। यह योजना महिला वैज्ञानिकों के योगदान को बढ़ावा देने के साथ-साथ उनके काम को मान्यता देती है और विज्ञान और प्रौद्योगिकी के क्षेत्र में उनके प्रयासों को सम्मानित करती है।

योजना के तहत प्रमुख गतिविधियों में कार्यशालाएँ, सेमिनार और प्रशिक्षण शामिल हैं, जिसके आयोजन से न केवल विज्ञान और प्रौद्योगिकी के विभिन्न क्षेत्रों में महिलाओं की दिलचस्पी बढ़ी है, बल्कि इससे उन्हें अनुसंधान और नवाचार के क्षेत्र में अपने विचारों को प्रस्तुत करने और नए शोध कार्य करने के लिए प्रेरणा भी मिल जाती है।

यह योजना विशेष रूप से स्कूलों और कॉलेजों में विज्ञान के प्रति रुचि पैदा करने के लिए विभिन्न कार्यक्रमों का संचालन करती है, ताकि लड़कियां विज्ञान और गणित के क्षेत्रों में अपनी रुचि विकसित कर सकें। इन कार्यक्रमों के लिए सरकार वित्तीय सहायता देती है, जिससे प्रौद्योगिकी के क्षेत्र में काम करने वाली महिलाओं को आत्मनिर्भर बनने में मदद मिलती है। विज्ञान ज्योति योजना भारत में महिलाओं के लिए विज्ञान और प्रौद्योगिकी के क्षेत्र में एक सकारात्मक कदम है। यह योजना उन्हें प्रेरित करती है और उनके लिए नए अवसरों की तलाश करती है, ताकि वे विज्ञान के क्षेत्र में अपनी पहचान बना सकें और समाज में सकारात्मक बदलाव ला सकें।

विभिन्न क्षेत्र में सफल महिला वैज्ञानिकों को वैश्विक पहचान बनाने मदद मिली है और अन्य महिलाओं के लिए वह प्रेरणा बन गई हैं। भारतीय महिला वैज्ञानिकों को अंतरराष्ट्रीय पुरस्कार से सम्मानित किया जा चुका हैं।

इसकी बदौलत महिलाओं में लैंगिक असमानता दूर करने में मदद मिली है। यही कारण है कि पारिवारिक जिम्मेदारियों और सामाजिक दबावों की बाधाओं को दरकिनार कर महिलाओं की विज्ञान और शोध संस्थानों में पुरुषों की तुलना में भागीदारी बढ़ी है। इस तरह से यह कहना गलत नहीं होगा कि भारतीय महिलाओं ने विज्ञान के क्षेत्र में अपनी मेहनत और बौद्धिकता से उल्लेखनीय योगदान दिया है। सही प्रोत्साहन और अवसर मिलने पर वे नई ऊंचाइयों को छूने में सक्षम बन चुकी हैं। महिलाओं के इस योगदान को प्रोत्साहित करना न केवल वैज्ञानिक विकास बल्कि सामाजिक प्रगति के लिए भी आवश्यक है।

11. मीडिया में महिलाएं :

भारतीय महिलाओं ने मीडिया के क्षेत्र में अपनी उपस्थिति और प्रभाव को सफलतापूर्वक स्थापित किया है। यह क्षेत्र, जो एक समय में पुरुष-प्रधान माना जाता था, अब महिलाओं के नेतृत्व और नवाचार के लिए जाना जाता है। महिलाओं ने पत्रकारिता, फिल्म, टेलीविजन, डिजिटल मीडिया और विज्ञापन जैसे माध्यमों में अपनी खास पहचान बनाई है।

मीडिया में महिलाओं का योगदान कई तरह से मिला है। वे हैं—

पत्रकारिता और समाचार : टीवी, प्रिंट मीडिया और डिजिटल मीडिया में महिला पत्रकारों की संख्या तेजी से बढ़ी है। वे न केवल राजनीतिक, सामाजिक और अंतरराष्ट्रीय मुद्दों पर निर्भीक और निष्पक्ष रिपोर्टिंग के लिए जानी जाती हैं, बल्कि डेस्क पर चुस्त संपादन और कंटेंट प्रस्तुति काफी सटीकता के साथ कर रही हैं। महिलाएं युद्ध, आपदाओं और राजनीतिक आंदोलनों जैसे संवेदनशील विषयों पर रिपोर्टिंग में अपनी सराहनीय भूमिका निभा चुकी हैं।

सिनेमा और टेलीविजन : मनोरंजन जगत में खासकर निर्देशन और फिल्म निर्माण में कई महिलाओं ने जबदरस्त भूमिका निभाई है। इनमें ज़ोया अख्तर, गौरी शिंदे, मीरा नायर जैसी महिला निर्देशकों के अलावा निर्मात्री एकता कपूर का नाम शीर्ष पर लिया जाता है। उन्होंने सामाजिक मुद्दों और महिलाओं के दृष्टिकोण को सिनेमा में प्रमुखता से पेश किया है। प्रभावशाली अभिनय करने वाली अभिनेत्रियों ने सशक्त महिला पात्रों को चित्रित कर दर्शकों में प्रेरणा जगाई है।

वेब सीरीज और डिजिटल कंटेंट : डिजिटल प्लेटफॉर्म पर महिला-प्रधान कहानियां बढ़ रही हैं, जैसे "दिल्ली क्राइम" की शेफाली शाह और "मेड इन हेवन"।

डिजिटल मीडिया और सोशल मीडिया : महिलाओं ने ब्लॉगिंग, यूट्यूब चैनल, पॉडकास्टिंग और डिजिटल पत्रकारिता में नए आयाम स्थापित किए हैं। इंस्टाग्राम और ट्विटर पर महिलाएं सामाजिक और राजनीतिक मुद्दों पर सक्रिय हैं।

विज्ञापन और क्रिएटिव मीडिया : भारतीय विज्ञापन उद्योग में महिलाएं क्रिएटिव डायरेक्टर्स, कंटेंट और कलाकार के रूप में अहम भूमिका निभा रही हैं। उनके द्वारा बनाई गई कई विज्ञापन फिल्मों ने समाज में बदलाव का संदेश दिया है।

एक समय था, जब मीडिया में लैंगिक असमानता की वजह से महिलाओं के सामने कई चुनौतियां आईं। उच्च पदों और निर्णय-निर्माण की भूमिकाओं में महिलाओं की कम

उपस्थिति थी। कार्यस्थल पर यौन उत्पीड़न और भेदभाव की समस्याएं थीं। महिलाओं को सशक्त दिखाने के बजाय, अक्सर उन्हें मीडिया में गलत और रूढ़िवादी तरीके से प्रस्तुत किया जाता था। वर्क-लाइफ बैलेंस करना होता था। मीडिया क्षेत्र में अनियमित समय और दबाव के कारण कई महिलाएं व्यक्तिगत और पेशेवर जीवन में संतुलन बनाने में कठिनाई का सामना करने को मजबूर थीं।

जब मीडिया में महिलाओं की प्रगति के उपाय निकाले गए, तब लैंगिक समानता को बढ़ावा मिला। महिलाओं को नेतृत्व के पदों पर प्रोत्साहित करने और कार्यस्थल पर सुरक्षा की सहुलियत मिलने से उनका मनोबल बढ़ा। महिलाओं के लिए यौन उत्पीड़न के खिलाफ सख्त नियम और शिकायत प्रणाली का प्रभावी कार्यान्वयन मिला। महिलाओं को सशक्त, विविध और वास्तविक रूप में प्रस्तुत करने के लिए नीतियां बनाई गई, जिससे उनका सकारात्मक प्रतिनिधित्व बढ़ा।

फिल्मों, विज्ञापनों और टीवी सीरियल्स में महिलाओं के अनुभवों और दृष्टिकोणों को प्राथमिकता मिलने से भी पारिवारिक और सामाजिक सोच में व्यापक बदलाव आया। डिजिटल प्लेटफॉर्म के इंटरनेट व सोशल मीडिया का उपयोग कर महिलाओं ने अपनी आवाज उठाई। इसके लिए वे प्रशिक्षित की गईं।

इसका निष्कर्ष निकला कि भारतीय महिलाएं मीडिया के हर क्षेत्र में अपनी पहचान बनाने लगीं। उन्होंने न केवल अपनी क्षमता साबित की है, बल्कि समाज में बदलाव लाने वाले अभियानों और विचारों को भी प्रभावी ढंग से प्रस्तुत किया। चुनौतियों के बावजूद, भारतीय महिलाएं मीडिया के माध्यम से सशक्तिकरण और प्रगति की दिशा में आगे बढ़ रही हैं।

12. कृषि में महिलाओं की भागदारी :

भारत में कृषि क्षेत्र महिलाओं के लिए न केवल आजीविका का महत्वपूर्ण स्रोत है, बल्कि यह उनकी सामाजिक और आर्थिक स्थिति को सशक्त करने का भी एक महत्वपूर्ण माध्यम है। भारतीय कृषि में महिलाएं सक्रिय रूप से जुड़ी हुई हैं और उनका योगदान कृषि उत्पादन, प्रबंधन, कृषि आधारित उद्योगों और कृषि से संबंधित निर्णय-निर्माण में अत्यधिक महत्वपूर्ण है। भारतीय कृषि में महिलाओं का योगदान अत्यधिक महत्वपूर्ण और अभूतपूर्व है। हालांकि, उन्हें अब भी कई चुनौतियों का सामना करना पड़ता है, लेकिन उचित समर्थन और नीतियों के माध्यम से उनकी भूमिका को सशक्त और प्रभावशाली बनाने की सरकार ने कई कोशिशें की हैं। महिलाएं न केवल कृषि उत्पादन में

बल्कि ग्रामीण अर्थव्यवस्था और खाद्य सुरक्षा में भी केंद्रीय भूमिका निभा रही हैं। उनके सशक्तिकरण से कृषि क्षेत्र में स्थिरता और समृद्धि की दिशा में एक बड़ा बदलाव आने की संभावनाएं बढ़ गई हैं।

- महिलाएं भारत के ग्रामीण इलाकों में कृषि कार्यों में प्रमुख रूप से संलग्न है। वे खेतों में बुआई, सिंचाई, फसल की कटाई, खाद डालने और फसलों की देखभाल जैसे काम करती हैं। ग्रामीण महिला श्रमिकों का बड़ा हिस्सा कृषि से संबंधित कामों में लगा हुआ है। महिलाओं का योगदान कृषि विपणन, खाद्य प्रसंस्करण और कृषि-व्यापार में भी महत्वपूर्ण है।
- वे खुदरा बिक्री, थोक बाजारों में विक्रय और कृषि उत्पादों की पैकिंग जैसी गतिविधियों में भाग लेती हैं। महिलाओं का समूह कई बार सहकारी समितियों या ग्रामीण का स्वयं सहायता समूहों के रूप में कृषि उत्पादों का विपणन करता है।
- महिलाओं का जैविक खेती, पारंपरिक कृषि पद्धतियों और रसायन मुक्त खेती में महत्वपूर्ण योगदान रहा है। वे जैविक खाद बनाने, फसल सुरक्षा के लिए पारंपरिक उपायों को लागू करने और जलवायु अनुकूल खेती करने में सक्रिय रहती हैं।
- भारतीय महिलाएं पशुपालन और डेयरी उत्पादों के उत्पादन में भी सक्रिय रूप से भाग लेती हैं। वे दूध उत्पादन, दूध से बने उत्पादों का प्रसंस्करण और पशुओं की देखभाल में महत्वपूर्ण भूमिका निभाती हैं।
- जलवायु परिवर्तन के प्रभावों को समझने और कृषि में उसके समाधान के लिए रणनीतियाँ विकसित करने में भी महिलाएं सक्रिय हैं। उनके नेतृत्व में कई कार्यक्रम जैसे जलवायु अनुकूलन परियोजनाएं और पर्यावरण संरक्षण अभियानों का संचालन किया जा रहा है।

इसके विपरीत कृषि क्षेत्र में योगदान देती महिलाओं को सामाजिक और सांस्कृतिक बाधाओं का भी सामना करना पड़ता है। महिलाओं को अक्सर कृषि में नेतृत्व और निर्णय-निर्माण भूमिकाओं में सीमित स्थान मिलता है। पारंपरिक रूप से कृषि कार्यों को पुरुषों से जोड़कर देखा जाता है, जबकि महिलाएं इन कार्यों को बिना किसी औपचारिक पहचान के करती हैं। उन्हें संसाधनों की कमी से भी जूझना पड़ता है। उनके पास कृषि कार्यों के लिए पर्याप्त भूमि, तकनीकी जानकारी, कृषि उपकरण और फंडिंग नहीं होती। वे अक्सर कृषि योजनाओं और सब्सिडी के दायरे से बाहर रह जाती हैं।

उन्हें कृषि कार्यों में शारीरिक श्रम का सामना करना पड़ता है और इस सिलसिले में वे मानसिक तनाव से भी जूझती हैं, क्योंकि उन्हें घर और खेत दोनों की जिम्मेदारियां निभानी

होती हैं। महिलाओं की कृषि से जुड़े वित्तीय संसाधनों, क्रेडिट और बीमा जैसी सेवाओं तक पहुंच सीमित रहती है, उन्हें कृषि क्षेत्र में नए तकनीकी ज्ञान और कौशल प्राप्त करने का पर्याप्त अवसर नहीं मिल पाता है।

इसे देखते हुए सरकार द्वारा कृषि में महिलाओं के सशक्तिकरण के कई उपाय निकाले गए हैं। इनमें शिक्षा और प्रशिक्षण महत्वपूर्ण है। महिलाओं को कृषि तकनीकी, पर्यावरणीय और जलवायु अनुकूलन के बारे में प्रशिक्षण देने के लिए योजनाएं विकसित करने पर जोर दिया गया। ग्रामीण क्षेत्रों में कृषि शिक्षा और तकनीकी प्रशिक्षण केंद्र स्थापित करने के उपाय निकाले गए हैं। महिलाओं की पहुंच आर्थिक संसाधनों तक बनाने के लिए कृषि क्रेडिट, बीमा और सरकारी सब्सिडी योजनाओं को सुचारू ढंग से चलाने की नीतियां बनाई गई है। महिला किसानों के लिए विशेष ऋण योजनाएं और सब्सिडी देने की आवश्यकता को गंभीरता से लिया गया है।

महिलाओं की कृषि कार्य में भागीदारी के संदर्भ में सामाजिक और सांस्कृतिक बदलाव की जरूरत महसूस की गई है। सरकार ने पाया कि महिलाओं को नेतृत्व और निर्णय-निर्माण की भूमिकाओं में प्रोत्साहित करना चाहिए। उनके कार्यों को समाज में मान्यता मिलनी चाहिए। खेती में हिस्सा लेने के लिए प्रोत्साहित करने के लिए पारंपरिक धारणाओं और मान्यताओं को चुनौती दी जानी चाहिए।

इस संदर्भ में कारगर उपाय के तौर पर स्वयं सहायता समूहों का प्रोत्साहन सामने आया। इस ओर यह निर्णय लिया गया कि महिला स्वयं सहायता समूहों को कृषि उत्पादों के विपणन और उनके अधिकारों के लिए सशक्त बनाना चाहिए। इसके लिए इन समूहों को आर्थिक और प्रशासनिक तरीके से सशक्त किया जा सकता है।

सरकार और कृषि विभाग को महिलाओं की समस्याओं और आवश्यकताओं को समझते हुए नीतियां बनाने पर बल दिया गया। कृषि नीतियों और योजनाओं में लैंगिक समानता सुनिश्चित करने के लिए महिलाओं की भागीदारी को बढ़ावा देने की पहल की गई। इसके प्रेरणादायक नतीजे सामने आए। वे हैं—

महिला किसान समूह : भारत के विभिन्न हिस्सों में महिला किसान समूह जैसे "सेल्फ हेल्प ग्रुप्स" ने कृषि उत्पादों की बिक्री, खेती के बेहतर तरीके और जलवायु परिवर्तन से निपटने के लिए प्रभावी कदम उठाए हैं।

अरुणाचल प्रदेश की महिलाएं : अरुणाचल प्रदेश की आदिवासी महिलाएं जैविक खेती में सक्रिय रूप से भाग ले रही हैं और प्राकृतिक संसाधनों का संरक्षण करने के लिए प्रयासरत हैं।

उत्तर प्रदेश की महिलाएं (श्रीराम महिला समूह) : उत्तर प्रदेश में श्रीराम महिला समूह ने कृषि उत्पादों का विपणन करने के लिए सामूहिक प्रयास किया, जिससे स्थानीय महिलाओं को आर्थिक रूप से सशक्त किया गया।

13. ज्यूडिशियरी में महिलाएं :

भारतीय न्यायपालिका में महिलाओं की मौजूदा स्थिति में काफी सुधार हुआ है। हालांकि यह अभी भी संतोषजनक स्तर पर नहीं पहुंच पाया है। भारतीय न्यायपालिका में महिलाओं की बढ़ती भागीदारी से न्याय प्रणाली अधिक संतुलित और समावेशी बनने की उम्मीद बढ़ गई है। यह न केवल महिलाओं के अधिकारों के लिए बल्कि पूरे समाज के लिए फायदेमंद साबित हुआ है। महिलाओं की न्यायपालिका में भागीदारी और उनकी मौजूदगी के बारे में कुछ मुख्य बिंदु इस प्रकार हैं:

महिलाओं का प्रतिनिधित्व : सुप्रीम कोर्ट में महिला न्यायाधीशों का प्रतिशत अब तक बहुत कम रहा है। 1950 में सुप्रीम कोर्ट की स्थापना के बाद से अब तक कुल मिलाकर कुछ ही महिलाओं को इस पद पर नियुक्त किया जा सका है। हाई कोर्ट और निचली अदालतों में भी महिला न्यायाधीशों की संख्या पुरुषों की तुलना में बहुत कम है। भारत के 25 हाई कोर्ट्स में महिला न्यायाधीशों की संख्या कुल न्यायाधीशों की संख्या का लगभग 11-12% है। वैसे निचली अदालतों में महिलाओं की भागीदारी अपेक्षाकृत अधिक है, फिर भी यह पुरुष न्यायाधीशों की संख्या के मुकाबले कम है। ग्रामीण क्षेत्रों में महिला जजों की उपस्थिति और भी कम है। 2023 तक सुप्रीम कोर्ट में 34 जजों में से केवल 3-4 महिलाएं रही हैं।

पदोन्नति और नेतृत्व : सुप्रीम कोर्ट में अब तक कोई भी महिला चीफ जस्टिस ऑफ इंडिया (सीजेआई) नहीं बन पाई हैं। हालाँकि 2027 में पहली महिला सीजेआई बनने की संभावना की जस्टिस बीवी नागरत्ना बन गई है। हाई कोर्ट में भी कुछ महिलाओं को चीफ जस्टिस के रूप में नियुक्त किया गया है, लेकिन यह संख्या भी सीमित है।

चुनौतियां : न्यायिक क्षेत्र में महिलाओं की भागदारी में कमी की वजह संस्कृति और पूर्वाग्रह को माना जा रहा है। ज्यूडिशियरी को पुरुष-प्रधान क्षेत्र माने जाने के कारण महिलाओं को कई सांस्कृतिक और संस्थागत बाधाओं का सामना करना पड़ता है।

पारिवारिक जिम्मेदारियां : महिलाओं को अक्सर कार्य और परिवार की जिम्मेदारियों के बीच संतुलन बनाने में कठिनाई होती है। महिला जजों को पेशेवर और पारिवारिक जिम्मेदारियों के बीच संतुलन बनाना पड़ता है। उन्हें कई बार कार्यस्थल पर भेदभाव और असहज परिस्थितियों का सामना करना पड़ता है।

लैंगिक भेदभाव : नियुक्तियों और पदोन्नति के दौरान महिलाएं अप्रत्यक्ष लैंगिक भेदभाव का शिकार हो जाती हैं। महिलाओं को उच्च पदों, जैसे सुप्रीम कोर्ट और हाई कोर्ट्स में नियुक्ति के लिए पर्याप्त अवसर नहीं मिलते। नेतृत्व की भूमिकाओं (चीफ जस्टिस आदि) में महिलाओं की संख्या अत्यंत कम है।

सरकारी प्रयास और सुधार : विगत दशक के वर्षों में महिला न्यायाधीशों की संख्या बढ़ाने के लिए कदम उठाए गए हैं।

- कॉलेजियम सिस्टम के तहत महिलाओं को उच्च न्यायालयों और सुप्रीम कोर्ट में नियुक्त करने का प्रयास हो रहा है।
- न्यायपालिका में लैंगिक समानता को बढ़ावा देने के लिए महिला बार एसोसिएशनों और अन्य संगठनों ने अपनी भूमिका निभाई है।

महत्वपूर्ण योगदान : महिला न्यायाधीशों ने ऐतिहासिक निर्णय दिए हैं, जिनका समाज और महिलाओं के अधिकारों पर सकारात्मक प्रभाव पड़ा है। जस्टिस इंदु मल्होत्रा, जस्टिस रंजना देसाई और जस्टिस नागरत्ना जैसी जजों ने ज्यूडिशियरी में अपनी महत्वपूर्ण पहचान बनाई है।

आगे का रास्ता : महिलाओं को अधिक संख्या में ज्यूडिशियरी में शामिल करने के लिए संरचनात्मक और संस्थागत सुधार की आवश्यकता पर ध्यान दिया गया है।

- कानूनी शिक्षा में लैंगिक विविधता को बढ़ावा देना, विशेष प्रशिक्षण कार्यक्रम और महिलाओं को नेतृत्व के अवसर देना इस दिशा में सहायक हो सकते हैं।
- भारतीय न्यायपालिका में महिलाओं की उपस्थिति न केवल न्यायपालिका के लिए, बल्कि समाज की समग्र प्रगति के लिए भी आवश्यक है। यह एक अधिक संतुलित और समावेशी न्याय प्रणाली सुनिश्चित करने में मदद करेगा। न्यायपालिका में महिला प्रतिनिधित्व बढ़ाने के लिए विशेष नीतियां और प्रशिक्षण कार्यक्रम बनाए जा रहे हैं।

लैंगिक समानता के प्रयास के तहत नियुक्ति और पदोन्नति के दौरान महिलाओं को समान अवसर प्रदान किए जाने के लिए कदम उठाए जा रहे हैं। इसके लिए किए जाने वाली पहल इस प्रकार की—

- न्यायपालिका में महिलाओं की संख्या बढ़ाने के लिए कोटा या आरक्षण जैसे उपायों पर विचार किया जा सकता है।
- कानून की पढ़ाई करने वाली महिलाओं की संख्या बढ़ाने और उन्हें न्यायपालिका में आने के लिए प्रेरित किया जाना चाहिए।

- कार्यस्थल पर लैंगिक संवेदनशीलता को बढ़ावा देने के लिए जागरूकता कार्यक्रम लागू किए जाएं।
- उच्च पदों पर अधिक महिलाओं को नियुक्त किया जाए ताकि वे अन्य महिलाओं के लिए प्रेरणा बन सकें।
- लैंगिक भेदभाव को खत्म करने के लिए संस्थागत सुधार आवश्यक हैं।

इन प्रयासों के माध्यम से भारत में महिला सशक्तिकरण की दिशा में ठोस कदम उठाए गए हैं और महिलाएं अब पहले से कहीं अधिक स्वतंत्र और सक्षम हैं, हालांकि, चुनौतियाँ अभी भी मौजूद हैं, लेकिन इन कदमों ने भारत में महिला सशक्तिकरण की बुनियाद को मजबूत किया है और भविष्य में इससे और भी बदलाव की उम्मीद है।

भारत में लिखी जानेवाली चौतरफा विकास की गाथाएं बेमिसाल बेटियों के ऊंची उड़ान की दास्तान के बगैर अधूरी ही कहलाएंगी। सूरज की पहली किरण से आखिरी किरण तक आधी आबादी के बुलंद इरादों की हर रोज कोई-ने-कोई नई इबारत लिखी जा रही है। कभी भारत की सबसे तेज चलने वाली रेलगाड़ी बंदे भारत को ड्राइव करती आदिवासी लड़की की तस्वीर एक विशिष्ट उपलब्धि के साथ सुर्खियां बन इंटरनेट मीडिया पर छा जाती है, तो ओलंपिक से लेकर पैरा ओलंपिक खेल तक में मेडल की झड़ी लगा देती है।

कुछ ऐसी ही सहजता भारत की प्रथम महिला द्रौपदी मुर्मु के संदर्भ में भी है, जिनके सम्मान, समृद्धि और सुदृढ़ता के गर्त में चाहे जैसा भी संघर्ष दफन हो, उनकी सतत सफलता की प्रेरणा से भारत में जबरदस्त महिला सामाजिक सशक्तिकरण की बहने वाली बयार से इनकार नहीं किया जा सकता। इक्कीसवीं सदी का स्वागत करने वाली जिस राजग सरकार ने महिला सशक्तिकरण के लिए राष्ट्रीय नीति (2001) बनाई थी, उसी ने बीते दस सालों में इसकी बुनियाद को मजबूत बनाने के लिए दर्जनों योजनाएं लांच कर दी। हर वर्ग की शिक्षित-अशिक्षित महिलाओं के लिए विभिन्न योजनाओं से उन्हें सहयोग मिला। शिक्षा से लेकर सामाजिक स्तर सुधारने और स्वावलंबी बनाने के लिए विशेष ध्यान दिया गया, ताकि उनका सामाजिक सरोकार बने। उन्हें सामाजिक, राजनीतिक, प्रशासनिक, शैक्षिक और आर्थिक क्षेत्र में जो कुछ हासिल हुआ वह केंद्र या राज्य सरकारों से मिली हर स्तर की तमाम सुविधाएं, नीतिगत कार्य योजनाएं, निर्धारित लक्ष्य, उद्देश्य, सुरक्षा और अतिरिक्त सम्मान की बदौलत ही संभव हो पाया।

हर क्षेत्र में महिलाओं की भागीदारी बढ़ने से न केवल सामाजिक, बल्कि हर स्तर पर महिलाओं ने महत्वपूर्ण भूमिकाएं निभाते हुए कई काम अपने कंधे पर उठा लिए हैं। इससे

उनका विकास हुआ और समाज में सम्मान मिला। उदाहरण के तौर पर उन्हें जनधन खाता, गैस कनेक्शन, नलजल योजना और शौचालय-स्वच्छता को प्राथमिकता जीवन स्तर के सुधार में बेजोड़ साबित हुई इसी तरह से बेटी बचाओ, बेटी पढ़ाओ के नारे से औरतों का आत्मबल बढ़ा और इसमें पुरुषों ने भी बढ़-चढ़कर हिस्सा लिया। इसके लिए मिले कानूनी हक का सख्ती से पालन हुआ और फिर नतीजा आया कि लिंगानुपात में जबरदस्त सुधार आया। प्रति 1000 पुरुषों पर महिलाओं की संख्या औसतन उतनी ही आ गई। एक और बड़ा सम्मान देने वाली बात मुस्लिम तबके की औरतों को भी मिला। तीन तलाक कानून से उनकी सुरक्षा और संपत्ती पर अधिकार बढ़ा।

जैसे-जैसे भारत आर्थिक रूप से आगे बढ़ा, महिला सशक्तिकरण सहित सामाजिक और मानव विकास पर अधिक ध्यान देने की मांग भी बढ़ने लगी। महिलाओं और लड़कियों के मानवाधिकारों की वकालत की जाने लगी, तो भेदभावपूर्ण प्रथाओं का मुकाबला करना और असमानताओं और बहिष्कार को जन्म देने वाली भूमिकाओं एवं रूढ़ियों को चुनौती देने पर भी ध्यान केंद्रित किया जाने लगा। महिला सशक्तिकरण लैंगिक समानता प्राप्त करने का एक महत्वपूर्ण पहलू माना गया है, जहाँ पुरुषों और महिलाओं दोनों के पास शिक्षा, स्वास्थ्य सेवा, आर्थिक भागीदारी और व्यक्तिगत विकास के लिए समान शक्ति और अवसर की आवश्यकता होती है।

महिला सशक्तिकरण की दिशा में भारत उतार-चढ़ाव से भरा रहा है. हालांकि लैंगिक असमानता को समाप्त करने के उद्देश्य से घरेलू नीतियों को तैयार कर उसमें सुधार लाया गया है। सरकार ने विभिन्न सामाजिक-आर्थिक पृष्ठभूमि की महिलाओं का समर्थन करने के लिए कई परियोजनाओं पर राज्य सरकारों, स्थानीय गैर-सरकारी संगठनों और निजी निगमों के साथ काम करने के लिए अंतर्राष्ट्रीय एजेंसियों के लिए जगह बनाई है। ये परियोजनाएं हैं—

1. बेटी बचाओ, बेटी पढ़ाओ योजना।
2. सुकन्या समृद्धि योजना।
3. महिलाओं को 33 फीसदी आरक्षण देने से आर्थिक रूप से मजबूत होना।
4. महिला सम्मान बचत पत्र योजना के जरिए 2 लाख रुपए तक निवेश पर 7.5 फीसदी ब्याज मिलना।
5. ग्रामीण महिलाओं के लिए महिला शक्ति केंद्र स्कीम लाना।
6. मातृत्व अवकाश 12 की जगह 26 हफ्ते करना।

7. प्रधानमंत्री मातृ वंदन योजना के तहत गर्भवती महिलाओं और स्तनपान कराने वाली माताओं को बच्चे के जन्म पर 5000 रुपए देना।
8. मुस्लिम महिलाओं के लिए तीन तलाक पर कानूनी पाबंदी।
9. प्रधानमंत्री उज्ज्वला योजना के तहत मुफ्त एलपीजी कलनेक्शन और सिलेंडर देना।
10. महिला ई-हाट स्कीम शुरू करना।
11. महिलाओं के लिए कई स्टार्टअप स्कीम।
12. महिला पोषण अभियान।
13. महिला हेल्पलाइन योजना।
14. सुरक्षित मातृत्व आश्वासन सुमन योजना।
15. फ्री सिलाई मशीन योजना के तहत हर राज्य में सालाना 50 हजार से अधिक सिलाई मशीन फ्री में देना।
16. आयुष्मान योजना के तहत 5 लाख रुपए तक फ्री में इलाज।
17. वर्किंग वुमेन हॉस्टल स्कीम चालू करना।
18. वन स्टॉप सेंटर स्कीम, जिसके तहत हिंसा से पीड़ित महिलाओं को सभी तरह की मदद एक ही छत के नीचे मिलना।
19. मातृत्व वंदन योजना के तहत गर्भवती महिला को पौष्टिक आहार योजना।
20. शिशु का जन्म अस्पताल में कराने का बड़ा अभियान चला।
21. बेटियां स्कूल न छोड़े, इसके लिए करोड़ों शौचालय बनाने का अभियान।
22. बेटियों के पानी देने के लिए हर घर पाइप से पानी देने का अभियान।
23. सौभाग्य योजना के तहत मुफ्त बिजली कनेक्शन योजना।
24. पीएम आवास योजना के तहत बेटियों को संयुक्त भागीदारी का हक देना।
25. महिलाओं को बैंक से बिना गारंटी वाली मुद्रा योजना की शुरुआत।
26. इस साल लालकिले से 2 करोड़ लखपति दीदी बनाने की योजना की शुरुआत।
27. शेर-भेर ग्रुप की महिलाओं को लोन देने की योजना की शुरुआत।
28. सेना में महिलाओं को परमानेंट कमीशन देना।

इन प्रयासों से लैंगिक समानता के वैश्विक सर्वेक्षणों में भारत की रैंकिंग में भी उल्लेखनीय सुधार आया।

भारतीय संविधान में अनुच्छेद 14 से 16 के तहत पुरुषों और महिलाओं के लिए समान अधिकार निहित हैं, जो 26 जनवरी 1950 को लागू हुआ था। लिंग के आधार पर

भेदभाव सख्त वर्जित है। वर्ष 1947 में भारत की स्वतंत्रता के दौरान भारतीय महिलाओं को सार्वभौमिक मताधिकार प्राप्त हुआ, जो कई पश्चिमी देशों द्वारा महिलाओं को वोट देने का अधिकार दिए जाने से बहुत पहले मिल गया था। भारत आधुनिक इतिहास में दूसरा ऐसा देश है, जिसकी महिला नेता इंदिरा गांधी थीं, 1966 में एक अन्य दक्षिण एशियाई राज्य श्रीलंका ने 1960 में सिरीमावो भंडारनायके को चुना था। यह विश्व में पहली महिला प्रधानमंत्री थीं।

भारत ने महिलाओं के खिलाफ भेदभाव को समाप्त करने के लिए प्रमुख अंतरराष्ट्रीय सम्मेलनों की पुष्टि करने के लिए भी ठोस प्रयास किया। यह अंतर्राष्ट्रीय श्रम संगठन (आईएलओ) का संस्थापक सदस्य है और इसने 47 सम्मेलनों और एक प्रोटोकॉल की पुष्टि की है। इसने 1980 में महिलाओं के खिलाफ सभी प्रकार के भेदभाव के उन्मूलन पर कन्वेंशन (सीईडीएडब्ल्यू) पर हस्ताक्षर किए हैं और 1993 में कुछ आरक्षणों के साथ इसकी पुष्टि भी की है। हालांकि इसने अभी तक सीईडीएडब्ल्यू के वैकल्पिक प्रोटोकॉल और महिलाओं, शांति और सुरक्षा पर राष्ट्रीय कार्य योजना की पुष्टि नहीं की है। देश के भीतर, दहेज निषेध अधिनियम, 1961 और घरेलू हिंसा से महिलाओं का संरक्षण अधिनियम, 2005 दहेज और घरेलू हिंसा के मामलों को आपराधिक बनाने के लिए अधिनियमित किया गया है। सरकार ने 2017 में मातृत्व लाभ अधिनियम के तहत निजी क्षेत्र के लिए मातृत्व अवकाश को 12 सप्ताह से बढ़ाकर 26 सप्ताह कर दिया।

महिला आरक्षण विधेयक भारतीय राजनीति के सभी स्तरों पर महिलाओं के लिए 33 प्रतिशत आरक्षण देता है। यह महिलाओं की राजनीतिक भागीदारी बढ़ाने का एक प्रयास है। यह विधेयक पहली बार 12 सितंबर 1996 को देवेगौड़ा सरकार द्वारा पेश किया गया था। बाद की सरकारों ने इस विधेयक को आगे बढ़ाने की कोशिश की, लेकिन इसे राज्यसभा (संसद के ऊपरी सदन) में पारित होने में 14 साल लग गए। विधेयक को अभी भी लोकसभा (संसद के निचले सदन) और सभी राज्य विधानसभाओं में पारित किए जाने के बाद यह महिला सशक्तिकरण के ऐतिहासिक पन्नों में दर्ज हो गया। इसे अभी अमलीजामा पहनाया जाना बाकी है।

विधेयक का प्रस्तुतीकरण भारतीय राजनीति में लैंगिक जनसांख्यिकी को बदलने का एक ऐतिहासिक प्रयास था। इस संबंध में कोटा प्रणाली के समर्थकों का तर्क रहा है कि राजनीतिक प्रणाली में महिलाओं की प्रभावी और सार्थक भागीदारी बढ़ाने के लिए यह एक आवश्यक कदम साबित हो सकता है। यह शासन में महिलाओं की आवाज़ को शामिल कर एक ऐसी प्रक्रिया को तेज़ करने में मदद कर सकता है, जिसमें आमतौर पर

कई पीढ़ियाँ लग जाती हैं। इसके विपरीत संशयवादियों का मानना रहा कि इस विधेयक से केवल कुलीन महिलाओं को ही लाभ होगा, जबकि 33 प्रतिशत महिला आरक्षण एक साहसिक कदम बन गया। विधेयक के प्रबल समर्थकों में से एक तृणमूल कांग्रेस ने 2019 के लोकसभा चुनावों में महिलाओं के लिए 40 प्रतिशत सीटें आरक्षित करके एक ठोस कदम बढ़ाया।

ऐसे में यह कहना गलत नहीं होगा कि भारत में महिलाएँ राजनीति, व्यवसाय, चिकित्सा, खेल और कृषि सहित सभी क्षेत्रों में उभर रही हैं। इसका इतिहास तब बना जब भारतीय अंतरिक्ष अनुसंधान संगठन की दो महिला वैज्ञानिकों ने देश के दूसरे चंद्र मिशन चंद्रयान-2 का नेतृत्व किया, जो 2019 में आरंभ से लेकर पूरा होने तक चला। एक विशाल अंतरिक्ष मिशन के लिए महिला नेतृत्व ने इस प्रचलित धारणा को चुनौती दी कि रॉकेट विज्ञान केवल पुरुषों के लिए आरक्षित पेशा है। एक और मील का पत्थर तब हासिल हुआ जब सुप्रीम कोर्ट ने 2020 में सेना कमांडर के रूप में सेवा करने वाली महिलाओं पर सरकार की स्थिति को पलट दिया।

महिलाओं को पहली बार 1992 में सशस्त्र बलों में शामिल किया गया था और उन्होंने लड़ाकू पायलट, डॉक्टर, नर्स, इंजीनियर, सिग्नलर्स आदि सहित कई पदों पर काम किया, जबकि लड़ाकू भूमिकाओं में महिलाओं की सेवा का मुद्दा दुनिया भर में विवादास्पद बना हुआ है। ये ऐसे उदाहरण हैं जहाँ भारतीय महिलाओं ने कील-कांच से भरी दूरी को पार किया है। सशस्त्र बलों में ऊंचाई हासिल की है।

महिला सशक्तिकरण पर भारत की कहानी सरकार और नागरिक समाज संगठनों द्वारा अपनाई गई जमीनी पहलों पर ध्यान केंद्रित किए बिना पूरी नहीं हो सकती है। संघीय और राज्य सरकारों ने शहरी और ग्रामीण दोनों महिलाओं को सशक्त बनाने के लिए नई योजनाएं, नीतियां और कार्यक्रम शुरू किए हैं। नरेंद्र मोदी सरकार ने लैंगिक समानता को बढ़ावा देने के लिए प्रमुख योजनाएं शुरू की हैं, जिनमें बेटी बचाओ बेटी पढ़ाओ, प्रधानमंत्री उज्ज्वला योजना (गरीबी रेखा से नीचे के परिवारों की महिलाओं को गैस कनेक्शन प्रदान करने की योजना) और महिला-ई-हाट शामिल हैं। लैंगिक विषम अनुपात के मुद्दे को संबोधित करने और बालिकाओं के लिए अधिक कल्याण उत्पन्न करने के लिए जनवरी 2015 में बेटी बचाओ बेटी पढ़ाओ योजना शुरू की गई थी। इसका ध्यान मुख्य रूप से उत्तरी भारत पर केंद्रित है, जिसमें हरियाणा, उत्तर प्रदेश, दिल्ली, पंजाब और उत्तराखंड शामिल हैं जहाँ लिंग अनुपात अधिक है। महिला-ई-हाट परियोजना, एक ऑनलाइन मार्केटिंग अभियान, 2016 में शुरू किया गया था। यह महिला उद्यमियों,

स्वयं सहायता समूहों और गैर-सरकारी संगठनों (एनजीओ) का समर्थन करने के लिए प्रौद्योगिकी का उपयोग करता है। प्रत्येक योजना का अपना अनूठा उद्देश्य है, जिसमें बालिकाओं के कल्याण और सामुदायिक जुड़ाव से लेकर महत्वाकांक्षी महिला उद्यमियों का समर्थन करना शामिल है।

सरकार ने राज्य सरकारों, स्थानीय गैर सरकारी संगठनों और निजी निगमों के साथ काम करने के लिए अंतर्राष्ट्रीय एजेंसियों के लिए जगह भी बनाई है। उदाहरण के लिए, विश्व बैंक राज्य में सार्वजनिक स्वास्थ्य सेवाओं की गुणवत्ता में सुधार करने के लिए संघीय सरकार और आंध्र प्रदेश सरकार के साथ मिलकर काम कर रहा है, जिसमें मातृ एवं शिशु स्वास्थ्य सेवा शामिल है। एक अन्य पहल संयुक्त राष्ट्र (यूएन) इंडिया बिजनेस फोरम द्वारा की गई है, जिसने महिला उद्यमिता को मजबूत करने और निवेश के लिए एक पारिस्थितिकी तंत्र बनाने के लिए महिला उद्यमियों के लिए यूएन-भारत नीति आयोग निवेशक संघ की स्थापना के लिए नेशनल इंस्टीट्यूशन फॉर ट्रांसफॉर्मिंग इंडिया (नीति आयोग) के साथ भागीदारी की है।

भारत में मानव विकास पर किए गए इन उपायों के बावजूद लैंगिक समानता पर इसकी वैश्विक स्थिति पर काम किया जाना बाकी है। हालांकि भारत अपने समग्र लैंगिक अंतर का दो-तिहाई हिस्सा पाटने में कामयाब रहा है, खासकर राजनीतिक सशक्तिकरण के क्षेत्रों में। राजनीतिक सशक्तिकरण उप-सूचकांक में इसे 18वें स्थान पर रखा गया, यह देखते हुए कि एक महिला ने 20 वर्षों तक सरकार का नेतृत्व किया। वैसे महिला विधायक भारतीय संसद का केवल 14.4 प्रतिशत और कैबिनेट का 23 प्रतिशत हिस्सा हैं, जिससे समग्र राजनीतिक प्रतिनिधित्व अपेक्षाकृत कम है। अब अगर महिलाओं के लिए आर्थिक सशक्तिकरण की बात की जाए तो इसपर इसका प्रदर्शन 2006 से बढ़ा है। सर्वेक्षण ने निष्कर्ष निकाला कि 82 प्रतिशत पुरुषों के सापेक्ष केवल 25 प्रतिशत महिलाएं काम कर रही हैं, या रोजगार की तलाश कर रही हैं। इसके अलावा, उनकी औसत आय उनके पुरुष समकक्षों की कमाई का लगभग पाँचवाँ हिस्सा है। जब भारतीय महिलाएं नौकरी हासिल करती हैं, तब भी उन्हें पुरुष कर्मचारियों की तुलना में कम वेतन मिलने की उच्च प्रवृत्ति होती है। यह अंतर दूर किया जाना बाकी है। आईएलओ की वैश्विक वेतन रिपोर्ट 2018/19 में पाया गया था कि विस्तार से अध्ययन किए गए 73 देशों में भारत में औसत वेतन लिंग अंतर सबसे अधिक 34.5 प्रतिशत है। यह देखते हुए कि अनौपचारिक नौकरियों में महिलाओं की भागीदारी दर औपचारिक क्षेत्र से अधिक है, कई महिलाएँ इस वेतन असमानता का शिकार हैं। भारतीय महिलाएँ नेतृत्व की भूमिकाओं में केवल 14

प्रतिशत हैं। महिलाओं के आर्थिक सशक्तीकरण से सभी को लाभ होगा। अंतर्राष्ट्रीय मुद्रा कोष ने अनुमान लगाया है कि कार्यबल में महिलाओं की समान भागीदारी भारत के सकल घरेलू उत्पाद में 27 प्रतिशत की वृद्धि कर सकती है।

महिलाओं के आर्थिक सशक्तीकरण को बढ़ाने के लिए भारत के लिए जापानी मॉडल बहुत कुछ सिखाता है। टोक्यो की महिला श्रम शक्ति भागीदारी 2000 में लगभग 66.5 प्रतिशत से बढ़कर 2016 में 76.3 प्रतिशत हो गई है। जो मुख्य रूप से वूमेनॉमिक्स योजना के तहत नीति, जनसांख्यिकीय और आर्थिक कारकों के कारण है। समय के साथ इसकी नीतियों में काफी बदलाव आया है, जिसमें मौजूदा श्रम कानूनों में संशोधन, नए भेदभाव-विरोधी प्रावधान पेश करना और बाल-देखभाल नीतियों को बढ़ाना शामिल है। नए और मौजूदा कानूनों के कार्यान्वयन और सुदृढ़ीकरण से महिलाओं को कार्यबल में शामिल होने और शादी और बच्चों के पालन-पोषण के शुरुआती वर्षों के दौरान काम करना जारी रखने के लिए प्रोत्साहन मिल सकता है।

भारत में सबसे उदार मातृत्व अवकाश नीतियों में से एक है, लेकिन यह कामकाजी महिलाओं के एक छोटे से हिस्से पर लागू है। जमीनी हकीकत को ध्यान में रखे बिना अन्य जगहों पर अच्छी तरह से काम करने वाली नीतियों को दोहराने की इसकी इच्छा के परिणामस्वरूप बहुत कम महिलाएं वास्तव में उनसे लाभान्वित हो पाई हैं। हालांकि इन मॉडलों का बारीकी से अध्ययन करना उपयोगी हो सकता है। उन्हें भारतीय परिवेश के संदर्भ में और ठीक-ठाक करने की आवश्यकता है।

अध्याय-1

बचत से आत्मनिर्भरता

सामान्य तौर पर देखा गया है कि महिलाओं द्वारा किये जाने वाले बचत का आकस्मिक इस्तेमाल घरेलू स्तर पर तब होता है, जब परिवार अचानक किसी मुसीबत में फंस जाता है। उलझे हुए उस वक्त के दौर में एक आत्मनिर्भर महिला की एक स्पष्ट झलक देखी जा सकती है और तब उसके साथ पूरा परिवार-समाज स्त्री-सशक्तिकरण की अनुभूति से गौरवान्वित महसूस करता है। इस में अब कई नए आयाम जुड़ गए हैं, जिसे विस्तार दने में सरकार की योजनाओं का योगदान सराहनीय कदम साबित हो रहा है।

बचत क्या होती है? कैसे की जाती है यह किसी माहिला से सीखी और समझी जा सकती है। महिला चाहे शिक्षित हो या फिर अनपढ़ ही क्यों न हो बचत की बुनियाद बाखूबी मजबूत करना जानती हैं। करीब एक दशक पहले इसी भावना को समझते हुए जब बैंकों में खाते खोले गए तब इसे महिलाओं ने हाथों-हाथ अपनाया और देखते ही देखते करोड़ों महिलाएं जनधन खाताधारी बन गईं।

प्रधानमंत्री जन-धन योजना (पीएमजेडीवाई) के तहत, बैंकिंग सुविधाओं का लाभ उठाने के लिए बुनियादी बचत खाता खोला जाता है। यह योजना वित्तीय समावेशन के लिए राष्ट्रीय मिशन की तरह अपनायी गई थी। इसके तहत, देश के सभी परिवारों की बैंकिंग सुविधाओं तक पहुंच सुनिश्चित की जाती है। इस योजना के तहत, खाता खोलने के लिए किसी न्यूनतम शेष राशि की ज़रूरत नहीं होती है।

यह योजना भारत सरकार द्वारा 28 अगस्त, 2014 को शुरू की गई थी। इसका मुख्य उद्देश्य वित्तीय सेवाओं, जैसे कि बैंक खाता, क्रेडिट, बीमा और पेंशन को देश के सभी नागरिकों तक पहुंचाना है। यह योजना विशेषकर उन लोगों के लिए बेहद लाभकारी साबित हुई जो पहले बैंकिंग सुविधाओं से वंचित थे। इस खाते ने महिलाओं को आत्मसम्मान से भर दिया। जो महिला बैंक की देहरी लांघने तक से कतराती थी, वह भी निर्भिकता और साहस के साथ बैंक काउंटर पर जाकर खड़ी होने लगी। बैंक की पासबुक और एटीएम कार्ड पाकर उसमें उत्साह और दुनिया को मुट्ठी में समेटने जैसा साहस आ गया।

इस खाते की ओवरड्राफ्ट सुविधा से उन्हें 10,000 रुपए तक का कर्ज मिलने की उम्मीद बन गई थी, जो आगे चलकर महंगे सूद से राहत और किसी साहूकार के चंगुल से छुटकारा दिलाने वाला साबित हुआ। और तो और, बैठे-बिठाए उसे जीवन बीमा की सुरक्षा भी मिल गई, जो खाते से जुड़ी बीमा योजनाओं की उपलब्धता से संभव हुआ। आगे चलकर यही खाता डिजिटल लेनदेन में सहायक बना। यूपीआई पेमेंट का क्यूआर कोड ने नई राह बना दी। इस रास्ते बैंक में पैसे आने और जाने से वह सिबिल (सीबीआईएल) यानी क्रडिट इंफॉर्मेशन ब्यूरो (इंडिया) लिमिटेड के इतिहास के डेटाबेस का हिस्सा बन गईं। इसका दूसरा फायदा बैंकों ने देना शुरू कर दिया, जिससे उनकी कामकाजी बनने की डगर और आसान हो गई।

जन-धन खाताधारकों को न केवल सब्सिडी जैसी सरकारी योजनाओं का लाभ मिलना आसान हो गया, बल्कि मनरेगा या दूसरी योजनाओं से अर्जित किए गए मेहनताने में हेराफेरी बंद हो गई। इस तरह समाज के आर्थिक रूप से कमजोर वर्ग की औरतों का विविध वित्तीय सेवाओं से जुड़ने का सिलसिला चल पड़ा और उन्हें खुद को आर्थिक रूप से सशक्त बनाने में सहुलियतें मिली।

धीरे-धीरे कर उसका बेहतर परिणाम भी आने लगा। महिला बचतकर्ता पुरुषों को पीछे छोड़ती नजर आने लगीं। प्राप्त आंकड़े के अनुसार बैंक खातों में उनकी प्रति व्यक्ति बचत पुरुषों की तुलना में लगभग तीन फीसदी अधिक हो गई। उनकी बचत एक तरह से मौन क्रांति की तरह सामने आई और महिलाओं की औसत बैंक जमाराशि 42,503 रुपए आंकी गई।

प्रधानमंत्री जन धन योजना भले ही सभी के लिए हो, लेकिन बैंक खातों तक पहुंच में लिंग अंतर को लगभग समाप्त कर दिया। अधिक महिलाओं की पहुंच बैंक खातों तक हो गई और वे इन खातों में बचत कर रही हैं। महिलाओं के खातों में राशि के हिसाब से सभी जमाराशियों का हिस्सा 20 फीसदी हो गया। बैंक जमा में कमी के दौर में महिला बचतकर्ता बैंकरों को पीछे छोड़ रही हैं। महिलाएँ बैंकों को बचत की अच्छी आपूर्तिकर्ता साबित हो रही हैं, हालाँकि जब ऋण की बात आती है तब वह वंचित और कमजोर नजर आती हैं।

वर्ष 2020 के एक अध्ययन के अनुसार भारत में महिलाओं को बैंकिंग प्रणाली में उनके द्वारा योगदान की गई जमा राशि के केवल 27 प्रतिशत के बराबर ऋण मिलता है, जबकि पुरुषों को उनकी जमा राशि के 52 प्रतिशत के बराबर ऋण मिलता है।

इस आधार पर विश्व बैंक समूह की निजी क्षेत्र शाखा अंतरराष्ट्रीय वित्त निगम (आईएफसी) का अनुमान है कि भारत में महिलाओं के नेतृत्व वाले उद्यमों के लिए ऋण

की मांग और आपूर्ति में 1.37 ट्रिलियन रुपए का अंतर है। वैसे यह अंतर बड़े ऋण को लेकर है। सिबिल के आंकड़ों के अनुसार भारत में 156 मिलियन पुरुषों की तुलना में केवल 65 मिलियन महिलाएं ही ऋण लेने में सक्रिय हो पाई हैं। इसके विपरीत महिलाओं ने छोटे ऋण का अच्छा खासा उपयोग करने सफलता पाई है।

भारत में महिलाओं को सिस्टम-वाइड ऋण आवंटन की दिलचस्प बात छोटे को लेकर है। यह महिलाओं को 'कमजोर वर्गों' के तहत दिया जानेवाला माइक्रो फाइनेंस ऋण है, जो भारतीय रिजर्व बैंक की पहली प्राथमिकता से प्राप्त क्षेत्र (पीएसएल) के दिशा निर्देशों के तहत व्यक्तिगत महिलाओं को मिलने वाला 1 लाख तक का ऋण है। माइक्रो फाइनेंस रिपोर्ट के अनुसार 2023 में माइक्रो फाइनेंस ऋणों (98 फीसदी महिला ग्राहकों के साथ) का औसत आकार 43,200 रुपए था। बड़े ऋण के मामले में अधिकतार महिलाओं के पिछड़ने के काई कारण हैं, जिनमें ऋण के लिए आवश्यक दस्तावेज़, गारंटर और संपर्क में कमी है। कई मामलों में उनके पास आवेदन प्रक्रिया का पालन करने के लिए समय और आत्मविश्वास की भी कमी होती है।

बैंक तक पहुंच बन जाने के बाद अब समय आ गया है कि महिलाएं प्राथमिकता क्षेत्र ऋण, सरकारी योजनाओं के लाभ और माइक्रोलेंडिंग पोर्टफोलियो से आगे चलकर भी अपनी आकांक्षाओं को पूरा कर सकें।

डिजिटाइजेशन के साथ—साथ वित्तीय फायदे : तकनीक के विकास के दौर में महिलाओं ने डिजिटाइजेशन को भी बाखूबी अपना लिया है। वित्तीय समाधान के लिए स्मार्टफोन पर उंगलियां सहजता से सरकने लगी हैं। वैसे इस सिलसिले में विविध बाधाओं से गुजरना पड़ता है। इनमें बड़ी चुनौती साइबर क्राइम की होती है। इसके लिए उनके द्वारा ही संभावित समाधान भी अपनाए जा रहे हैं।

कोविड-19 महामारी की शुरुआत के बाद कई स्तर पर नुकसान हुआ, लेकिन इसके कुछ दूसरे रूप में फायदे भी हुए। एमएसएमई क्षेत्र में आपूर्ति के तौर पर भारी नुकसान उठाना पड़ा था। कई लघु उद्योग बुनियादी इनपुट और कच्चे माल की खरीद करने में सक्षम नहीं थे और अधिकांश एमएसएमई पूंजी की कमी से जूझ रहे थे, क्योंकि अधिकांश महिला उद्यमियों के पास बैंक और अन्य औपचारिक संस्थानों से ऋण प्राप्त करने के लिए उचित क्रेडिट स्कोर नहीं था।

महामारी ने मौजूदा व्यवस्था में कई खामियाँ उजागर की, जो एक सबक के रूप में सामने आई। महामारी से मिले सबक और आई चुनौतियों का सामना सशक्त हो रही महिलओं ने भी किया। इसी दौर में आया डिजिटल भुगतान अभूतपूर्व गति से बढ़ने लगा। नेशनल पेमेंट्स

कॉरपोरेशन ऑफ इंडिया (एनपीसीआई) के अनुसार, दिसंबर 2022 में यूपीआई ने 12.82 ट्रिलियन रुपए के 7.82 बिलियन से अधिक लेनदेन दर्ज किए, जबकि यह 2016 में ही लांच किया गया था। इसे बढ़ावा 44.63 करोड़ प्रधानमंत्री जन धन योजना खाते से मिला।

बैंकिंग डिजिटाइजेशन ने महिलाओं को कई महत्वपूर्ण लाभ प्रदान किए हैं, जिनसे उनका आत्मविश्वास और मजबूत हुआ है। उसके कुछ फायदों में शामिल हैं:

सुविधा और पहुँच : डिजिटाइजेशन से महिलाओं को अपने बैंक खातों तक पहुंच बनाने में सहुलियत मिली है। उन्हें शाखा में जाने की जरूरत नहीं पड़ती है। रसोई में काम करते हुए फुर्सत के समय में आसानी से अपने बैंक शाखा से जुड़कर पेपरलेस बैंकिंग का कामकाज कर लेती हैं। यह सहुलियत मोबाइल ऐप्स और इंटरनेट बैंकिंग के माध्यम से संभव हुआ है। वे कहीं से भी लेन-देन कर लेती हैं।

वित्तीय साक्षरता :ऑनलाइन संसाधनों के माध्यम से महिलाएं वित्तीय प्रबंधन, बचत और निवेश के बारे में सीखकर अपना कामकाज आसानी से निपटा लेती हैं, जिससे उनकी वित्तीय जागरूकता बढ़ी है। डिजिटल तकनीक में महिलाओं की बढ़ती साक्षरता ने उन्हें बैंकिंग सेवाओं तक आसानी से पहुंचने में मदद की है।

आत्मनिर्भरता : डिजिटलीकृत सेवाओं के माध्यम से महिलाएं बिना किसी पुरुष के सहारे अपने वित्त का प्रबंधन कर लेती हैं, जिससे उनका आत्मविश्वास और आत्मनिर्भरता बढ़ी है। डिजिटल बैंकिंग ने महिलाओं को वित्तीय रूप से स्वतंत्र बनने में मदद की है। वे अब आसानी से पैसे जमा कर सकती हैं, भुगतान कर सकती हैं और निवेश कर सकती हैं। डिजिटल बैंकिंग ने महिलाओं का आत्मविश्वास बढ़ा दिया है और वे आर्थिक मामलों में अधिक सक्रिय भूमिका निभाने लगी हैं।

सरकारी योजनाओं का लाभ : कई सरकारी योजनाएं जैसे कि जन-धन योजना, सब्सिडी और अन्य लाभ सीधे महिलाओं के बैंक खातों में ट्रांसफर होते हैं, जिससे उन्हें आसानी से आर्थिक सहायता मिलती है। यह सरकार द्वारा चलाई जा रही डिजिटल इंडिया जैसी पहल से संभव हो पाया है, जिसने महिलाओं को डिजिटल दुनिया से जोड़ने में महत्वपूर्ण भूमिका निभाई है।

क्रेडिट सुविधा : डिजिटल प्लेटफॉर्म्स पर महिलाएं अब आसानी से क्रेडिट कार्ड और लोन के लिए आवेदन कर लेती हैं, जिससे उन्हें वित्तीय सहायता प्राप्त करने में आसानी हो गई है।

समाज में बदलाव : इसका महत्वपूर्ण असर समाज में बदलाव के रूप में भी देखा जाने लगा है। बैंकिंग डिजिटाइजेशन ने महिलाओं को आर्थिक गतिविधियों में अधिक

सक्रिय भागीदारी करने का अवसर प्रदान किया है, जिससे समाज में उनके योगदान को मान्यता मिलती है।

स्मार्टफोन का प्रसार : स्मार्टफोन की पहुंच बढ़ने से महिलाएं अब घर बैठे ही बैंकिंग लेनदेन कर सकती हैं। विभिन्न बैंकों द्वारा विकसित किए गए मोबाइल ऐप्स ने बैंकिंग को और अधिक सुविधाजनक बना दिया है।

इन सभी पहलुओं के माध्यम से बैंकिंग डिजिटाइजेशन ने महिलाओं को सशक्त बनाने में महत्वपूर्ण भूमिका निभाई है, जिससे उन्हें वित्तीय स्वतंत्रता और विकास का अवसर मिला है। बैंकिंग क्षेत्र में डिजिटल क्रांति ने न केवल लेनदेन के तरीके को बदल दिया है, बल्कि महिलाओं के लिए भी नए अवसर खोले हैं। यह कई मामलों में बहुपयोगी बन चुका है। जैसे—

सुरक्षा : डिजिटल बैंकिंग लेनदेन अधिक सुरक्षित होते हैं, जिससे महिलाओं को धोखाधड़ी से बचाया जा सकता है।

पारदर्शिता : डिजिटल बैंकिंग से लेनदेन का पूरा रिकॉर्ड रखना आसान हो गया है और पारदर्शिता बढ़ी है।

चुनौतियों का सामना और समाधान : डिजिटल बैंकिंग में महिलाओं की भागीदारी को बढ़ावा देने के लिए कुछ चुनौतियों का सामना भी करना पडा है, जैसे डिजिटल साक्षरता की कमी। कुछ ग्रामीण क्षेत्रों में अभी भी डिजिटल साक्षरता की कमी है, जिसका समाधान डिजिटल तरीके से ही निकाला जा रहा है। उन्हें बैंकिंग क्षेत्र के ट्यूटोरियल वीडियो से मदद मिल जाती है। आने वाले दिनों में एआई की बदौलत भाषा की बाधा भी खत्म होने वाली है।

अध्याय-2

महिला सशक्तीकरण की सरकारी पहल

प्रधानमंत्री ने 'नारीशक्ति से संवाद' के दौरान दीनदयाल अंत्योदय योजना-राष्ट्रीय ग्रामीण आजीविका मिशन के तहत पदोन्नत महिला स्वयं सहायता समूह के सदस्यों के साथ संवाद कर उनके हौसले की सराहना की। साथ ही यह भी बताया कि किस तरह से कोविड-19 के दौरान महिलाओं की अभूतपूर्व सेवाओं ने स्वयं सहायता समूहों की बदौलत अपनी आजीविका और समाज को संभाला। इसके दिए गए कई उदाहरणों में मास्क और सैनिटाइज़र बनाने से लेकर ज़रूरतमंदों को भोजन उपलब्ध कराने एवं जागरूकता फैलाने में महिलाओं का अद्वितीय योगदान मील का पत्थर साबित हुआ। सरकार की पहल के कुछ अहम बिंदु इस प्रकार से सामने आए-

- प्रधानमंत्री सूक्ष्म खाद्य उद्योग उन्नयन योजना और किसान उत्पादक संगठनों के लिये एसएचजी को मिली सहायता राशि।
- बिना गारंटी के एसएचजी को उपलब्ध ऋण की सीमा दोगुनी कर 20 लाख रुपए करने की पहल।
- देश को सिंगल यूज़ प्लास्टिक से मुक्त बनाने के प्रयास में स्वयं सहायता समूह महत्त्वपूर्ण भूमिका निभाना। समूह को एक तरह से सिंगल यूज़ प्लास्टिक के बारे में जागरूकता बढ़ाने और और इसके विकल्प के लिये कार्य करने की जिम्मेदारी सौंप दी गई। इस संदर्भ में समूह ऑनलाइन गवर्नमेंट ई-मार्केटप्लेस को लाभ उठाने वाला बताया गया
- **स्वयं सहायता समूहों का योगदान :** यह उन लोगों का अनौपचारिक संघ है, जो अपने रहन-सहन की स्थिति में सुधार के तरीके खोजने के लिये एक साथ आने का विकल्प चुनते हैं। इसे समान सामाजिक-आर्थिक पृष्ठभूमि वाले लोगों के स्व-शासित, सहकर्मी नियंत्रित सूचना समूह के रूप में परिभाषित किया जा सकता है, जो सामूहिक रूप से सामान्य उद्देश्य को पूरा करने की इच्छा रखते हैं।

गाँवों में गरीबी, निरक्षरता, कौशल की कमी, औपचारिक ऋण की कमी आदि से संबंधित कई समस्याएँ हैं। इन समस्याओं का समाधान व्यक्तिगत स्तर पर नहीं किया जा सकता है तथा सामूहिक प्रयासों की आवश्यकता है । इस प्रकार एसएचजी गरीबों और हाशिये पर पड़े लोगों के लिये बदलाव का माध्यम बन सकता है। यह समूह स्व-रोज़गार और गरीबी उन्मूलन को प्रोत्साहित करने के लिये "स्वयं सहायता" की धारणा पर निर्भर करता है।

इसकी शुरुआत 1999 में भारत सरकार ने समूह गठन और कौशल के माध्यम से ग्रामीण क्षेत्रों में स्वरोज़गार को बढ़ावा देने के लिये स्वर्ण जयंती ग्राम स्वरोज़गार योजना की शुरुआत के तहत की गई थी । यह कार्यक्रम वर्ष 2011 में एक राष्ट्रीय आंदोलन के रूप में विकसित हुआ और राष्ट्रीय ग्रामीण आजीविका मिशन में परिवर्तित हो गया । उसके बाद इस समूह ने पीछे मुड़कर नहीं देखा। इसे बढ़ावा देने के लिये जिनका योगदान मिला वे हैं—

- कृषि अवसंरचना कोष
- प्रधानमंत्री सूक्ष्म खाद्य उद्योग उन्नयन योजना (PM FME)
- प्रधानमंत्री मत्स्य संपदा योजना (PMMSY)
- अम्बेडकर हस्तशिल्प विकास योजना (AHVY)
- पूर्वोत्तर ग्रामीण आजीविका परियोजना
- भारत के पिछड़े और वामपंथी उग्रवाद (वामपंथी उग्रवाद) प्रभावित ज़िलों में महिला SHG (WSHGs) को बढ़ावा देने की योजना।
- आवास और शहरी मामलों के मंत्रालय ने शहरी समूह के उत्पादों के विपणन के लिये 'सोन चिरैया' (एक ब्रांड और लोगो) को लॉन्च किया है। यह राष्ट्रीय शहरी आजीविका मिशन (DAY-NULM) को भी लागू करता है।
- **कृषि और कृषि आधारित उद्योग :** नए कृषि कानूनों के तहत महिला स्वयं सहायता समूहों के लिये इस बात पर कोई प्रतिबंध नहीं है कि वे कितना भंडारण कर सकती हैं।
- स्वयं सहायता समूहों के पास यह विकल्प होता है कि वे सीधे खेत से उपज बेच सकती हैं या खाद्य प्रसंस्करण इकाई स्थापित करके अच्छी पैकेजिंग के साथ बेच सकती हैं।
- **जन धन खाते :** 42 करोड़ से अधिक जन धन खातों हैं जिनमें से करीब 55% खाते महिलाओं के हैं।
- **DAY-NRLM :** इसमें अन्य बातों के साथ-साथ प्रत्येक ग्रामीण गरीब परिवार से एक महिला सदस्य को SHG में शामिल करके सार्वभौमिक सामाजिक लामबंदी की परिकल्पना की गई है।

- **पंचायतें :** ग्राम पंचायत में महिला सभा और राष्ट्रीय ग्राम स्वराज अभियान (RGSA)
- **शिक्षा में :** विज्ञान ज्योति योजना, गति योजना, किरण योजना और बेटी बचाओ बेटी पढाओ योजना।
- **उद्यमिता में :** महिला ई-हाट, महिला उद्यमिता मंच (WEP), महिलाओं के लिये प्रशिक्षण और रोज़गार कार्यक्रम (STEP) योजना हेतु सहायता, नई श्रम संहिता, कार्यस्थल पर यौन उत्पीड़न की रोकथाम अधिनियम, 2013।
- **अन्य पहलें :** राष्ट्रीय शिशु गृह योजना, वन स्टॉप सेंटर योजना, देश भर में किशोरियों के लिये योजना (SAG), पोषण अभियान, उज्ज्वला योजना।

प्रधानमंत्री के भाषण का मूल पाठ :

नमस्कार,

आज जब देश अपनी आजादी का अमृत महोत्सव मना रहा है, तो ये आयोजन बहुत अहम है। आने वाले वर्षों में आत्मनिर्भर भारत को, हमारी आत्मनिर्भर नारीशक्ति एक नई ऊर्जा देने वाली है। आप सबसे बात करके आज मुझे भी प्रेरणा मिली है। आज के इस कार्यक्रम में उपस्थित केंद्रीय मंत्रिमंडल के मेरे सहयोगीगण, राजस्थान के आदरणीय मुख्यमंत्री जी, राज्य सरकारों के मंत्रिगण, सांसद-विधायक साथी, जिला परिषद के चेयरमैन और सदस्यगण, देश की करीब 3 लाख लोकेशंस से जुड़ी सेल्फ हेल्प ग्रुप की करोड़ों बहनें और बेटियां, अन्य सभी महानुभाव!

भाइयों और बहनों,

अभी जब मैं स्वयं सहायता समूहों से जुड़ी बहनों से बातचीत कर रहा था, तो उनका आत्मविश्वास मैं अनुभव कर रहा था, आपने भी देखा होगा, उनके अंदर आगे बढ़ने की ललक कैसी है, कुछ करने का जज्बा कैसा है, ये वाकई हम सबके लिए प्रेरक है। इससे हमें देश भर में चल रहे नारीशक्ति के सशक्त आंदोलन के दर्शन होते हैं।

कोरोना काल में जिस प्रकार से हमारी बहनों ने स्वयं सहायता समूहों के माध्यम से देशवासियों की सेवा की वो अभूतपूर्व है। मास्क और सेनेटाइज़र बनाना हो, ज़रूरतमंदों तक खाना पहुंचाना हो, जागरूकता का काम हो, हर प्रकार से आपके सखी समूहों का योगदान अतुलनीय रहा है। अपने परिवार को बेहतर जीवन देने के साथ-साथ, देश के विकास को आगे बढ़ाने वाली हमारी करोड़ों बहनों का मैं अभिनंदन करता हूं।

महिलाओं में उद्यमशीलता का दायरा बढ़ाने के लिए, आत्मनिर्भर भारत के संकल्प में अधिक भागीदारी के लिए, आज बड़ी आर्थिक मदद जारी की गई है। फूड प्रोसेसिंग से जुड़े उद्यम हों, महिला किसान उत्पादक संघ हों या फिर दूसरे सेल्फ हेल्प ग्रुप, बहनों के ऐसे

लाखों समूहों के लिए 16 सौ करोड़ रुपए से अधिक राशि भेजी गई है। रक्षा बंधन से पहले जारी इस राशि से करोड़ों बहनों के जीवन में खुशियां आएं, आपका कामकाज फले-फूले, इसके लिए आपको मेरी बहुत-बहुत शुभकामनाएं।

स्वयं सहायता समूह और दीन दयाल अंत्योदय योजना, आज ग्रामीण भारत में एक नई क्रांति ला रही है। इस क्रांति की मशाल महिला सेल्फ हेल्प समूहों से संभव हुआ है और उन्होंने संभाल करके रखी है। बीते 6-7 वर्षों में महिला स्वयं सहायता समूहों का ये आंदोलन और तेज हुआ है। आज देशभर में लगभग 70 लाख सेल्फ हेल्प ग्रुप हैं, जिनसे लगभग 8 करोड़ बहनें जुड़ी हैं। पिछले 6-7 सालों के दौरान स्वयं सहायता समूहों में 3 गुना से अधिक बढ़ोतरी हुई है, 3 गुना अधिक बहनों की भागीदारी सुनिश्चित हुई है। ये इसलिए अहम है क्योंकि अनेक वर्षों तक बहनों की आर्थिक सशक्तिकरण की उतनी कोशिश ही नहीं की गई थी, जितनी होनी चाहिए थी। जब हमारी सरकार आई तो हमने देखा कि देश की करोड़ों बहनें ऐसी थीं जिनके पास बैंक खाता तक नहीं था, वो बैंकिंग सिस्टम से कोसों दूर थीं। इसलिए ही हमने सबसे पहले जनधन खाते खोलने का बहुत बड़ा अभियान शुरू किया। आज देश में 42 करोड़ से अधिक जनधन खाते हैं। इनमें से करीब 55 प्रतिशत खाते हमारी माताओं-बहनों के हैं। इन खातों में हजारों करोड़ रुपए जमा हैं। अब रसोई के डिब्बों में नहीं, वरना मालूम है कि नहीं, गांवों में क्या करते हैं, रसोई के अंदर जो डिब्बे होते हैं, कुछ बचे-खुचे पैसे उसमें रख देते हैं। अब पैसे रसोई के डिब्बे में नहीं पैसे बैंक के खाते में जमा हो रहे हैं।

हमने बैंक खाते भी खोले और बैंकों से ऋण लेना भी आसान कर दिया। एक तरफ मुद्रा योजना के तहत लाखों महिला उद्यमियों को बिना गारंटी का आसान ऋण उपलब्ध कराया, वहीं दूसरी तरफ सेल्फ हेल्प ग्रुप्स को बिना गारंटी ऋण में भी काफी बढ़ोतरी की। राष्ट्रीय आजीविका मिशन के तहत जितनी मदद सरकार ने बहनों के लिए भेजी है, वो पहले की सरकार के मुकाबले कई गुना ज्यादा है। इतना ही नहीं, लगभग पौने 4 लाख करोड़ रुपए का बिना गारंटी का ऋण भी सेल्फ हेल्प ग्रुप्स को उपलब्ध कराया गया है।

हमारी बहनें कितनी ईमानदार और कितनी कुशल उद्यमी होती हैं, इसकी चर्चा करना भी बहुत ज़रूरी है। 7 सालों में स्वयं सहायता समूहों ने बैंकों की ऋण वापसी को लेकर भी बहुत अच्छा काम किया है। एक दौर था जब बैंक लोन का करीब, अभी गिरिराज जी बता रहे थे 9 प्रतिशत तक मुश्किल में फंस जाता था। यानि इस राशि की वापसी नहीं हो पाती थी। अब ये घटकर दो-ढाई प्रतिशत रह गया है। आपकी इस उद्यमशीलता, आपकी ईमानदारी का आज देश अभिवादन कर रहा है। इसलिए अब एक और अहम फैसला लिया गया है। इस सेल्फ हेल्प ग्रुप को पहले जहां 10 लाख रुपए तक का बिना गारंटी का ऋण मिलता था, अब ये सीमा दोगुनी यानि 20 लाख की गई है। पहले जब आप बैंक से लोन लेने जाते थे, तो बैंक आपसे अपने बचत खाते को लोन से जोड़ने को कहते थे और कुछ पैसे भी जमा

करने को कहते थे। अब इस शर्त को भी हटा दिया गया है। ऐसे अनेक प्रयासों से अब आप आत्मनिर्भरता के अभियान में अधिक उत्साह के साथ आगे बढ़ पाएंगी।

आजादी के 75 वर्ष का ये समय नए लक्ष्य तय करने और नई ऊर्जा के साथ आगे बढ़ने का है। बहनों की समूह शक्ति को भी अब नई ताकत के साथ आगे बढ़ाना है। सरकार लगातार वो माहौल, वो स्थितियां बना रही है, जहां से आप सभी बहनें हमारे गांवों को समृद्धि और संपन्नता से जोड़ सकती हैं। कृषि और कृषि आधारित उद्योग हमेशा से ऐसा क्षेत्र है, जहां महिला सेल्फ हेल्प ग्रुप्स के लिए अनंत संभावनाएं हैं। गांवों में भंडारण और कोल्डचेन की सुविधा शुरू करनी हो, खेती की मशीनें लगानी हों, दूध-फल-सब्जी को बर्बाद होने से रोकने के लिए कोई प्लांट लगाना हो, ऐसे अनेक काम के लिए विशेष फंड बनाया गया है। इस फंड से मदद लेकर सेल्फ हेल्प ग्रुप भी ये सुविधाएं तैयार कर सकते हैं। इतना ही नहीं, जो सुविधाएं आप बनाएंगी, उचित दरें तय करके सभी मेंबर इसका लाभ उठा सकती हैं और दूसरों को भी किराए पर दे सकती हैं। उद्यमी बहनों, हमारी सरकार, महिला किसानों की विशेष ट्रेनिंग और जागरूकता को भी निरंतर बढ़ावा दे रही है। इससे अभी तक लगभग सवा करोड़ किसान और पशुपालक बहनें लाभान्वित हो चुकी हैं। जो नए कृषि सुधार हैं, उनसे देश की कृषि, हमारे किसानों को तो लाभ होगा ही, इसमें सेल्फ हेल्प ग्रुप्स के लिए भी असीम संभावनाएं बन रही हैं। अब आप सीधे किसानों से, खेत पर ही साझेदारी कर अनाज और दाल जैसी उपज की सीधे होम डिलिवरी कर सकती हैं। इधर कोरोना काल में हमने ऐसा कई जगह होते हुए देखा भी है। अब आपके पास भंडारण की सुविधा जुटाने का प्रावधान है, आप कितना भंडार कर सकती हैं ये बंदिश भी नहीं है। आप चाहे खेत से सीधे उपज बेचें या फिर फूड प्रोसेसिंग यूनिट लगाकर, बढ़िया पैकेजिंग करके बेचें, हर विकल्प आपके पास है। ऑनलाइन भी आजकल एक बड़ा माध्यम बन रहा है जिसका उपयोग आपको ज्यादा से ज्यादा करना चाहिए। आप ऑनलाइन कंपनियों के साथ तालमेल कर, बढ़िया पैकेजिंग में आसानी से शहरों तक अपने उत्पाद भेज सकती हैं। इतना ही नहीं, भारत सरकार में भी GeM पोर्टल है, आप इस पोर्टल पर जाकर सरकार को जो चीजें खरीदनी है, अगर आपके पास वो चीजें हैं तो आप सीधा सरकार को भी बेच सकते हैं।

भारत में बने खिलौनों को भी सरकार बहुत प्रोत्साहित कर रही है, इसके लिए हर संभव मदद भी दे रही है। विशेष रूप से हमारे आदिवासी क्षेत्रों की बहनें तो पारंपरिक रूप से इससे जुड़ी हैं। इसमें भी सेल्फ हेल्प ग्रुप्स के लिए बहुत संभावनाएं हैं। इसी प्रकार, आज देश को सिंगल यूज़ प्लास्टिक से मुक्त करने का अभी अभियान चल रहा है। और अभी हमने तमिलनाडु की हमारी बहनों से सुना। बहन जयंती जिस प्रकार से आकड़े बता रही थी, हर किसी को प्रेरणा देनेवाली थी। इसमें सेल्फ हेल्प ग्रुप्स की दोहरी भूमिका है। आपको सिंगल यूज़ प्लास्टिक को लेकर जागरूकता भी बढ़ानी है और इसके विकल्प के लिए भी

काम करना है। प्लास्टिक के थैले की जगह, जूट या दूसरे आकर्षक बैग आप ज्यादा से ज्यादा बना सकती हैं। आप अपना सामान, सीधे सरकार को बेच सकें, इसके लिए भी एक व्यवस्था दो-तीन वर्षों से चल रही है। जैसा हमने पहले कहा उसको GeM यानि गवर्मेंट ई-मार्केट प्लेस कहते हैं। इसका भी सेल्फ हेल्प ग्रुप्स को पूरा लाभ उठाना चाहिए।

आज बदलते हुए भारत में देश की बहनों-बेटियों के पास भी आगे बढ़ने के अवसर बढ़ रहे हैं। घर, शौचालय, बिजली, पानी, गैस जैसी सुविधाओं से सभी बहनों को जोड़ा जा रहा है। बहनों-बेटियों की शिक्षा, स्वास्थ्य, पोषण, टीकाकरण और दूसरी ज़रूरतों पर भी सरकार पूरी संवेदनशीलता से काम कर रही है। इससे ना सिर्फ महिलाओं की गरिमा बढ़ी है बल्कि बेटियों-बहनों का आत्मविश्वास भी बढ़ रहा है। ये आत्मविश्वास हम खेल के मैदान से लेकर, साइंस-टेक्नॉलॉजी और युद्ध के मैदान तक देख रहे हैं। ये आत्मनिर्भर भारत के लिए सुखद संकेत हैं। इस आत्मविश्वास, राष्ट्रनिर्माण के इन प्रयासों को अब आपको अमृत महोत्सव से भी जोड़ना है। आजादी के 75 वर्ष होने के उपलक्ष्य में चल रहा आजादी का अमृत महोत्सव 15 अगस्त 2023 तक चलेगा। 8 करोड़ से अधिक बहनों-बेटियों की सामूहिक शक्ति, अमृत महोत्सव को नई ऊंचाई पर ले जाएगी। आप सभी विचार करें कि आपकी आर्थिक प्रगति तो चल रही है। इतनी बहनों का समूह है क्या कोई न कोई सामाजिक काम हाथ में ले सकती हैं क्या। जिसमें रुपए-पैसे का कारोबार नहीं है सिर्फ सेवा भाव है क्योंकि सामाजिक जीवन में इसका बहुत प्रभाव होता है। जैसे आप अपने क्षेत्र की अन्य महिलाओं को कुपोषण के कारण बहनों को क्या तकलीफ आती है 12, 15, 16 साल की बेटियां अगर उनको कुपोषण है तो क्या तकलीफ है, पोषण के लिए कैसे जागरूक किया जा सके, क्या आप अपनी टीम के द्वारा ये अभियान चला सकते हैं। अभी देश कोरोना वैक्सीन के टीकाकरण का अभियान चला रहा है। सभी को मुफ्त वैक्सीन लगवाई जा रही है। अपनी बारी आने पर आप भी वैक्सीन लगवाएं और अपने गांव के अन्य लोगों को भी इसके लिए प्रेरित करें।

आप अपने गांवों में तय कर सकते हैं कि आजादी के 75 साल हैं, हम कम से कम एक साल में 75 घंटे, मैं ज्यादा नहीं कह रहा हूं, एक साल में 75 घंटे इस 15 अगस्त से अगले 15 अगस्त तक 75 घंटे हम सभी जो सखी मंडल की बहनें हैं, कोई न कोई स्वच्छता का गांव में काम करेंगी। कोई जल संरक्षण का काम करेंगे, अपने गांव के कुएं, तलाब की मरम्मत, इनके उद्धार का अभियान भी चला सकते हैं। ताकि सिर्फ पैसे और इसके लिए समूह ऐसा नहीं। समाज के लिए भी समूह, ऐसा भी हो सकता है क्या। ऐसा भी हो सकता है कि आप सभी अपने सेल्फ हेल्प ग्रुप में महीने-दो महीने में किसी डॉक्टर को बुलाएं, डॉक्टर को बुला करके उनको कहें कि भाई महिलाओं को किस प्रकार की बीमारियां होती हैं, चौपाल लगाएं, महिलाओं को स्वास्थ्य के लिए डॉक्टर आकर घंटे-दो घंटे का भाषण दें तो आप सब बहनों

को ये भी लाभ होगा, उनके अंदर जागरूकता आएगी, बच्चों के देख-भाल के लिए कोई अच्छा लेक्चर हो सकता है। किसी महीने आप सभी को कोई टूर करना चाहिए। मैं मानता हूं कि आप सभी सखी मंडलों को साल में एक बार आप जिस काम को करते हैं वैसा कहीं बड़ा काम चलता है तो उसको देखने के लिए जाना चाहिए। पूरी बस किराए पर लेकर जाना चाहिए, देखना चाहिए, सीखना चाहिए, इससे बहुत लाभ होता है। आप किसी बड़े डेयरी प्लांट को देखने जा सकती हैं, किसी गोबर गैस प्लांट को या आसपास किसी सोलर प्लांट को देखने जा सकती हैं। जैसे अभी हमने प्लास्टिक का सुना, आप वहां जाकर जयंती जी मिलकर काम कैसे कर रहे हैं, देख सकते हैं। आपने अभी उत्तराखंड में बेकरी का बिस्कुट का देखा, आपकी बहनें वहां जकर देख सकती हैं। यानि ये एक-दूसरे का जाना-सीखना और उसमें ज्यादा खर्च नहीं होगा उसके कारण आपकी हिम्मत बढ़ेगी। इससे आपको जो सीखने को मिलेगा, वो भी देश के लिए बहुत महत्वपूर्ण होगा। मेरे कहने का मतलब ये है कि जो काम आप अभी कर रही हैं, उसके साथ ही कुछ ऐसे कार्यों के लिए भी समय निकालिए, जो समाज को लगे कि हां आप उसके लिए कुछ कर रहे हैं, किसी का भला करने के लिए कर रहे हैं, किसी का कल्याण करने के लिए कर रहे हैं।

आपके ऐसे प्रयासों से ही अमृत महोत्सव की सफलता का अमृत सब तरफ फैलेगा, देश को इसका लाभ मिलेगा। आप सोचिए, भारत की 8 करोड़ महिलाओं की सामूहिक शक्ति कितने बड़े परिणाम ला सकती है, देश को कितना आगे ले जा सकती है। मैं तो इन आठ करोड़ माताओं-बहनों को कहूंगा आप ये तय कीजिए, आपके समूह में कोई ऐसी बहन या माता हैं जिनको लिखना-पढ़ना नहीं आता है, आप उसको पढ़ाइए-लिखाइए। बहुत ज्यादा करने की जरूरत नहीं है, थोड़ा-बहुत देखिए कितना बड़ा सेवा हो जाएगा। उन बहनों के द्वारा औरों को सीखाइए। मैं तो जो आपसे सुन रहा था, ऐसा लग रहा था आपसे भी मुझे बहुत कुछ सीखना चाहिए, हम सबको सीखना चाहिए। कितने आत्मविश्वास के साथ, कितनी कठिन परिस्थितियों में आप आगे बढ़ रहे हैं। व्यक्तिगत जीवन में कितने कष्ट आए फिर भी अपने हार नहीं मानी और कुछ नया करके दिखाया। आपकी एक-एक बात हर देश की माताओं-बहनों को ही नहीं मेरे जैसे लोगों को भी प्रेरणा देने वाली है।

अध्याय-3

उज्ज्वला योजना की भागीदारी

उत्तर प्रदेश में अयोध्या की रहने वाली ग्रामीण महिला मीरा माझी को अब घर में खाना पकाने के लिए उपले या लकड़ी के जलावन की जरूरत नहीं होती है। उसे मिट्टी के चूल्हे के धुंए से छुटकारा मिल चुका है। कारण मीरा एलपीजी गैस जैसे सुरक्षित ईंधन से खाना पकाती हैं। वह फूल बेचकर अपनी आजीविका चलाती है और भारत सरकार की एक महत्वपूर्ण प्रधानमंत्री उज्ज्वला योजना की 10 करोड़वां लाभार्थी होने की सौभाग्यशाली महिला है। उज्ज्वला वह अचानक राष्ट्रीय फलक पर चर्चा में तब आ गई थी, जब प्रधानमंत्री नरेंद्र मोदी उनके घर गए थे। उसके परिवार के साथ कुछ समय गुजारते हुए हालचाल पूछा। उनके बच्चों को पुचकारा और उज्ज्वला योजना से मिली गैस के चूल्हे पर बनी चाय पी।

इस बारे में केंद्रीय पेट्रोलियम एवं प्राकृतिक गैस मंत्री हरदीप सिंह पुरी ने 'एक्स' साझा किया। उन्होंने इस पर ट्वीट में लिखा कि प्रधान मंत्री नरेंद्र मोदी ने श्रीमती मीरा माझी जी के घर का दौरा किया। वह 'प्रधानमंत्री उज्ज्वला योजना' की 10 करोड़वीं लाभार्थी हैं। यह वही फ्लैगशिप योजना है, जिसमें माताओं और बहनों को नि:शुल्क गैस कनेक्शन उपलब्ध कराया जाता है।

इस योजना का लाभ उठाने वाली मीरा माझी जैसी करोड़ों ग्रामीण औरतें हैं, जिन्हें अब पारंपरिक और हानिकारक ईंधन जैसे लकड़ी, कोयला या गोबर के उपलों से मुक्ति मिल चुकी है। साथ ही इससे उनके स्वास्थ्य, पर्यावरण और सामाजिक स्थिति में भी जबरदस्त सुधार आया है।

पारंपरिक ईंधनों के उपयोग से घरों में धुआं होता था। इसमें जूझते हुए आंचल से आंख पोंछती महिलाओं को घंटों खाना पकाना होता था। इसका असर उनके स्वास्थ्य पर पड़ता था। उनके फेफड़ों और आंखों को नुकसान पहुंचाता था, जबकि एलपीजी गैस का उपयोग महिलाओं को स्वच्छ ऊर्जा स्रोत तक पहुंच प्रदान करता है और वह स्वास्थ्य संबंधी समस्याओं से बची रहती हैं।

इसका एक बड़ा फायदा समय की बचत को लेकर भी हुआ है। पहले महिलाओं को जलावन के लिए लकड़ी या उपले इकट्ठा करने में काफी समय लगाना पड़ता था, जबकि उज्ज्वला योजना से महिलाओं को इस काम से काफी हद तक मुक्ति मिल गई है, जिससे वे अपने समय का उपयोग अन्य आर्थिक स्थिति में सुधार या सामाजिक गतिविधियों में भागीदारी निभाने में करने लगी हैं।

साथ ही उनमें सामाजिक सशक्तिकरण की भावना मजबूत हुई है। उनकी स्वच्छ ईंधन तक पहुंच से न केवल आत्मविश्वास बढ़ गया है, बल्कि योजना से महिलाओं को घर की महत्वपूर्ण निर्णय प्रक्रियाओं में शामिल होने का भी अवसर मिल गया है। इनसे परिवार और समाज में अधिक सक्रिय भूमिका निभाने का मनोबल मजबूत हुआ है। यह उनकी आर्थिक सशक्तिकरण को भी मजबूत बनाने में मददगार साबित हुआ है।

उल्लेखनीय है कि देश में एलपीजी गैस का आगाज 60-70 साल पहले ही हो गया था। इसके 50-55 साल में महज 14 करोड़ गैस कनेक्शन ही दिए गए थे। जब 2014 में नरेंद्र मोदी की सरकार बनी, तब इसके द्वारा 1 मई 2016 में उत्तर प्रदेश के बलिया से पीएम उज्ज्वला योजना की शुरुआत की गई थी । उसके बाद से नौ वर्षों के दरम्यान 2024 तक 18 करोड़ एलपीजी कनेक्शन दिए गए।

प्रधानमंत्री नरेंद्र मोदी एलपीजी के 10 करोड़वीं लाभार्थी महिला से मिलकर बेहद संतुष्ट हुए कि उनका प्रयास उपयोगी साबित हुआ था। इस मुलाकात से मिली संतुष्टि का जिक्र उन्होंने अयोध्या में कई विकास परियोजनाओं का शिलान्यास, उदघाटन और लोकार्पण के अवसर पर अपने भाषण में भी किया। उन्होंने मीरा माझी का उल्लेख करते हुए कहा "अब से कुछ देर पहले मुझे अयोध्या नगरी में ही एक और सौभाग्य प्राप्त हुआ है। आज मुझे खुशी है ये बताते हुए कि उज्ज्वला गैस कनेक्शन की 10 करोड़वीं लाभार्थी बहन के घर मुझे जाकर के चाय पीने का मौका मिला। जब हमने यूपी के बलिया से उज्ज्वला योजना शुरू की थी, तो कोई कल्पना भी नहीं कर सकता था कि ये योजना सफलता की इस ऊंचाई पर पहुंचेगी। इस योजना ने करोड़ों परिवारों का, करोड़ों माताओं-बहनों का जीवन हमेशा के लिए बदल दिया है, उन्हें लकड़ी के धुएं से मुक्ति दिलाई है। "

इसमें दो मत नहीं है कि उज्ज्वला योजना ने ग्रामीण औरतों को पारंपरिक ईंधन से निकलने वाले धुएं से मुक्ति दिलवाई है। इसका फायदा पर्यावरण को भी हुआ है। स्वच्छ ईंधन के इस्तेमाल से पर्यावरण की सुरक्षा भी सुनिश्चित हो गई है, जो महिलाओं के जीवन स्तर को और ऊंचा उठाता है। इस योजना से न केवल महिलाओं के स्वास्थ्य और जीवन स्तर में सुधार आया है, बल्कि उनके सशक्तिकरण की दिशा में भी बड़ी भूमिका निभाई

है। सामाजिक और आर्थिक रूप से अधिक सक्षम एवं स्वतंत्र बनने में मदद मिली, जिससे उनका आत्मसम्मान और समाज में स्थान भी बढ़ा है।

इस पहल को आगे बढ़ाने के लिए प्रधानमंत्री एलपीजी पंचायतों की शुरुआत की गई है। इसमें उज्ज्वला लाभार्थियों को एलपीजी के सुरक्षित और सतत उपयोग के लिए प्रोत्साहित किया जाता है। पूरे देश में 87,876 एलपीजी पंचायतों का आयोजन किया गया है।

उज्ज्वला दीदी के नाम से एक पहल की शुरुआत हुई है। इसमें 10,000 महिलाओं को लोगों को शिक्षित करने की जिम्मेदारी सौंपी गई हैं। ये महिलाएं मुख्य रूप से तीन संदेश देती हैं। पहला, स्वच्छ घरेलू ईंधन सर्वत्र उपलब्ध है, दूसरा-स्वच्छ घरेलू ईंधन किफायती है, तीसरा-एलपीजी सुरक्षित है और बीमाकृत है। उज्ज्वला दीदी पर एलपीजी सुरक्षा से सम्बन्धित किसी भी समस्या को दूर करने और नए कनेक्शन की सुविधाएं उपलब्ध करवाने की जिम्मेदारी सौंपी गई है। इस प्रकार उज्ज्वला दीदी अपनी पंचायत में महिलाओं के सशक्तिकरण में भूमिका निभा रही हैं।

इसी कड़ी को और विस्तार देने का काम पेट्रोलियम और प्राकृतिक गैस मंत्रालय ने किया है। मंत्रालय ने महिलाओं को नेतृत्व भूमिकाएं सौंपी हैं। जैसे— लद्दाख के फेह में इंडेन का एलपीजी बॉटलिंग संयंत्र है। यह संयंत्र विश्व का सबसे अधिक ऊंचाई (11800 फुट) पर स्थित संयंत्र है इस संयंत्र के संचालन में 11 साहसी महिलाएं प्रमुख भूमिका निभा रही हैं।

बेहतर स्वच्छता कवरेज के लिए मंत्रालय ने महिलाओं के लिए सभी पेट्रोल पम्पों पर महिला व पुरूष के लिए अलग-अलग जन सुविधाओं के निर्माण की कार्य योजना तैयार की है, जो 37,000 पेट्रोल पम्पों पर मौजूद हैं। इसी तरह की पहल स्कूलों में भी की गई है। लड़कियों के लिए अलग से शौचालय नहीं होने के कारण छात्राएं बीच में ही पढ़ाई छोड़ देती हैं। स्वच्छ विद्यालय अभियान के तहत तेल विपणन कम्पनियों ने 20187 स्कूल शौचालयों का निर्माण किया है। उज्ज्वला योजना (प्रधानमंत्री उज्ज्वला योजना) भारत सरकार की एक महत्वपूर्ण योजना है, जो महिला सशक्तिकरण की दिशा में एक प्रमुख कदम है। इस योजना का उद्देश्य आर्थिक रूप से कमजोर वर्ग की महिलाओं को स्वच्छ ईंधन (LPG गैस) प्रदान करना है, ताकि उन्हें पारंपरिक और हानिकारक ईंधन जैसे लकड़ी, कोयला या गोबर के उपलों से मुक्ति मिले। यह योजना महिलाओं के स्वास्थ्य, पर्यावरण और सामाजिक स्थिति में सुधार लाने के लिए बनाई गई है। इसके कुछ सामान्य फायदे सामने आ चुके हैं।

इससे आए समाजिक बदलाव को लेकर किए गए शोध से स्पष्ट हुआ है कि उज्ज्वला योजना ने महिलाओं को सशक्त बनाने में महत्वपूर्ण भूमिका निभाई है। भारतीय ग्रामीण

महिलाओं को स्वच्छ ईंधन प्रदान करने की दिशा में यह योजना एक ऐतिहासिक कदम साबित हुआ है।

इस योजना ने न केवल पर्यावरण को स्वच्छ बनाने में महत्वपूर्ण योगदान दिया है, बल्कि इस योजना के माध्यम से ग्रामीण भारत के गरीबी रेखा के नीचे जीवन यापन करने वाले परिवारों को मुफ्त रसोई गैस कनेक्शन तक पहुंच आसान बनी है। रसोई घर में चुल्हे की मिट्टी और गोबर से लिपाई-पुताई से राहत मिली है और फैलने वाले राख के कणों से श्वांस लेने में आने वाली मुश्किलें दूर हो गई हैं। यह कहें कि इस योजना ने ग्रामीण गरीब परिवारों को स्वच्छ ईंधन प्रदान करने, वायु प्रदूषण में कमी लाने एवं स्वास्थ्य संवर्धन करने के उद्देश्य को पूरा कर लिया है। दरअसल, ग्रामीण इलाकों में पारंपरिक ईंधन का प्रयोग भोजन बनाने के लिए किया जाता हैख् जिससे वायु प्रदूषण एवं विभिन्न प्रकार कि श्वांस सम्बन्धी बीमारियाँ होने की आशंका बढ़ जाती है। यह योजना गरीबी रेखा से नीचे जीवनयापन करने वाले परिवारों को रसोई गैस कनेक्शन के लिए सब्सिडी देती है, जिससे उन्हें स्वच्छ ईंधन उपलब्ध हो सके। भारत दुनिया में आबादी के मामले में दूसरे स्थान पर आता है। भारत को विकसित बनाने के लिए सरकार कृतसंकल्प है। यह तभी संभव जानपड़ता है, जब रोटी, कपड़ा और मकान के लिए संघर्ष खत्म हो जाए। जीवन को बनाये रखने के क्रम में सबसे पहला स्थान रोटी अर्थात पर्याप्त भोजन का आता है। भारत में आज भी ग्रामीण इलाकों में भोजन पकाने के लिए परंपरागत ईंधन जैसे लकड़ी, गोबर के उपले, मिटटी का तेल, कोयला आदि पर निर्भर है। ईंधन इकट्ठा करने की अधिकांश जिम्मेदारी महिलाओं पर होती है। ग्रामीण महिलाओं को शुद्ध ईंधन की उपलब्धता बहुत कम है। अशुद्ध ईंधन का प्रयोग करने से महिलाओं के स्वास्थ्य पर प्रतिकूल प्रभाव पड़ता है, जिससे वह अल्पायु में ही जानलेवा और गंभीर बीमारियाँ की चपेट में आ जाती हैं। विश्व स्वास्थ्य संगठन की एक रिपोर्ट के अनुसार भारत में प्रतिवर्ष 5 लाख मृत्यु अस्वच्छ ईंधन के प्रयोग से होती है, जबकि अत्यधिक संख्या मे भोजन पकाने वाली महिलाएं श्वांस सम्बन्धी बीमारियों से ग्रसित हो जाती है।

स्वास्थ्य के जानकार की मानें तो लकड़ी, गोबर के उपले जैसी पारंपरिक ईंधन के प्रयोग करने से एक घंटे में 400 सिगरेट पीने जितना नुकसान भोजन पकाने वाले व्यक्ति को होता है। कारण लकड़ी आदि जलने से उठने वाले धुएं में हानिकारक तत्व पाए जाते हैं, जो कई जानलेवा रोगों को जन्म देते हैं। भोजन पकाने की यह पूरी प्रक्रिया न सिर्फ स्वास्थ्य पर हानिकारक प्रभाव डालती है, बल्कि पर्यावरण को भी प्रदूषित करती है।

अध्याय-4

सामाजिक सशक्तिकरण : शिशु व मातृ-मृत्यु दर में गिरावट

भारतीय महिलाओं के सामाजिक सशक्तिकरण आकलन के कई पैमाने हैं, जिसमें शिशु और मातृ मृत्यु दर भी एक है। विगत एक दशक के दौरान इसमें बड़ी गिरावट आई है। भारत के महापंजीयक द्वारा जारी किए गए नमूना पंजीकरण प्रणाली सांख्यिकीय रिपोर्ट—2020 के अनुसार, वर्ष 2014 से सतत विकास लक्ष्यों को वर्ष 2030 तक प्राप्त करने की दिशा में देश में 5 वर्ष और उससे कम आयु की शिशु मृत्यु दर तथा नवजात मृत्यु दर में लगातार कमी देखी जा रही है। यह स्थिति महिला सेहत को लेकर पुरुष जागरूकता, गांवों तक पहुंची हेल्थ सर्विस की सहूलियत और देश की आजादी से अब तक स्वास्थ्य के क्षेत्र में बड़े बदलाव को दर्शाती है यह साबित करता है कि आज बड़ी से बड़ी बीमारियों के इलाज की सुविधाएं शहरों से लेकर कस्बों तक में उपलब्ध है। पिछले कुछ दशकों के दौरान स्वच्छता और ओडीएफ (ओपन डेफ़िकेसन फ्री) यानी खुले में शौच मुक्त अभियान से महिलाओं के स्वास्थ्य में बहुत सुधार हुआ है। इसका सबसे बड़ा असर शिशु व मातृ-मृत्यु दर में लगातार गिरावट का होना है।

यह कहना गलत नहीं होगा कि भारत में स्वास्थ्य सेवाओं का दायरा काफी विस्तृत हुआ है। इस क्षेत्र में कई बड़ी उपलब्धियां हासिल हुई हैं। महिला स्वास्थ्य की जब बात आती है तो इसमें आई जागरूकता का असर स्पष्ट तौर पर देखा जा सकता है। उनसे जुड़ी बीमारियों को लेकर उनके साथ पुरुषों में भीजागरूकता आने से शहर के साथ गांवों में भी महिला स्वास्थ्य को लेकर जागरूकता दिखाई देने लगी है। स्वच्छ भारत मिशन ग्रामीण के तहत एक बड़ी आबादी का खुले में शौच से मुक्त होने पर कई बीमारियों से बचाव हुआ है। इसके अलावा शहर से लेकर दूरदराज अंचल तक स्वास्थ्य सुविधाएं बढ़ने का असर शिशु और मातृ मृत्यु दर में कमी आई है।

स्वच्छ भारत मिशन ग्रामीण के मिले सरकारी आंकड़ों के अनुसार ओडीएफ अभियान में पुस्तक लिखे जाने तक 11,48,50,399 शौचालय बनाए जा चुके हैं, तथा देश के 761 जिलों के 5,41,852 गांवों को ओडीएफ प्लस घोषित किया जा चुका है।

महिला हेल्थ सुविधाओं की बात करें तो आज उनसे जुड़ी मातृ वंदना योजना चलाई जा रही है, इसके माध्यम से तीन किस्तों में उन्हें पैसा दिया जाता है। जननी सुरक्षा योजना के माध्यम से अस्पतालों में डिलीवरी को बढ़ावा देने को प्रोत्साहित करने और मातृ - शिशु मृत्यु दर को कम करने में बड़ी कामयाबी मिली है। इसके अलावा मातृ सुरक्षा को लेकर स्कीम चलाई जा रही है। इसके अलावा हेल्थ खासकर महिलाओं के स्वास्थ्य को सुधारने में स्वच्छ भारत मिशन और खुले में शौच से मुक्ति योजना का काफी योगदान रहा है। इसकी वजह से महिलाओं को होने वाली कई संक्रमित बीमारियों से राहत मिली। खुले में शौच होने के कारण गांव की महिलाएं दिन में शौच तक नहीं जा पाती थी, तड़के या रात को ही वे बाहर निकल पाती थीं।

इसके अलावा खुले में शौच से कई तरह की बीमारियों का महिलाओं को सामना करना पड़ता था। घर-घर शौचालय अभियान को बढ़ाना देने व बनने से महिलाओं को बड़ी राहत मिली है। इसके अलावा खुले में शौच किसी न किसी तरह से महिलाओं की सुरक्षा से भी जुड़ा मुद्दा था। हेल्थ की दिशा में भारत में आजादी से अब तक अभूतपूर्व प्रगति हुई है। प्रधानमंत्री मातृ वंदना योजना, मिशन सक्षम आंगनबाड़ी और पोषण, राष्ट्रीय एम्बुलेंस सेवाएं, आयुष्मान भारत-प्रधानमंत्री जन आरोग्य योजना, जननी सुरक्षा योजना, जननी शिशु सुरक्षा कार्यक्रम, मासिक ग्राम स्वास्थ्य, स्वच्छता और पोषण दिवस, ग्रामीण क्षेत्रों में आउटरीच शिविर, स्वास्थ्य और आरोग्य सेंटर के साथ अन्य सुविधाजनक योजना-कार्यक्रम संचालित हो रहे हैं।

भारत की तत्कालीन महिला एवं बाल विकास मंत्री श्रीमती स्मृति जुबिन ईरानी द्वारा राज्यसभा में लिखित तौर पर दी गई जानकारी के अनुसार भारत की मातृ मृत्यु दर (एमएमआर) वर्ष 2000 के 384 से घटकर 2020 में 103 हो गई है। यूएन-एमएमईआईजी (संयुक्त राष्ट्र मातृ मृत्यु अनुमान अंतर-एजेंसी समूह) 2020 रिपोर्ट बताती है कि भारत की मातृ मृत्यु दर (एमएमआर) में 6.36 प्रतिशत की आई गिरावट वैश्विक गिरावट की दर से तीन गुना अधिक है।

उल्लेखनीय है कि एमएमआर का वैश्विक अनुमान एमएमईआईजी उपलब्ध कराता है। इसकी 2020 की आई 'ट्रेंड्स इन मैटरनल मोर्टलिटी' नाम की रिपोर्ट के अनुसार भारत का एमएमआर की स्थिति से संबंधित प्राप्त आंकड़ों का विस्तार से भारतीय और वैश्विक

विश्लेषण किया गया है। इस विश्लेषण के लिए किए प्रयासों और योजनाओं का भी हवाला दिया गया है।

ये आंकड़े स्वास्थ्य और परिवार कल्याण मंत्रालय मातृ मृत्यु दर और मृत जन्म के पास होते हैं। इसपर भारत के रजिस्ट्रार जनरल (आरजीआई) द्वारा जारी नमूना पंजीकरण प्रणाली (एसआरएस) की रिपोर्ट तैयार की जाती है।

पीएमएसएमए रणनीति : प्रसव के दरम्यान मातृ मृत्यु और मृत जन्म लेने वाले शिशु से संबंधित मुद्दों को भारत सरकार ने गंभीरता से निपटने के लिए कई योजनाएं तैयार की है और उसे लागू कर जच्चा-बच्चा से जुड़ी तमाम समस्याओं का निपटारा किया। इस बाबत की गई पहल में 'प्रधानमंत्री सुरक्षित मातृत्व अभियान (पीएमएसएमए)' बेहद कारगर साबित हुआ। इसका उद्देश्य प्रत्येक महीने की 9 तारीख को दूसरी या तीसरी तिमाही की गर्भवती महिलाओं को सार्वभौमिक रूप से निश्चित दिन पर व्यापक और गुणवत्तापूर्ण प्रसवपूर्व मुफ्त चिकित्सा देखभाल करना सुनिश्चित करना है। इसकी शुरुआत 2016 में की गई थी।

गर्भवती महिलाओं में विशेष रूप से उच्च जोखिम वाली गर्भावस्था (एचआरपी) महिलाओं और व्यक्तिगत एचआरपी पर नजर रखने के लिए गुणवत्ता एएनसी सुनिश्चित करने के लिए विस्तारित पीएमएसएमए रणनीति शुरू की गई थी। एएनसी अर्थात एंटीनेटल केयर टेस्ट एक तरह की गर्भवती महिलाओं के लिए बहुत ज़रूरी जांच है। इस जांच से पता चलता है कि गर्भवती महिला को हाई रिस्क प्रेग्नेंसी या सीवियर एनीमिक है या नहीं। इस आधार पर उच्च जोखिम वाली गर्भवती महिलाओं की पहचान की जाती है और उन्हें वित्तीय प्रोत्साहन के माध्यम से सुरक्षित प्रसव प्राप्ति के लिए उनके पास आवश्यक रूप से आशाकर्मी के निर्धारित पीएमएसएमए दौरे के अतिरिक्त तीन बार जाती हैं।

सुरक्षित मातृत्व आश्वासन (सुमन) : सुरक्षित मातृत्व आश्वासन (सुमन) 2019 से प्रभावी हुआ। इस योजना का उद्देश्य सार्वजनिक स्वास्थ्य सुविधा में आने वाली प्रत्येक महिला और नवजात शिशु के लिए बिना किसी लागत के सुनिश्चित, सम्मानजनक, आदरपूर्ण शून्य सहनशीलता के साथ गुणवत्ता सम्पन्न स्वास्थ्य देखभाल प्रदान करना है।

जननी शिशु सुरक्षा कार्यक्रम (जेएसएसके) : प्रत्येक गर्भवती महिला को मुफ्त परिवहन सुविधा, उपचार, औषधि, अन्य उपभोग्य वस्तुएं, आहार और आवश्यकता पड़ने पर रक्त के प्रावधान के साथ-साथ सार्वजनिक स्वास्थ्य संस्थानों में सिजेरियन सेक्शन सहित मुफ्त प्रसव का अधिकार देता है। इलाज के लिए सार्वजनिक स्वास्थ्य संस्थानों तक पहुंचने वाले सभी रुग्ण शिशुओं के लिए समान अधिकार निर्धारित किए गए हैं।

लक्ष्य : लेबर रूम क्वालिटी इम्प्रूवमेंट इनिशिएटिव (लक्ष्य) 2017 में शुरू की गयी थी, जिसका उद्देश्य लेबर रूम और मैटरनिटी ऑपरेशन थिएटर में देखभाल की गुणवत्ता में सुधार लाना है ताकि यह सुनिश्चित किया जा सके कि गर्भवती महिलाओं को प्रसव के दौरान और तत्काल बाद की अवधि में सम्मानजनक और गुणवत्तायुक्त देखभाल उपलब्ध हो। इससे प्रसव के दरम्यान कई सुविधाएं मिलने से मातृ और शिशु सुरक्षा में व्यापक सुधार आया।

वीएचएसएनडी : मासिक ग्राम स्वास्थ्य, स्वच्छता और पोषण दिवस (वीएचएसएनडी) आईसीडीएस के साथ मिलकर पोषण सहित मातृ एवं शिशु देखभाल के प्रावधान के लिए तैयार की गई आंगनबाड़ी केंद्रों पर एक आउटरीच गतिविधि है। इस तरह के कार्यक्रम का मुख्य उद्देश्य जरूरतमंद को स्वास्थ्य संबंधी जानकारियों के लिए संवेदनशील बनाना और सचेत करना है।

आउटरीच शिविर : ग्रामीण क्षेत्रों में आउटरीच शिविर का प्रावधान विशेष रूप से आदिवासी और दुर्गम क्षेत्रों में स्वास्थ्य देखभाल सेवाओं की पहुंच में सुधार के लिए किया जाता है। इस प्लेटफार्म का उपयोग मातृ एवं शिशु स्वास्थ्य सेवाओं, सामुदायिक गतिशीलता के साथ-साथ उच्च जोखिम गर्भधारण को ट्रैक करने में जागरूकता बढ़ाने के लिए किया जाता है।

स्वास्थ्य और आरोग्य सेंटर : महिल स्वास्थ्य की देखभाल के लिए समय-समय पर एचडब्ल्यूसी टीम शिविरों का आयोजन करती है, ताकि उपेक्षित महिलओं तक स्वास्थ्य सुविधा पहुंचाई जा सके। इससे उपचार अनुपालन में सहायता मिलती है और गर्भवती महिलाओं एवं नवजात शिशुओं आदि की देखभाल होती है। गर्भवती महिलाओं को आहार, आराम, गर्भावस्था के खतरे के संकेत, लाभकारी योजनाओं और संस्थागत प्रसव के बारे में शिक्षित करने के लिए एमसीपी कार्ड और सुरक्षित मातृत्व पुस्तिका वितरित की जाती है।

आईईसी/बीसीसी अभियान : इसके अंतगर्त मातृ स्वास्थ्य के प्रमुख फोकस क्षेत्रों में से एक सूचना शिक्षा और संचार (आईईसी), अंतर-वैयक्तिक संचार (आईपीसी) और व्यवहार परिवर्तन संचार (बीसीसी) गतिविधियों के माध्यम से मांग उत्पन्न करना है।

इन योजनाओं के अतिरिक्त महिला एवं बाल विकास मंत्रालय द्वारा निम्नलिखित योजनाएं लागू हैं:

प्रधानमंत्री मातृ वंदना योजना (पीएमएमवीवाई) : प्रधानमंत्री मातृ वंदना योजना (पीएमएमवीवाई) को 2017 में लागू किया गया था। यह एक प्रत्यक्ष लाभ हस्तांतरण (डीबीटी) योजना है, जिसके तहत गर्भवती महिलाओं को सीधे उनके बैंक खाते में नकद लाभ प्रदान किया जाता है, ताकि उनकी बढ़ी हुई पोषण संबंधी जरूरतों को पूरा किया जा सके। सामान्यतः महिला को गर्भावस्था नई प्रकार की चुनौतियों और

तनाव कारकों से अवगत कराती है। इसलिए यह योजना सुरक्षित प्रसव के लिए मां को सहायता, पारिश्रमिक हानि के लिए आंशिक मुआवजा और उसके पहले जीवित बच्चे के टीकाकरण का समाधान प्रदान करती है। संशोधित पीएमएमवीवाई में दूसरे बच्चे के लिए भी मातृत्व लाभ प्रदान करने का प्रावधान है, लेकिन इसका लाभ उन्हें मिलता है अगर दूसरा बच्चा लड़की है। इसका उद्देश्य जन्म पूर्व लिंग चयन को हतोत्साहित करना और लड़की को बढ़ावा देना है।

मिशन सक्षम आंगनबाड़ी और पोषण 2.0 : इस योजना के अंतर्गत गर्भवती महिलाओं और स्तनपान कराने वाली माताओं को पूरक पोषण प्रदान किया जाता है। इसमें स्वास्थ्य, आरोग्य तथा रोग और कुपोषण के प्रति प्रतिरक्षा विकसित करने वाले व्यवहारों को विकसित करने पर फोकस के साथ पूरक पोषण दिया जाता है।

भारत सरकार ने समयबद्ध तरीके से बच्चों, किशोरियों, गर्भवती महिलाओं और स्तनपान कराने वाली महिलाओं की पोषण स्थिति में सुधार लाने के लक्ष्य को हासिल करने के साथ 2018 से पोषण अभियान लागू किया है।

एनीमिया मुक्त भारत (एएमबी) : वर्ष 2018 में केंद्रीय स्वास्थ्य मंत्रालय ने अनीमिया मुक्त भारत रणनीति की शुरुआत की थी, जिसका उद्देश्य जीवन चक्र में पोषण और गैर-पोषण कारणों से एनीमिया के प्रसार को कम करना है। इस रणनीति का 30 मिलियन गर्भवती महिलाओं सहित 450 मिलियन लोगों को लाभ मिलने का अनुमान है।

इन योजनाओं का असर यह हुआ कि देश में एमएमआर में लगातार कमी आई। यह कमी 2014 से 2016 में 130 थी, जो 2015 से 2017 में घटकर 122, 2016 से 2018 में कम होकर 113 और 2017 से 2019 में 103 तक हो गई। इस लगातार गिरावट से भारत 2020 तक 100/लाख जीवित जन्म के राष्ट्रीय स्वास्थ्य नीति (एनएचपी) लक्ष्य को हासिल करने और 2030 तक निश्चित रूप से 70 प्रति लाख जीवित जन्म के एसडीजी लक्ष्य को प्राप्त करने की दिशा में अग्रसर है। यही नहीं सतत विकास लक्ष्य (एसडीजी) हासिल करने वाले राज्यों की संख्या 5 से बढ़कर 7 हो गई। इन राज्यों के नाम हैं– केरल (30), महाराष्ट्र (38), तेलंगाना (56), तमिलनाडु (58), आंध्र प्रदेश (58), झारखंड (61) और गुजरात (70)। इस तरह से अब 9 राज्य ऐसे हैं जिन्होंने एनएचपी द्वारा निर्धारित एमएमआर के लक्ष्य को प्राप्त कर लिया है, जिनमें इन 7 राज्यों के अलावा कर्नाटक (83) और हरियाणा (96) राज्य भी अब शामिल हो गए हैं।

पांच राज्यों उत्तराखंड (101), पश्चिम बंगाल (109), पंजाब (114), बिहार (130), ओडिशा (136) और राजस्थान (141) में एमएमआर 100-150 के बीच है, जबकि 4

राज्य- छत्तीसगढ़ (160), मध्य प्रदेश (163), उत्तर प्रदेश (167) और असम (205) ऐसे हैं जहां एमएमआर 150 से अधिक है।

उत्तर प्रदेश ने उत्साहजनक उपलब्धि दर्ज की है, जहां 30 अंकों की अधिकतम गिरावट दर्ज की गई है, इसके अलावा राजस्थान (23 अंक), बिहार (19 अंक), पंजाब (15 अंक) और ओडिशा (14 अंक) में भी एमएमआर में गिरावट आई है।

असर और नतीजे :

5 वर्ष की आयु से कम की मृत्यु दर में कमी : देश में यू5एमआर यानी अंडर फाइव मोर्टलिटी रेट में वर्ष 2019 से 3 अंक (वार्षिक गिरावट दर: 8.6%) की महत्त्वपूर्ण गिरावट हुई है। यह वर्ष 2019 में प्रति 1000 जीवित जन्मों पर 35 के मुकाबले वर्ष 2020 में प्रति 1000 जीवित जन्म पर 32 है। यह ग्रामीण क्षेत्रों में 36 से शहरी क्षेत्रों में 21 तक भिन्न-भिन्न है। बालिकाओं के लिये यू5एमआर बालकों (31) की तुलना में अधिक (33) है। इसी अवधि के दौरान पुरुष यू5एमआर में 4 अंक और महिला यू5एमआर में 3 अंक की गिरावट आई है। इसमें सबसे अधिक गिरावट उत्तर प्रदेश और कर्नाटक राज्यों में देखी गई है।

शिशु मृत्यु दर : आईएमआर ने भी वर्ष 2019 में 30 प्रति 1000 जीवित जन्मों से वर्ष 2020 में प्रति 1000 जीवित जन्मों पर 2 अंकों की गिरावट दर्ज की (वार्षिक गिरावट दर: 6.7%)। ग्रामीण-शहरी अंतर 12 अंक (शहरी 19, ग्रामीण 31) तक सीमित हो गया है। वर्ष 2020 में कोई लिंग अंतर नहीं देखा गया है, जैसे बालक -28 पर बालिका - 28 रहा।

नवजात मृत्यु दर (एनएमआर NMR) : यह वर्ष 2019 में 22 प्रति 1000 जीवित जन्मों से 2 अंकों की गिरावट के साथ वर्ष 2020 में प्रति 1000 जीवित जन्मों पर 20 हो गई है। इसमें वार्षिक गिरावट दर: 9.1फीसदी आंकी गई। यह शहरी क्षेत्रों में 12 से लेकर ग्रामीण क्षेत्रों में 23 तक है।

नमूना पंजीकरण प्रणाली : एसआरएस राष्ट्रीय और उप-राष्ट्रीय स्तरों पर शिशु मृत्यु दर, जन्म दर, मृत्यु दर, अन्य प्रजनन और मृत्यु दर संकेतकों के विश्वसनीय वार्षिक अनुमान प्रदान करने के लिये एक जनसांख्यिकीय सर्वेक्षण है। यह वर्ष 1964-65 में कुछ राज्यों में भारत के रजिस्ट्रार जनरल द्वारा पायलट आधार पर शुरू किया गया था, यह वर्ष 1969-70 के दौरान पूरी तरह से चालू हो गया।

क्षेत्रीय जाँच में चयनित नमूना इकाइयों में निवासी अंशकालिक प्रगणकों, आम तौर पर आँगनबाड़ी कार्यकर्ताओं और शिक्षकों द्वारा जन्म और मृत्यु की निरंतर गणना और एसआरएस पर्यवेक्षकों द्वारा हर छह महीने में एक स्वतंत्र सर्वेक्षण शामिल है। इन दो स्वतंत्र

पदाधिकारियों द्वारा प्राप्त आंकड़ों का मिलान किया जाता है।

जैसा कि देखा गया है कि पिछले कुछ वर्षों से राष्ट्रीय ग्रामीण स्वास्थ्य मिशन और राष्ट्रीय स्वास्थ्य मिशन (NHM) यू5एमआर, शिशु मृत्यु दर या नवजात मृत्यु दर एवं मातृ मृत्यु दर के मामले में भी देश के लिये एक गेम चेंजर रहे हैं।

स्वास्थ्य सुविधाएँ : राज्यों/संघ राज्य क्षेत्रों के मानदंडों के अनुसार, नई सुविधाएँ स्थापित करने और उनकी आवश्यकता के आधार पर बुनियादी ढांचे की कमियों को पाटने के लिये मौजूदा सुविधाओं के उन्नयन के लिये एनएचएम सहायता प्रदान की जाती है।

स्वास्थ्य सेवाएँ : एनएचएम सहायता मातृ स्वास्थ्य, बाल स्वास्थ्य, किशोर स्वास्थ्य, परिवार नियोजन, सार्वभौमिक टीकाकरण कार्यक्रम और तपेदिक जैसी प्रमुख बीमारियों, मलेरिया, डेंगू और कालाजार, कुष्ठ रोग जैसी बैक्टर जनित बीमारियों से संबंधित कई मुफ्त सेवाओं के प्रावधान के लिये भी प्रदान की जाती है। एनएचएम के तहत समर्थित प्रमुख पहल इस प्रकार हैं—

1. जननी शिशु सुरक्षा कार्यक्रम (JSSK)
2. राष्ट्रीय बाल स्वास्थ्य कार्यक्रम (RBSK)
3. नि:शुल्क दवाओं का कार्यान्वयन और नि:शुल्क निदान सेवा पहल।
4. पीएम राष्ट्रीय डायलिसिस कार्यक्रम।
5. सभी सार्वजनिक स्वास्थ्य सुविधाओं में राष्ट्रीय गुणवत्ता आश्वासन ढांचे का कार्यान्वयन।
6. मोबाइल चिकित्सा इकाइयों और टेली-परामर्श सेवाएं। ये दोनों विशेष रूप से ग्रामीण क्षेत्रों में स्वास्थ्य सेवा तक पहुंच में सुधार के लिये लागू की गई हैं।

आयुष्मान भारत :

प्रधानमंत्री जन आरोग्य योजना (AB-PMJAY) से देश में 55 करोड़ लोगों को शामिल करने की जो बात है, उससे ग्रामीण व गरीब वर्ग को बड़ी राहत मिली है। यह योजना हेल्थ के क्षेत्र में गेम चेंजर साबित हुई। भारत के लोगों के स्वास्थ्य को इस योजना से काफी लाभ हुआ है। इसके जरिए जो गरीब आदमी कोई बड़ी बीमारी होने पर अपना घर, जमीन इलाज के नाम पर बेच देता था या महिलाएं गहने व पूंजी तक बेच देती थी, उससे छुटकारा मिला। आज इस योजना के शुरू होने से उन्हें ऐसा नहीं करना पड़ता है, पांच लाख तक का इलाज इसमें शामिल है। इतना ही नहीं, आयुष्मान को सरकारी अस्पतालों से जोड़ने के साथ प्राइवेट हॉस्पिटल को भी शामिल किया गया, जिससे लोगों को अच्छी गुणवत्ता की हेल्थ सुविधा मिल पाए। यह स्वास्थ्य के क्षेत्र में दुनिया के सबसे बड़ी स्कीम है।

बच्चों की सेहत :

बच्चों की सेहत से जुड़ी राष्ट्रीय बाल स्वास्थ्य योजना और इंद्रधनुष अभियान के साथ अन्य स्कीम चलाई जा रही हैं। इंद्रधनुष में बच्चों से जुड़े जरूरी सभी टीके लगवाने को लेकर एक बड़ी पहल की जा रही है। आज शहर से लेकर गांव तक आशा वर्कर घर-घर जाकर बच्चों का सभी टीके लगवाने के साथ उनकी मानिटरिंग कर रही हैं। प्रिवेंटिबल डिजीज में कमी आने से शिशु मृत्यु दर में पहले की तुलना में काफी कमी आई है। इसके अलावा संस्थागत प्रसव को बढ़ावा देने के लिए कई स्कीम चलाई जा रही हैं। अस्पताल में डिलीवरी कराने से नवजात शिशु और मां दोनों की जान बचाई जा रही है। इसका असर शिशु मृत्यु दर और मातृ मृत्यु दर में आई गिरावट के रूप में देखा जा सकता है।

मृत्यु दर को बढ़ाने वाले कारक :

कुपोषण : राष्ट्रीय परिवार स्वास्थ्य सर्वेक्षण-5 (NFHS-5) के अनुसार, पांच साल से कम उम्र के बच्चों (58.6-67 प्रतिशत), महिलाओं (53.1-57 प्रतिशत) और पुरुषों (22.7-25 प्रतिशत) में एनीमिया का मामला सामने आया है। भारत के सभी राज्यों में (20%-40% घटनाओं को सामान्य माना जाता है)

गैर-संस्थागत प्रसव : बच्चे का जन्म घर पर हुआ हो या किसी सुविधापूर्ण स्थान पर, यह भी शिशु के जीवित रहने की दर निर्धारित करता है। गैर-संस्थागत प्रसव के मामले में संक्रमण का जोखिम अधिक होता है। हालाँकि भारत की संस्थागत प्रसव की हिस्सेदारी वर्ष 2019-2021 (NFHS-5) में बढ़कर 88.6% हो गई, जो वर्ष 2005-06 (NFHS 3) में 40.8% थी, फिर भी विकसित देशों की तुलना में यह बहुत कम है।

प्रतिरक्षा की कमी और कम वैक्सीन अनुपालन स्तर : निमोनिया, समय से पहले जन्म, जन्म के समय कम वजन, दस्त रोग, नवजात संक्रमण, जन्म श्वासावरोध आदि भी ऐसे कारण हैं जो शिशु मृत्यु का कारण बनते हैं।

शिक्षा की कमी : मातृ शिक्षा से माताओं को विभिन्न स्वास्थ्य मुद्दों के बारे में पता होने की संभावना बढ़ जाती है और इस प्रकार ऐसे मुद्दों को रोकने की दिशा में सही और उचित कदम उठाए जाते हैं।

मां की उम्र : जन्म के समय मां की उम्र अहम भूमिका निभाती है। उदाहरण के लिये माताओं की उम्र और बच्चों में एनीमिया की घटनाओं के बीच एक विपरीत संबंध मौजूद है। इस बात से जुड़े सबूत हैं कि छोटी माताओं के बच्चे एनीमिया से अधिक पीड़ित होते हैं।

आधारभूत संरचना और गुणवत्ता में सुधार : अस्पतालों की आधारभूत संरचना और गुणवत्ता भी मृत्यु दर को और कम करने में महत्त्वपूर्ण भूमिका निभाती है। गुणवत्ता

सुधार का उद्देश्य स्वास्थ्य देखभाल के विकास के संदर्भ में अनुमानित परिणाम प्राप्त करना और परिणामों में सुधार करना है।

शहरी-ग्रामीण विषमताएँ : देश के हर हिस्से में, शहरी से लेकर ग्रामीण क्षेत्रों तक, व्यवस्थित परिवर्तन लाने की आवश्यकता है जो इन क्षेत्रों में सामाजिक-आर्थिक तनाव को कम कर सकते हैं।

राजकीय इच्छाशक्ति : वित्त की उपलब्धता (केंद्र से) और साथ ही राज्यों द्वारा इसका विवेकपूर्ण उपयोग, तैयार की गई नीतियों के प्रभावी कार्यान्वयन और स्वास्थ्य हेतु बुनियादी ढाँचे को तैयार करना आवश्यक है।

एकीकृत दृष्टिकोण : विभिन्न योजनाओं के बेहतर समन्वय, अभिसरण और समग्र एकीकरण को सुनिश्चित करने के लिये संबंधित मंत्रालय एक दूसरे के साथ सहयोग कर सकते हैं।

सभी संकेतकों पर ध्यान देने की आवश्यकता : प्रत्येक संकेतक के पहलुओं से स्थितियों को देखने और उनकी बहुत सावधानी से निगरानी करने की तत्काल आवश्यकता है ताकि दुनिया में किसी भी मां या बच्चे को अनावश्यक रूप से न खोएँ।

निजी क्षेत्र की भागीदारी : निजी क्षेत्र की भागीदारी एक तत्काल आवश्यकता नहीं है, लेकिन राज्य के प्रति उनकी ईमानदार भागीदारी और पूरक भूमिका सरकार के बोझ को कम कर सकती है। अपने लोगों को स्वास्थ्य प्रदान करने में राज्य की भूमिका को बहुत अधिक महत्त्व नहीं दिया जा सकता है।

जेनेरिक और जनऔषधि केंद्र : इन केंद्रों के माध्यम से लोगों को 70-80 फीसदी कम दाम में कई दवाइयां आसानी से मिलने लगी हैं। लोगों को इलाज में दो तरह की लागत लगती है, एक हॉस्पिटल ट्रीटमेंट व दूसरा दवाइयां। दवाइयों की लागत की हिस्सेदारी 30 फीसदी के करीब होती है। जन औषधि के खुलने से लोगों को बड़ी राहत मिली है। इसके अलावा जेनेरिक दवा को बढ़ावा देने को लेकर भी लोगों में जागरूकता आई है। इन केंद्रों में एक हजार से ज्यादा दवाइयां मौजूद हैं। इसके अलावा कैंसर जैसी बीमारियों की दवा सरकारी अस्पतालों में मुफ्त में दी जा रही हैं, जो बाजार में काफी महंगी हैं। इसके अलावा हार्ट, बीपी, शुगर की बीमारियों की दवाइयां लोगों को जीवनभर खानी होती है, ऐसे में अगर चार हजार की दवा 400 रुपए में मिल जाए तो हर कोई आसानी से ले सकते हैं।

इसी तरह से हाइपरटेंशन, हार्ट जैसी बीमारियों का इलाज जीवनभर चलता है, अगर 20 हजार रुपए कमाने वाले व्यक्ति को महीने में छह-सात हजार रुपए दवाई में खर्च करना पड़े तो वह कैसे घर पाएगा। इससे हार्ट या हाइपरटेंशन की बीमारी क्रोनिक हार्ट डिसीज, क्रोनिक लीवर डिसीज जैसे बीमारियों में कन्वर्ट होगी। टीबी की दवाई भी फ्री दी जा रही है। अब टीबी मुक्त भारत की बात की जा रही है, अब इसे लेकर प्लान किया जा रहा है पहले पोलियो खत्म हुआ अब भारत में टीबी खत्म करने पर फोकस किया जा रहा है।

अध्याय-5

संविधान संसोधन : सशक्तिकरण और जनाधार का अधिकार

अंतत: 27 सालों के बाद महिलाओं को लोकसभा, राज्यसभा और विधानसभाओं में एक तिहाई सीटों के आरक्षण का अधिकार मिल ही गया। जनाधार का मिला यह अधिकार आरक्षण विधेयक संविधान (106वां संशोधन) अधिनियम, 2023 के जरिए आने वाले दिनों में नए परिसीमन के साथ धरातल पर उतरेगा। इसके साकार रूप का लाभ अनुसूचित जाति और अनुसूचित जनजाति को भी मिलेगा। इसे नारी 'शक्ति वंदन अधिनियम' का नाम दिया गया है, जिसे 19 सितंबर, 2023 को नरेंद्र मोदी सरकार ने लोकसभा में पेश किया था। इसके पक्ष में 454 वोट देकर उपस्थित सांसदों ने अपनी सहमति दी थी। राज्यसभा में सभी सांसदों ने इसके पक्ष में वोट दिया। राष्ट्रपति द्रौपदी मुर्मु ने 29 सितंबर, 2023 को इस बिल को मंज़ूरी दे दी। इस तरह से यह बिल जनगणना के बाद लोकसभा और विधानसभा सीटों का परिसीमन के आधार पर लागू कर दिया जाएगा। संविधान के मुताबिक 2026 के बाद देशभर में परिसीमन किया जाना है।

अगर केंद्र के किसी कानून से राज्यों के अधिकारों पर असर पड़ता है, तो कानून बनने के लिए कम से कम 50% विधानसभाओं की मंज़ूरी लेनी होगी।

इस तरह से लैंगिक असमानता, गरीबी, बेरोज़गारी और सामाजिक सुरक्षा जैसे मुद्दों पर महिलाओं की मुखरता में और मजबूती आएगी। इसमें सबसे बड़ी उम्मीद ज़मीनी स्तर पर लैंगिक असमानताओं को कम करने को लेकर है। स्थानीय सरकार यानी कि पंचायती स्तर जहां भी महिलाओं की भागीदारी बराबरी की है, वहां के विकास में गतिशीलता पाई गई है। सामाजिक सामंजस्य बिठाने में लचीलापन आ गया है, जिससे सरकारी योजनाओं को कार्यान्वित करना आसान हो गया है।

इससे महिलाओं की भागीदारी से संबंधित कई ऐच्छिक मूल्यांकन करना जहां सहज हो गया है, वहीं इसके अध्ययनों से पता चलता है कि स्थानीय सरकारों में महिला नेताओं की अधिक सहभागिता आने से महिलाओं के लिए प्राथमिकता वाली नीतियों में अधिक

निवेश संभव हो गया है।

लगभग तीन दशकों की बहस-दर-बहस और संसद की संयुक्त समिति द्वारा की गई संशोधनों की प्रक्रिया से गुजरने के बाद भारतीय संसद ने आखिरकार एक ऐसे विधेयक को पारित किया, जो लोकसभा (राष्ट्रीय संसद का निचला सदन) और राज्य की विधान सभाओं में महिलाओं के लिए 33 प्रतिशत सीटों की गारंटी देता है। इसे एक ऐतिहासिक कदम सिर्फ इसलिए नहीं कहा जा सकता क्योंकि यह विधेयक दुनिया के सबसे बड़े लोकतंत्र में महिलाओं के अधिक राजनीतिक प्रतिनिधित्व का मार्ग प्रशस्त करता है, बल्कि इसलिए भी कि इसमें बड़े पैमाने पर महिलाओं को सशक्त बनाने का वादा किया गया है।

भले ही भारत में यह जमीन पर 2029 से पहले नहीं उतर पाएगा, लेकिन तब तक इस पर बहस का दौर चलता रहेगा कि इससे महिलाओं को कितना फायदा होगा, भारत जैसे विशाल और विविधतापूर्ण देश में इसपर सकारात्मक कार्रवाई के लिए नीतियां बनाने में किस तरह की कठिनाइयों को दूर करना होगा। फिर भी यह तो तय हो गया है कि यह राजनीतिक भागीदारी में कुछ लैंगिक अन्तर को कम करने में सहायक हो सकता है।

दरअसल, 'महिला आरक्षण बिल-2023' संविधान (एक सौ अट्ठाईसवां संशोधन) बिल-2023 था, जो भारत सरकार के विधि एवं न्याय मंत्रालय द्वारा लाया गया था। इस संबंध में 1993 में पारित 73वें और 74वें संशोधन ने संविधान में पंचायतों और नगर पालिकाओं को शामिल किया और इन निकायों में महिलाओं के लिए एक तिहाई सीटें आरक्षित की गई थी। संविधान अनुसूचित जातियों (अजा) और अनुसूचित जनजातियों (अजजा) के लिए भी लोकसभा और राज्य विधानसभाओं में सीटों के आरक्षण का प्रावधान करता है, जो कुल आबादी में उनकी संख्या के अनुपात में होता है। संविधान लोकसभा और राज्य विधानसभाओं में महिलाओं के लिए सीटों के आरक्षण का प्रावधान नहीं करता। इस आधार पर ही संविधान सभा के कुछ सदस्यों ने विधायिकाओं में महिलाओं के लिए सीटें आरक्षित करने का विरोध किया था।

उल्लेखनीय है कि 17वीं लोकसभा के कुल सदस्यों में 15 फीसदी महिलाएं हैं, जबकि राज्य विधानसभाओं में महिलाएं कुल सदस्यों का औसतन 9 फीसदी हैं। महिलाओं की स्थिति पर 2015 की एक रिपोर्ट के अनुसार राज्य विधानसभाओं और संसद में महिलाओं का प्रतिनिधित्व निराशाजनक बना हुआ है। राजनीतिक दलों में निर्णय लेने वाले पदों पर महिलाओं की उपस्थिति न के बराबर है। रिपोर्ट में स्थानीय निकायों, राज्य विधानसभाओं, संसद, मंत्रिस्तरीय स्तरों और सरकार के निर्णय लेने वाले सभी निकायों में महिलाओं के लिए कम से कम 50 फीसदी सीटें आरक्षित करने का सुझाव दिया गया

है। राष्ट्रीय महिला सशक्तीकरण नीति (2001) में कहा गया था कि उच्च स्तरीय विधायी निकायों में आरक्षण पर विचार किया जाए।

इससे पहले संविधान में संशोधन करके, संसद और राज्य विधानसभाओं में महिलाओं के लिए सीटें आरक्षित करने वाले बिल 1996, 1998, 1999 और 2008 में पेश किए गए। पहले तीन बिल संबंधित लोकसभाओं के भंग होने के साथ लैप्स हो गए, जबकि 2008 का बिल राज्यसभा में पेश और पारित कर दिया गया, लेकिन 15वीं लोकसभा के भंग होने के साथ ही वह भी लैप्स हो गया। संसद की एक संयुक्त समिति ने 1996 के बिल की समीक्षा की, जबकि 2008 के बिल की समीक्षा कार्मिक, लोक शिकायत, कानून और न्याय संबंधी स्टैंडिंग कमेटी ने की। दोनों कमेटियों ने महिलाओं के लिए सीटें आरक्षित करने के प्रस्ताव पर सहमति जताई। इन कमेटियों ने कुछ सुझाव भी दिए, जिनमें से कुछ इस प्रकार थे—

(i) उचित समय पर अन्य पिछड़े वर्गों की महिलाओं के लिए आरक्षण पर विचार किया जाए।

(ii) 15 वर्ष की अवधि के लिए आरक्षण दिया जाए और उसके बाद उसकी समीक्षा की जाए।

(iii) राज्यसभा और राज्य विधान परिषदों में महिलाओं के लिए सीटें आरक्षित करने की प्रक्रियाओं पर काम किया जाए।

इसी के साथ 19 सितंबर, 2023 का वह ऐतिहासिक दिन आ गया जब यह बिल लोकसभा में भारी बहुमत के साथ पास हो गया।

बिल की मुख्य विशेषताएं हैं—

लोकसभा और राज्यों की विधानसभाओं में अनुसूचित जाति (एससी) और अनुसूचित जनजाति (एसटी) के लिए सीटें आरक्षित हैं। इन आरक्षित सीटों में से एक तिहाई सीटें अब महिलाओं के लिए आरक्षित की जाएंगी। मौजूदा समय में लोकसभा की 131 सीटें एससी-एसटी के लिए आरक्षित हैं। महिला आरक्षण क़ानून के अस्तित्व में आ जाने के बाद इनमें से 43 सीटें महिलाओं के लिए आरक्षित होंगी। इन 43 सीटों को सदन में महिलाओं के लिए आरक्षित कुल सीटों के एक हिस्से के रूप में गिना जाएगा।

इसका मतलब यह हुआ कि महिलाओं के लिए आरक्षित 181 सीटों में से 138 सीटें ऐसी होंगी जिन पर किसी भी जाति की महिला को उम्मीदवार बनाया जा सकेगा यानी इन सीटों पर उम्मीदवार पुरुष नहीं हो सकते। यह गणना लोकसभा में 543 सीटों की संख्या पर की गई है। परिसीमन के बाद इसमें बदलाव आने की संभावना है। इस सिलसिले में आए बदलाव की स्थिति में सबसे पहले संसद के दोनों सदनों, लोकसभा और राज्यसभा को इस विधेयक को दो-तिहाई बहुमत से पास करना होगा। इसके बाद जनगणना के बाद

परिसीमन की कवायद की जाएगी। परिसीमन में लोकसभा और विधानसभा क्षेत्रों की जनसंख्या के आंकड़ों के आधार पर सीमाएं तय की जाती हैं।

पिछला देशव्यापी परिसीमन 2002 में हुआ था। इसे 2008 में लागू किया गया था। परिसीमन की प्रक्रिया पूरी होने लोकसभा और राज्य विधानसभाओं के भंग होने के बाद महिला आरक्षण प्रभावी हो सकता है।

इसके लागू हो जाने के बाद महिला आरक्षण केवल 15 साल के लिए ही वैध होगा। लेकिन इस अवधि को संसद आगे बढ़ा सकती है। यहां ध्यान देने वाली बात यह है कि एससी-एसटी के लिए आरक्षित सीटें भी केवल सीमित समय के लिए ही थीं, लेकिन इसे एक बार में 10 साल तक बढ़ाया जाता रहा है।

सरकार की ओर से पेश विधेयक में कहा गया है कि परिसीमन की हर प्रक्रिया के बाद आरक्षित सीटों का रोटेशन होगा। इसका विवरण संसद बाद में निर्धारित करेगी। यह संविधान संशोधन सरकार को संसद और राज्य विधानसभाओं में महिलाओं के आरक्षण के लिए अधिकृत करेगा। अभी यह साफ नहीं हुआ है कि लद्दाख, पुडुचेरी और चंडीगढ़ जैसे केंद्र शासित राज्य, जहां लोकसभा की केवल एक-एक सीटें हैं, वहां सीटें कैसे आरक्षित की जाएंगी। उत्तर-पूर्व के कुछ राज्यों जैसे मणिपुर और त्रिपुरा में दो-दो सीटें हैं, जबकि नगालैंड में लोकसभा की एक ही सीट है।

(1) **महिलाओं के लिए आरक्षण :** बिल, यथासंभव, लोकसभा, राज्य विधानसभाओं और राष्ट्रीय राजधानी क्षेत्र दिल्ली की विधानसभा में महिलाओं के लिए सभी सीटों में से एक-तिहाई सीटें आरक्षित करता है। यह लोकसभा और राज्यों की विधानसभाओं में अनुसूचित जातियों और अनुसूचित जनजातियों के लिए आरक्षित सीटों पर भी लागू होगा।

(2) **आरक्षण की शुरुआत :** बिल के लागू होने के बाद होने वाली जनगणना के प्रकाशन के बाद आरक्षण प्रभावी होगा। जनगणना के आधार पर महिलाओं के लिए सीटें आरक्षित करने के लिए परिसीमन किया जाएगा आरक्षण 15 वर्ष की अवधि के लिए प्रदान किया जाएगा। हालांकि यह उस तारीख तक जारी रहेगा, जिसका निर्धारण संसद के किसी कानून द्वारा किया जाता है।

(3) **सीटों का रोटेशन :** हर परिसीमन के बाद महिलाओं के लिए आरक्षित सीटों को रोटेट किया जाएगा, जैसा कि संसद के कानून द्वारा निर्धारित किया जाए।

इस संबंध में कुछ विचारणीय मुद्दे भी हैं। विधायिका में महिलाओं के लिए सीटों के आरक्षण के मुद्दे की समीक्षा तीन नजरियों से की जा सकती है:—

(i) क्या महिला आरक्षण की नीति, महिला सशक्तीकरण के एक प्रभावी साधन के तौर पर काम कर सकती है।

(ii) क्या विधायिका में महिलाओं का प्रतिनिधित्व बढ़ाने के अन्य वैकल्पिक तरीके व्यावहारिक हैं।

(iii) क्या बिल में आरक्षण के लिए प्रस्तावित पद्धति में कोई समस्या है।

यह कहना गलत नहीं है कि राजनीतिक व्यवस्था में विभिन्न समूहों का आनुपातिक प्रतिनिधित्व नहीं होने की स्थिति में नीति निर्माण को प्रभावित करने की क्षमता सीमित हो जाती है। महिलाओं के साथ होने वाले सभी प्रकार के भेदभाव के उन्मूलन पर केंद्रित समझौते में प्रावधान है कि राजनीतिक और सार्वजनिक जीवन में महिलाओं के साथ होने वाले भेदभाव का उन्मूलन किया जाना चाहिए। भले ही भारत ने उस समझौते पर दस्तखत किए गए हैं, लेकिन निर्णय लेने वाले निकायों में महिला प्रतिनिधित्व के मामले में भेदभाव जारी है। इस लिहाज से आरक्षण बिल का उद्देश्य स्पष्ट है। महिला सांसदों की संख्या पहली लोकसभा में 5 फीसदी से बढ़कर 17वीं लोकसभा में भले ही 15 फीसदी हो गई हो, लेकिन संख्या अब भी काफी कम है। पंचायतों में महिला आरक्षण के प्रभावों पर 2003 के एक अध्ययन से पता चलता है कि आरक्षण के तहत चुनी गई महिलाएं, महिला कल्याण के अधिक कार्य करती हैं। कार्मिक, लोक शिकायत, कानून और न्याय संबंधी स्टैंडिंग कमेटी (2009) ने कहा था कि स्थानीय निकायों में महिलाओं के लिए सीटों के आरक्षण ने उन्हें सार्थक योगदान देने में सक्षम बनाया है।

हालांकि उसने यह भी चिंता जताई गई थी कि स्थानीय निकायों में महिलाएं पुरुषों की प्रॉक्सी बनेंगी, यानी उनकी जगह पुरुष ही कार्य करेंगे। इसके बावजूद यह चिंता भी निराधार साबित हुई। अंतर-संसदीय संघ ने सन् 2022 में कहा था कि विधायी कोटा महिलाओं के प्रतिनिधित्व में एक निर्णायक कारक रहा है। जबकि आरक्षण की नीति का विरोध करने वालों ने तर्क दिया था कि महिलाओं के लिए अलग निर्वाचन क्षेत्र न केवल उनके दृष्टिकोण को संकीर्ण करेंगे, बल्कि उनकी गैर बराबर स्थिति को कायम रखेंगे, क्योंकि यह माना जाएगा कि वे योग्यता के आधार पर प्रतिस्पर्धा नहीं कर रहीं। उदाहरण के लिए संविधान सभा में रेणुका रे ने महिलाओं के लिए सीटें आरक्षित करने के खिलाफ तर्क दिया था, "जब महिलाओं के लिए सीटों का आरक्षण होता है, तो सामान्य सीटों के लिए उन पर आम तौर पर विचार ही नहीं किया जाता, चाहे वे कितनी भी काबिल क्यों न हों। हमारा मानना है कि अगर सिर्फ क्षमता पर ध्यान दिया जाए तो महिलाओं को अधिक मौके मिलेंगे।"

विरोधियों का यह भी तर्क था कि आरक्षण से महिलाओं का राजनीतिक सशक्तीकरण नहीं होता, क्योंकि चुनावी सुधार के बड़े मुद्दों जैसे राजनीति का अपराधीकरण, राजनीतिक दलों में आंतरिक लोकतंत्र और काले धन के प्रभाव को रोकने के उपायों पर ध्यान नहीं दिया जाता है।

संसद में महिलाओं के लिए एक-तिहाई सीटों के आरक्षण से आरक्षित निर्वाचन क्षेत्रों में मतदाताओं की पसंद सीमित हो जाएगी। कुछ विशेषज्ञों ने दो विकल्प सुझाए थे। पहला, राजनीतिक दलों के भीतर उम्मीदवारों के लिए आरक्षण और द्विसदस्यीय निर्वाचन क्षेत्र, जिसमें कुछ निर्वाचन क्षेत्रों में दो उम्मीदवार होंगे, जिनमें से एक महिला होगी। शुरुआत में भारत में बहु-सदस्यीय निर्वाचन क्षेत्र होते थे जिनमें एक अनुसूचित जाति/अनुसूचित जनजाति का सदस्य होता था। 1961 के एक कानून ने सभी निर्वाचन क्षेत्रों को एकल सदस्यीय निर्वाचन क्षेत्रों में परिवर्तित कर दिया। दूसरा तर्क यह था कि निर्वाचन क्षेत्र बहुत बड़े थे और अनुसूचित जाति/अनुसूचित जनजाति के सदस्यों को लगता था कि एकल सदस्यीय आरक्षित निर्वाचन क्षेत्रों में उन्हें अहमियत मिलेगी।

बिल में कहा गया है कि हर परिसीमन के बाद रोटेशन के आधार पर आरक्षित सीटों का रोटेशन किया जाएगा। इसका अर्थ यह है कि लगभग हर 10 साल में रोटेशन होगा, क्योंकि 2026 के बाद हर जनगणना के बाद परिसीमन अनिवार्य है। आरक्षित सीटों के रोटेशन से सांसद अपने निर्वाचन क्षेत्रों के लिए काम करने के प्रति कम प्रोत्साहित होंगे, क्योंकि वे उस निर्वाचन क्षेत्र से दोबारा चुनाव लड़ने के लिए अपात्र हो सकते हैं। पंचायती राज मंत्रालय के एक अध्ययन में सुझाव दिया गया था कि पंचायती स्तर पर निर्वाचन क्षेत्रों के रोटेशन को रोक दिया जाना चाहिए क्योंकि लगभग 85 फीसदी महिलाएं पहली बार चुनी गई थीं और सिर्फ 15 फीसदी महिलाएं दोबारा चुनी गईं, क्योंकि जिन सीटों से वे निर्वाचित हुई थीं, वे गैर आरक्षित हो गईं।

महिला आरक्षण विधेयक द्वारा किये गये संवैधानिक परिवर्तन क्या हैं?

अनुच्छेद 330 (ए) : विधेयक में अनुच्छेद 330 (ए) को सम्मिलित किया गया है जो अनुसूचित जातियों और अनुसूचित जनजातियों के लिये लोकसभा में सीटों के आरक्षण पर अनुच्छेद 330 के प्रावधानों से प्रेरित है।

अनुच्छेद 332 (ए) : महिला आरक्षण विधेयक द्वारा प्रस्तुत किये गए इस अनुच्छेद में प्रत्येक राज्य विधानसभा में महिलाओं के लिए सीटें आरक्षित करने की आवश्यकता है।

अनुच्छेद 239 (एए) में संशोधन : विधेयक में यह जोड़ा गया है कि संसद द्वारा बनाया गया कानून अनुच्छेद 239एए(2)(बी) दिल्ली, राष्ट्रीय राजधानी क्षेत्र पर लागू होगा।

असर मगर अनुत्तरित सवाल भी

वैश्विक लैंगिक अन्तर (ग्लोबल जेंडर गैप) की रिपोर्ट 2023 में कहा गया है कि यह अभी भी भारत और दुनिया के अधिकांश हिस्सों के लिए एक दूर की वास्तविकता है। इंटरनेशनल इंस्टीट्यूट फॉर डेमोक्रेसी एंड इलेक्टोरल असिस्टेंस का मानना है कि इन

लैंगिक अन्तरों को कम करने के प्रयास में 137 देशों ने किसी न किसी रूप में कोटा (आरक्षण) नीतियों को अपनाया है।

ऐसे में महिलाओं द्वारा अपनाई जाने वाली राजनीति और बदलती राजनीतिक वैचारिकता को लेकर एक अहम् सवाल बार-बार उठता है कि क्या महिलाओं के लिए आरक्षण से ज़मीनी स्तर पर कोई ठोस बदलाव आएगा? इसी के साथ यह भी सवाल बनता है कि क्या महिला नेता ऐसे निर्णय लेंगी जो सार्थक रूप में पुरुषों से भिन्न होंगे या फिर वे महज अपने पुरुष समकक्षों के समान, उनका पर्याय बनकर रह जाएंगी? क्या महिला नेताओं की उपस्थिति वास्तव में उनके मतदाताओं के दैनिक जीवन पर प्रभाव डालेगी?

इस पर समाजशास्त्र के विशेषज्ञों ने गहन अध्ययन किया है। भारत के 24 राज्यों के साथ-साथ, अफगानिस्तान और लेसोथो में ग्यारह ऐच्छिक या रेंडमाइज़्ड मूल्याँकन किए गए हैं, जिनसे कुछ सवालों के जवाब हासिल किए जा सकते हैं। हालांकि ये अध्ययन स्थानीय सरकारों के सम्बन्ध में किए गए हैं, इनसे सशक्त संकेत मिलता है कि राजनीति में लैंगिक आधार पर आरक्षण या कहें कोटा राजनीतिक नेतृत्व में लैंगिक असंतुलन को ठीक करने और यह सुनिश्चित करने के लिए उपयुक्त है कि नीति-निर्धारण महिलाओं के हितों का प्रतिनिधित्व करता है और लिंग के बारे में आम धारणाओं में बदलाव करता है।

महिलाओं के लिए सीटें आरक्षित करने के समर्थन में संभवत: सबसे ठोस प्रमाण पश्चिम बंगाल और राजस्थान में वर्ष 2000 और 2002 के बीच आया। उल्लेखनीय है कि वर्ष 1993 में भारत के संविधान में एक संशोधन के तहत सभी ग्राम-परिषद के पदों में से एक तिहाई पद ऐच्छिक रूप में महिलाओं के लिए आरक्षित करने की बात कही गई है। इस संदर्भ में किए गए अध्ययन और शोधों में पाया गया कि चयनित ग्राम परिषदों में महिला नेताओं ने उन नीतियों पर अधिक निवेश किया, जिनमें महिलाओं को परवाह थी। पश्चिम बंगाल में शोधकर्ताओं द्वारा किए गए सर्वेक्षण में पाया गया कि महिलाओं ने पीने के पानी और खराब सड़कों की समस्या के बारे में पुरुषों की तुलना में अधिक शिकायतें दर्ज कीं। औसतन, महिलाओं की अध्यक्षता वाली ग्राम परिषदों ने नौ अतिरिक्त पेयजल सुविधाओं में निवेश किया और पुरुषों की अध्यक्षता वाली ग्राम परिषदों की तुलना में सड़क की स्थिति में 18 फसदी का सुधार हुआ।

इस संदर्भ में राजस्थान के नतीजों से गुजरे कल की विकट परिस्थितियों और समस्याओं की तुलना में मौजूदा स्थिति का अंदाजा लगाया जा सकता है। इस पर किए गए सर्वेक्षण में शामिल महिलाओं की सर्वोच्च प्राथमिकता में पीने के पानी की खराब पहुँच थी, जबकि पुरुषों के एक बड़े वर्ग ने खराब सड़कों की परवाह की। महिलाओं के

लिए आरक्षित ग्राम परिषदों ने औसतन अधिक पेयजल सुविधाओं में निवेश किया और सड़क की स्थिति में कम सुधार किए।

भारत में कई शक्तिशाली महिला राजनेता रही हैं, फिर भी महिला सांसदों की हिस्सेदारी वैश्विक औसत से लगातार कम रही है। संयुक्त राष्ट्र की वैश्विक लैंगिक अन्तर (ग्लोबल जेंडर गैप) रिपोर्ट के अनुसार, 146 देशों में से केवल 11 (अल्बानिया, फिनलैंड और स्पेन के नेतृत्व वाले) देशों में 50 प्रतिशत या अधिक महिलाएं मंत्री हैं। रिपोर्ट के मुताबिक, भारत में 7 प्रतिशत से भी कम महिलाएं मंत्री हैं।

यूएनडीपी के 2023 लैंगिक सामाजिक मानदण्ड सूचकांक (जेंडर सोशल नॉर्म्स इंडेक्स) में पाया गया कि भारत में लगभग हर कोई महिलाओं के प्रति किसी न किसी तरह का भेदभावपूर्ण रवैया रखता है। यह आश्चर्य की बात है कि महिलाएं पुरुषों की तुलना में घरेलू कामों में अधिक समय बिताती हैं, केवल एक-चौथाई भारतीय महिलाएँ श्रम-बल में शामिल हैं और इनमें से कई अक्सर कार्यस्थल पर लैंगिक भेदभाव का सामना करती हैं, जबकि उनकी कमाई पुरुष सहकर्मियों से कम होती है।

इस आधार पर यह माना गया है कि लैंगिक पूर्वाग्रह में योगदान देने वाली गहरी धारणाओं को बदलने के लिए केवल आरक्षण पर्याप्त नहीं हो सकता है। लेकिन सकारात्मक कार्रवाई (आरक्षण) के माध्यम से अधिक महिलाओं को सत्ता की स्थिति में लाना पुरुषों के बीच महिलाओं की धारणा को बदलने में उपयोगी हो सकता है। पश्चिम बंगाल के बीरभूम जिले के ग्राम परिषदों में किए गए ऐच्छिक मूल्याँकन के साक्ष्य इस दावे का समर्थन करते हैं। शोधकर्ताओं के मुताबिक आरक्षण नीति के कारण पुरुषों को यह एहसास हुआ कि महिलाएं नेतृत्व की भूमिकाओं में प्रभावी हो सकती हैं और उन्होंने महिलाओं को घरेलू काम से कम जोड़ना शुरू कर दिया।

निश्चित रूप से ऐसा नहीं है कि केवल पुरुष ही ऐसा सोचते हैं कि महिलाएं प्रभावी राजनेता और कारोबारी नहीं हो सकती हैं, या उन्हें सिर्फ घर की देखभाल करनी चाहिए। यूएनडीपी के 2023 लैंगिक सामाजिक मानदण्ड सूचकांक बताते हैं कि कई महिलाएं भी ऐसी भावनाएं साझा करती हैं। इसके बावजूद प्रमाण दर्शाते हैं कि लोगों में विशेष रूप से युवाओं के लैंगिक भूमिकाओं के प्रति दृष्टिकोण को बदला जा सकता है। एक प्रभावी सकारात्मक कार्रवाई के तौर पर आरक्षण नीति वास्तव में लड़कियों और उनके माता-पिता को परम्पराओं से बाहर निकलने को प्रेरित कर सकती है।

बीमैन, दुफ्लो, पांडे और टोपलोवा (2012) द्वारा बीरभूम, पश्चिम बंगाल में किए गए एक अलग अध्ययन में पाया गया कि पिछले दो चुनावों में लैंगिक आधार पर आरक्षण लागू करने वाले गाँवों में किशोर लड़कियाँ गृहिणी नहीं बनना चाहती थीं या दूसरों

द्वारा अपना व्यवसाय निर्धारित नहीं करना चाहती थीं। ऐसे गाँवों में माता-पिता की भी अपनी बेटियों के प्रति उच्च आकांक्षाएँ थीं। सबसे महत्वपूर्ण परिवर्तन व्यवसाय-संबंधी आकांक्षाओं के सन्दर्भ में था। ऐसे माता-पिता का प्रतिशत, जो यह मानते थे कि बेटी का व्यवसाय उसके ससुराल वालों द्वारा निर्धारित किया जाना चाहिए, इनका प्रतिशत 76 से घटकर 65 फीसदी हो गया।

उसी अध्ययन में शोधकर्ताओं ने पाया कि आकांक्षाओं में इस बदलाव के कारण व्यापक विकास परिणामों में बाद में सुधार आया। लगातार दो चुनावों में दिए गए आरक्षण के कारण, पहले 1998 में और फिर 2003 में, शिक्षा प्राप्ति में लैंगिक अन्तर पूरी तरह से मिट गया। जिसे स्कूल में उपस्थित रहने की सम्भावना और पढ़ने-लिखने की क्षमता के माध्यम से मापा गया। कोटा (आरक्षण) के कारण युवा लड़कियों द्वारा घरेलू काम में बिताया जाने वाला समय भी कम हुआ और पारिवारिक गतिविधियों में बिताए जाने वाले समय में लैंगिक अन्तर में 18 मिनट की गिरावट आई। शोधकर्ताओं का मानना है कि महिला नेतृत्व अन्य महिलाओं को भी अपनी नीतिगत प्राथमिकताओं के बारे में बोलने में सक्षम बना सकता है। उम्मीद जताई गई है कि आरक्षण की यह नीति एक तरह की सकारात्मक कार्रवाई की दिशा में आगे बढ़ेगी। बड़ी से बड़ी समस्या का सरल समाधान निकलाना असान होगा। भले ही लैंगिक पूर्वाग्रह जैसी स्थाई, संवेदनशील और जटिल समस्या के सरल समाधान की कमी बनी रहे।

महिला आरक्षण बिल का सफर :

भारतीय संसद का यह इकलौता बिल था, जिसे संसद में पास होने में 27 साल लग गए। इससे पहले भारतीय बॉयलर(संशोधन) विधेयक-2007 को पास होने में 13 साल लगे थे। महिला आरक्षण बिल को अंतिम रूप देने के लिए संसद का पाँच दिन का विशेष सत्र बुलाया गया था। इसकी शुरुआत संसद की पुरानी इमारत में शुरू हुई और यह सत्र संसद की नई इमारत में ख़त्म हुआ।

प्रधानमंत्री नरेंद्र मोदी ने पुराने संसद भवन में अपने अंतिम भाषण में कहा कि दोनों सदनों में अब तक 7500 से अधिक जन प्रतिनिधियों ने काम किया है, जबकि महिला प्रतिनिधियों की संख्या करीब 600 रही। नेता प्रतिपक्ष अधीर रंजन चौधरी ने पिछले 75 सालों में कांग्रेस सरकारों के कामकाज़ का लेखा-जोखा पेश करते हुए इस बिल पर भी कई अहम् बातें कहीं, तो इस दौरान सोनिया गांधी ने उन्हें महिला आरक्षण बिल की याद दिलाई थी।

महिलाओं के सदन में प्रतिनिधित्व को लेकर तभी चर्चा शुरू हो गई थी, जब इंदिरा गांधी 1975 में प्रधानमंत्री थीं। उस वक्त 'टूवर्ड्स इक्वेलिटी' नाम की एक रिपोर्ट आई थी। रिपोर्ट में हर क्षेत्र में महिलाओं की स्थिति का विवरण दिया गया था। इसमें महिलाओं के

लिए आरक्षण की भी बात कही गई थी, जबकि इस रिपोर्ट को तैयार करने वाली कमेटी के अधिकतर सदस्य आरक्षण के ख़िलाफ़ थे। वहीं महिलाएं चाहती थीं कि वह आरक्षण के रास्ते से नहीं, बल्कि अपने बलबूते पर राजनीति में आएं।

राजीव गांधी ने अपने प्रधानमंत्री काल में 1980 के दशक में पंचायत और स्थानीय निकाय चुनाव में महिलाओं को एक तिहाई आरक्षण दिलाने के लिए विधेयक पारित करने की कोशिश की थी, लेकिन राज्य की विधानसभाओं ने इसका विरोध कर दिया था। उनका कहना था कि इससे उनकी शक्तियों में कमी आ जाएगी।

पहली बार एचडी देवगौड़ा सरकार ने 81वें संविधान संशोधन विधेयक के रूप में संसद में महिला आरक्षण विधेयक पेश किया था। इसके तुरंत बाद देवगौड़ा सरकार अल्पमत में आ गई थी। उस सरकार को समर्थन दे रहे मुलायम सिंह यादव और लालू प्रसाद महिला आरक्षण बिल के विरोध में थे।

जून 1997 में फिर इस विधेयक को पारित कराने का प्रयास हुआ था। तब शरद यादव ने विधेयक का विरोध करते हुए कहा था, "परकटी महिलाएं हमारी महिलाओं के बारे में क्या समझेंगी और वो क्या सोचेंगी!"

1998 में 12वीं लोकसभा में अटल बिहारी वाजपेयी की एनडीए की सरकार आई। इसके क़ानून मंत्री एन थंबीदुरई ने महिला आरक्षण बिल को पेश करने की कोशिश की। लेकिन सफलता नहीं मिली। एनडीए सरकार ने 13वीं लोकसभा में 1999 में दोबारा महिला आरक्षण बिल को संसद में पेश करने की कोशिश की, लेकिन सफलता नहीं मिली। वाजपेयी सरकार ने 2003 में एक बार फिर महिला आरक्षण बिल पेश करने की कोशिश की, लेकिन प्रश्नकाल में ही जमकर हंगामा हुआ और बिल पारित नहीं हो पाया।

एनडीए सरकार के बाद सत्तासीन हुई यूपीए सरकार ने 2010 में महिला आरक्षण बिल को राज्यसभा में पेश किया। लेकिन सपा-राजद ने सरकार से समर्थन वापस लेने की धमकी दी। इसके बाद बिल पर मतदान स्थगित कर दिया गया। बाद में नौ मार्च 2010 को राज्यसभा ने महिला आरक्षण बिल को एक के मुकाबले 186 मतों के भारी बहुमत से पारित किया। जिस दिन यह बिल पारित हुआ उस दिन मार्शल्स का इस्तेमाल हुआ।

संसद में इस बिल को एचडी देवगौड़ा की सरकार ने पहली बार 12 सितंबर, 1996 को 81वें संविधान संशोधन विधेयक के रूप में पेश किया था, लेकिन पारित नहीं हो पाया था।

बिल में संसद और राज्यों की विधानसभाओं में महिलाओं के लिए 33 फ़ीसदी आरक्षण का प्रस्ताव था। तब इस 33 फीसदी आरक्षण के भीतर ही अनुसूचित जाति

(एससी), अनुसूचित जनजाति (एसटी) के लिए उप-आरक्षण का प्रावधान था, लेकिन अन्य पिछड़ा वर्ग के लिए आरक्षण का प्रावधान नहीं था।

उस नब्बे के दशक में भारतीय राजनीति उथल-पुथल के दौर से गुजर रही थी। विभिन्न वैचारिक सिद्धांतों को लेकर क्षेत्रीय देलों की केंद्र की राजनीति में दखल होने के चलते केंद्र से लेकर राज्यों तक में भी अस्थिर सरकारों का दौर था। देवगौड़ा की सरकार में भी अस्थिरता बनी हुई थी। उनके कार्यकाल पूरा होने से पहले ही गिर जाने के बाद कई दलों के सहयोग से बनी अटल बिहारी वाजपेयी की सरकार आई। इस सरकार ने 1998 में लोकसभा में फिर से महिला आरक्षण बिल को पेश किया। कई दलों के सहयोग से चल रही वाजपेयी सरकार को इसको लेकर विरोध का सामना करना पड़ा। इस वजह से बिल पारित नहीं हो सका। उसके बाद वाजपेयी सरकार ने इसे 1999, 2002 और 2003-2004 में भी पारित कराने की कोशिश की। लेकिन सफलता नहीं मिल पाई।

बीजेपी सरकार जाने के बाद 2004 में कांग्रेस के नेतृत्व में यूपीए सरकार सत्ता में आई और डॉक्टर मनमोहन सिंह प्रधानमंत्री बने। यूपीए सरकार ने 2008 में इस बिल को 108वें संविधान संशोधन विधेयक के रूप में राज्यसभा में पेश कर दिया। वहां यह बिल नौ मार्च 2010 को भारी बहुमत से पारित हो गया। तब बिल को बीजेपी, वाम दलों और जेडीयू का समर्थन मिला था।

किंतु इस बिल को यूपीए सरकार लोकसभा में पेश नहीं कर पाई, कारण इसका विरोध करने वालों में समाजवादी पार्टी और राष्ट्रीय जनता दल शामिल थीं। इनमें समाजवादी पार्टी ने यूपीए को बाहर से समर्थन दे रखा था। इस वजह से कांग्रेस आशंकित हो गई थी कि अगर उसने बिल को लोकसभा में पेश कर दिया तो उसकी सरकार ख़तरे में पड़ सकती है।

साल में 2008 में इस बिल को क़ानून और न्याय संबंधी स्थायी समिति को भेजा गया था। इसके दो सदस्य वीरेंद्र भाटिया और शैलेंद्र कुमार समाजवादी पार्टी के थे।

इन दोनों दलों का कहना था कि वे महिला आरक्षण के विरोधी नहीं हैं, लेकिन बिल के मसौदे से सहमत नहीं हैं। इन दोनों ने सिफ़ारिश की थी कि हर राजनीतिक दल अपने 20 फ़ीसदी टिकट महिलाओं को दें और महिला आरक्षण 20 फ़ीसदी से अधिक नहीं हो।

साल 2014 में लोकसभा भंग होने के बाद यह बिल अपने आप ख़त्म हो गया, लेकिन राज्यसभा स्थायी सदन है, इसलिए यह बिल बना हुआ था। इसलिए इसे लोकसभा में नए सिरे से पेश करना पड़ा।

साल 2014 में सत्ता में आई बीजेपी सरकार ने अपने पहले कार्यकाल में इस बिल की तरफ़ भले ही ध्यान नहीं दिया, लेकिन नरेंद्र मोदी सरकार ने अपने दूसरे कार्यकाल में इसे पेश करने का मन बना लिया। वैसे बीजेपी 2014 और 2019 के चुनाव घोषणा पत्र में

33 फ़ीसदी महिला आरक्षण का वादा कर चुकी थी। साथ ही कांग्रेस संसदीय दल की नेता सोनिया गांधी ने 2017 में प्रधानमंत्री को चिट्ठी लिखकर इस बिल पर सरकार का साथ देने का आश्वासन दिया था।

इस समर्थन को कांग्रेस अध्यक्ष बनने के बाद राहुल गांधी ने भी 16 जुलाई 2018 को प्रधानमंत्री को पत्र लिखकर पार्टी दोहरा दिया था।

किस बिल को कितना समय

बॉयलर (संशोधन) विधेयक 2017 : इस बिल को कानून बनने में 13 वर्ष लग गए। इसे 12 दिसंबर 2017 को स्वीकृति मिली, जबकि यह संसद में पहली बार 1994 में ही पेश किया गया था।

दंड प्रक्रिया संहिता (संशोधन) विधेयक : इस बिल को भी कानून का दर्जा हासिल करने में 11 वर्ष का समय लग गया। दंड प्रक्रिया संहिता (संशोधन) विधेयक, 2005 में पहली बार 09 मई 1994 को प्रस्तुत किया गया और 23 जून, 2005 को स्वीकृत हुआ।

भारतीय रेलवे (संशोधन) विधेयक, 1953 : पारित होने में देरी वाले अन्य दिलचस्प विधेयकों में यह बिल भी है। यह पहली बार राज्यसभा में 9 जनवरी 1953 को पारित हुआ, लेकिन लोकसभा ने 3 वर्ष 8 महीने के अंतराल के बाद 25 अगस्त 1956 को विधेयक पारित किया तथा स्वीकृति की मान्यता 16 सितंबर,1956 को मिल पाई।

धन शोधन निवारण विधेयक, 1999 : मनीलौंड्रिंग बिल का भी कमोबेस कुछ यही हाल हुआ। लोकसभा में यह 12 फरवरी 1999 को पारित हुआ, लेकिन राज्यसभा में 3 वर्ष 5 महीने के अंतराल के बाद 25 जुलाई 2002 को पारित हो पाया। इसे 17 जनवरी, 2003 को स्वीकृति मिल पाई।

सार्वजनिक परिसर (अनधिकृत अधिभोगियों की बेदखली) (संशोधन) विधेयक, 1993: काफी समय लेने वाला यह विधेयक दोनों सदनों में 16 जुलाई, 1992 को पारित किया गया, लेकिन इसे 2 वर्ष बाद यानी 7 जनवरी, 1994 को स्वीकृति मिली।

अध्याय-6

महिलाओं का कृषि में सशक्तिकरण

कृषि प्रधान देश भारत में स्त्री शक्ति को नजरंदाज नहीं किया जा सकता है। खेती-किसानी की बड़ी जिम्मेदारी ग्रामीण महिलाएं ही संभालती है, जो उनके सशक्तिकरण के बगैर कतई संभव नहीं। हालांकि भारत में महिलाओं का भूमि स्वामित्व पुरुषों की तुलना में मात्र 14 प्रतिशत ही है। भारत सरकार द्वारा नीतिगत उपायों, मजबूत शासन और नवीन प्रोत्साहन संरचनाओं के जरिए कृषि-कार्य से जुड़ी माहिलाओं के लिए एक सक्षम वातावरण बनाया जा रहा है। कृषि में भारत एक व्यापक बदालव के दौर से गुजर रहा है। अनाज उत्पादन से लेकर दूसरे कई उत्पादों में हमारी तरक्की एक मिशाल बन चुकी है। अनाज में गेहूं, चावल, दलहन आदि से लेकर कैश क्रॉप गन्ना, मसाले, चाय आदि में हमसे कोई टक्कर नहीं ले सकता है, तो हमने श्वेत क्रांति के तहत दूध उत्पादन में असाधारण सफलता हासिल कर ली है। यह सब महिलाओं की मजबूत भागीदारी को दर्शाता है।

इस संदर्भ में केंद्र सारकार ने महिलाओं के आर्थिक सशक्तिकरण को लेकर कई नीतियां बनाई हैं। जरूरत के मुताबिक योजनाएं बनाई है और सरकार का मुख्य फोकस "नारी-शक्ति" और "महिला-नेतृत्व वाले विकास" पर रहा है। ग्रामीण महिलाओं में लैंगिक समानता और समान अवसर के महत्व को रेखांकित करता है। ताकि परंपरागत रूप से पुरुष प्रधान कृषि क्षेत्र में महत्वपूर्ण भूमिका निभाने वाली तमाम महिलाओं को न केवल आर्थिक सपन्नता मिल सके, बल्कि उन्हें हाशिए से हटाकर शहरी कामकाजी महिला की तरह मुख्य धारा में लाई जा सके। परंपरागत रूप से भूमि एक पुरुष-प्रधान क्षेत्र रहा है, जिसे मुख्य रूप से धन-सृजन करने वाली संपत्ति के रूप में देखा जाता है।

अमूमन हर गांव-कस्बे का पुरुष बेहतर आर्थिक मौके के लिए रोजगार-कारोबार की तलाश में शहरों की ओर जाने के कारण परिवार की खेतीहर जमीन पर खेती करने की

जिम्मेदारी घर की महिलाओं पर आ गई है। आर्थिक संपत्ति होने से यह भूमि परिवारों की खाद्य सुरक्षा सुनिश्चित करने का एक साधन बन गई है। उनकी इन्हीं ज़िम्मेदारियों में सरकार की योजनाएं जब सहायक बनकर सामने आईं, तब महिलाओं के समृद्धी की गाथाएं लिखी जाने लगी। सरकार द्वारा लक्ष्य निर्धारित किया गया कि महिलाओं के निर्णय लेने से लेकर आर्थिक पिछड़ापन दूर करने में कोई कमी न रहने पाए। अधिकतर महिलओं के पास अभी भी फ़सलों या पशुधन पर निर्णय लेने की शक्ति या कृषि उत्पादन में स्वायत्तता नहीं है। इस दृष्टिकोण में समग्र बदलाव की आवश्यकता महसूस की गई, ताकि महिलाएं खुद को मूल किसानों के बजाय व्यावसायिक किसानों के रूप में देखें, जो मुख्य रूप से देखभाल की ज़िम्मेदारियों को पूरा करने के लिए खेती करती हैं।

कृषि में महिलाओं को सशक्त बनाने के लिए उन्हें भूमि, उपकरण और आय जैसे संसाधनों तक पहुँच और नियंत्रण की आवश्यकता को पूरा करने के हर संभव प्रयास जारी है। महिलाओं को व्यावसायिक खेती में शामिल करने की आवश्यकता को स्वीकार करते हुए सरकारें विभिन्न नीतिगत पहलों के माध्यम से कृषि और सामुदायिक प्लेटफ़ॉर्म को एकीकृत कर रही हैं। इनमें स्वयं सहायता समूह (एसएचजी) और किसान-उत्पादक संगठन (एफपीओ) कृषि में महिलाओं की आर्थिक भागीदारी को प्रोत्साहित करने के लिए प्रमुख प्लेटफ़ॉर्म हैं।

इनके तहत बिहार में जीविका कार्यक्रम, मध्य प्रदेश में महिला लखपति योजना और राष्ट्रीय ग्रामीण आजीविका मिशन के तहत महिला किसान सशक्तिकरण परियोजना, स्वयं सहायता समूहों को लाभ पहुँचाने वाले कार्यक्रमों के उदाहरण हैं। इसी तरह, विकास एजेंसियों और नीति निर्माताओं द्वारा एफपीओ को बढ़ावा देने से देश भर में कुछ महिलाओं के नेतृत्व वाले एफपीओ का गठन किया गया है। महिलाओं को आर्थिक रूप से सशक्त बनाने के लिए सरकार की कृषि विस्तार सेवाएं, कौशल विकास और ऋण तक पहुंच इन सामुदायिक प्लेटफार्मों के माध्यम से प्रदान की जाती है। इसके अलावा, केंद्र सरकार की महत्वपूर्ण जनधन योजना से बैंक खातों तक पहुँच में सुधार कर महिलाओं को वित्तीय समावेशन के दायरे में सफलतापूर्वक लाना संभव हो पाया है।

फिर भी सरकार का मानना है कि महिलाओं को सशक्त बनाने की यात्रा तब तक अधूरी है जब तक कि उनके भूमि अधिकारों का सही तरीके से मूल्यांकन और प्रवर्तन नहीं किया जाता। इस सच से इनकार नहीं किया जा सकता कि भूमि स्वामित्व महिलाओं को वित्तीय सुरक्षा, आश्रय, आय और आजीविका के अवसर प्रदान करता है। भूमि स्वामित्व जलवायु प्रभाव के प्रति लचीलापन भी बनाता है, क्योंकि सुरक्षित भूमि अधिकार मृदा

संरक्षण जैसे दीर्घकालिक निवेशों के लिए प्रोत्साहन पैदा करते हैं। सतत विकास लक्ष्यों ने भी महिलाओं के भूमि अधिकारों की स्थिति पर नज़र रखने की आवश्यकता पर जोर दिया है।

भारत में महिलाओं की भूमि स्वामित्व की दर मात्र 14 प्रतिशत है, जिसे एक बड़ी बाधा के नजरिए से देखा जा रहा है। सरकार का मानना है कि यह महिलाओं की आर्थिक स्वतंत्रता को सीमित करता है, क्योंकि अधिकतर महिलाएं किसानों को लक्षित करने वाले सरकारी सहायता कार्यक्रमों से स्वत: बाहर रह जातीं हैं। जैसे कि किसान क्रेडिट कार्ड, मुआवज़ा चेक, समर्पित विस्तार सेवाएँ और सब्सिडी योजनाओं के माध्यम से क्रेडिट कार्ड तक पहुँच और संचालन में उन्हें परिवार के पुरुष वर्ग पर ही आश्रित रहना पड़ता है।

भारत में भूमि अधिकार को लेकर दो कानून हैं। पहला हिंदू उत्तराधिकार संशोधन अधिनियम-2005 है, जिनसे बेटियों को उनके माता-पिता की संपत्ति में समान अधिकार मिल जाता है। दूसरा कानून अनुसूचित जनजाति और अन्य पारंपरिक वनवासी (वन अधिकारों की मान्यता) अधिनियम-2006 है, जिसे वन अधिकार अधिनियम 2006 के रूप में भी जाना जाता है। यह कानून वनवासियों के वन भूमि और संसाधनों के अधिकारों को मान्यता देता है और महिलाओं को पुरुषों के साथ भूमि का संयुक्त मालिक होने में सक्षम बनाता है।

कहने को तो ये पितृसत्तात्मक समाज में पथ-प्रदर्शक कानून हैं, लेकिन इनका जमीनी स्तर पर क्रियान्वयन कमजोर होने से कृषि में परिवर्तनकारी बदलाव के लिए सरकार की नीतिगत पहल के तहत योजनाओं को धरातल पर लाने में मुश्किलों का सामना करना पड़ता है।

कई राज्यों की सरकारों ने 'भूमि परियोजना' जैसे कार्यक्रम चलाकर इससे निपटने के कार्य किए हैं। जैसे तेलंगाना और आंध्र प्रदेश जैसे राज्यों में महिलाओं के नाम पर भूमि वितरित की गई, कृषि भूमि की खरीद के लिए महिलाओं को रियायती ऋण और महिलाओं के नाम पर पट्टे या भूमि के शीर्षक जारी किए गए। ऐसा ही कुछ पश्चिम बंगाल सरकार ने भी किया। पश्चिम बंगाल राज्य ग्रामीण आजीविका मिशन के माध्यम से महिला भूमि साक्षरता कार्यक्रम शुरू किया। जिससे महिलाओं के सशक्तिकरण में सहुलियत आई। महिलाओं को उनके भूमि अधिकारों के बारे में समझने में मदद करना और उन्हें अपने दावों को मुखर करने के लिए सशक्त बनाने की प्रक्रिया एक अच्छी शुरूआत बन गई।

ग्रामीण महिलाओं के बूते ही कृषि क्रांति :

यह कहना गलत नहीं होगा कि नए और विकसित राष्ट्र की ओर अग्रसर भारत में कृषि क्रांति की कुंजी ग्रामीण महिलाएं ही हैं। इस बारे में नीती आयोग के वरिष्ठ सलाहकार डॉ. नीलम पटेल और और आयोग में वरिष्ठ सहयोगी डॉ. तनु सेठी द्वारा कृषि के लिए किया गया ग्रामीण महिलाओं के योगदान का आकलन बहुत हद तक सही प्रतीत होता है। उनका कहना है कि ग्रामीण महिलाएं 'नए भारत' के लिए सामाजिक, आर्थिक और पर्यावरण परिवर्तन की मशाल वाहक हैं। भारत की कृषि में लगभग 80 प्रतिशत ग्रामीण महिलाएं कार्यरत हैं। कृषि में ग्रामीण महिलाएं कार्यबल को सशक्त और मुख्यधारा में ला सकती हैं, जिससे आर्थिक विकास की दिशा में व्यापक बदलाव लाया जा सकता है। यही बदलाव खाद्य और पोषण सुरक्षा को बढ़ाएगा और गरीबी और भुखमरी को कम करने वाला भी सबित होगा। यह 2030 तक सतत विकास लक्ष्यों को प्राप्त करने के लिए एक जीत की रणनीति है।

आजादी के बाद अब देश प्रगतिशील 75 वर्षों का जश्न मनाते हुए 'आजादी का अमृत महोत्सव' के साथ महिलाओं को "सशक्त महिला-सशक्त राष्ट्र" के रूप में प्रमाणित करने के मिशन को बढ़ावा दे रहा है। भारत एक कृषि प्रधान अर्थव्यवस्था है, जिसमें कुल कार्यबल का लगभग 54.6 प्रतिशत कृषि और संबद्ध क्षेत्र की गतिविधियों (जनगणना 2011 के अनुसार) में ग्रामीण महिलाओं के लिए कार्यबल भागीदारी की दर शहरी महिलाओं की 35.31 प्रतिशत भागीदारी दर (सांख्यिकी और कार्यक्रम कार्यान्वयन मंत्रालय, 2017) के मुकाबले 41.8 प्रतिशत अधिक है। भारत में महिलाओं के समग्र विकास, सामाजिक-आर्थिक और स्वास्थ्य सुरक्षा को सक्षम बनाने के लिए सुधारों को रेखांकित किया गया है। आजीविका के अवसर और भुगतान वाले रोजगार में जुड़ाव पैदा करके समाज में ग्रामीण महिलाओं की स्थिति में सुधार करने के लिए कई सरकारी प्रमुख योजनाएं और कार्यक्रम शुरू किए गए हैं। उनमें प्रधानमंत्री रोजगार सृजन कार्यक्रम (पीएमईजीपी), राष्ट्रीय आजीविका मिशन, दीन दयाल उपाध्याय ग्रामीण कौशल योजना (डीडीयू-जीकेवाई), प्रधानमंत्री कौशल विकास योजना (पीएमकेवीवाई), बेटी बचाओ बेटी पढ़ाओ, प्रधानमंत्री मातृ वंदना योजना (पीएमएमवीवाई) आदि जैसी विभिन्न योजनाओं ने भारत में महिलाओं को लैंगिक समानता और सामाजिक-आर्थिक सशक्तीकरण बनाने में महत्वपूर्ण योगदान दिया है।

अब ग्रामीण महिलाओं को सरकारी लाभार्थी योजनाओं के माध्यम से शिक्षा, उत्पादक संसाधनों, क्षमता निर्माण, कौशल विकास, स्वास्थ्य सुविधाओं और विविध

आजीविका के अवसरों तक पहुंच कायम करने में सफलता पाई है। कृषि क्षेत्र में ग्रामीण महिला कार्यबल ग्रामीण समुदायों में कृषि और संबद्ध क्षेत्र आजीविका का प्राथमिक स्रोत हैं, जिसमें सभी आर्थिक रूप से सक्रिय महिलाओं का 80 प्रतिशत शामिल है। इनमें से 33 प्रतिशत कृषि श्रमबल का गठन करते हैं और 48 प्रतिशत स्वरोजगार वाले किसान हैं। ग्रामीण महिलाएं कृषि मूल्य श्रृंखला के सभी स्तरों पर लगी हुई हैं। यानी कि वे उत्पादन-फसल पूर्व, फसल कटाई के बाद प्रसंस्करण, पैकेजिंग, कृषि में उत्पादकता बढ़ाने के लिए विपणन।

पिंगली एट अल(2019) के अनुसार, समय के साथ कृषि क्षेत्र में काम करने वाली महिलाओं और पुरुषों का अनुपात बढ़ा है। प्रति व्यक्ति सकल घरेलू उत्पाद में अधिक योगदान दिया है। वे टिकाऊ खाद्य प्रणाली (एफएओ, 2011) के लिए महत्वपूर्ण जनसांख्यिकीय समूह हैं। यह अनुमान लगाया गया है कि महिला-उन्मुख सुधार, संसाधनों तक समान पहुंच सुनिश्चित करना है, जिसकी कौशल विकास और कृषि में अवसर के संदर्भ में 26 दिसंबर 2021 को कुरुक्षेत्र में आत्मनिर्भर भारत के तहत इसकी घोषणा की गई थी। तब कहा गया था कि कृषि विकास और ग्रामीण सेवाओं के समान प्रावधान में शामिल महिलाओं को मुख्यधारा में लाने के लिए धनराशि आवंटित की गई है।

कृषि में लैंगिक मुख्य धारा : प्रधानमंत्री के आत्मनिर्भर भारत के दृष्टिकोण के अनुसार भारत सरकार ने कृषि और संबद्ध क्षेत्र में शामिल ग्रामीण महिलाओं को संसाधनों/योजनाओं तक पहुंच प्रदान करने के लिए 'कृषि में लैंगिक मुख्य धारा' के एजेंडे को प्राथमिकता दी है । ग्रामीण महिलाओं की भागीदारी को मुख्य धारा में लाने के लिए कृषि और किसान कल्याण विभाग द्वारा विशेष लाभार्थी-उन्मुख योजनाएं शुरू की गई हैं। ये विशेष योजनाएं राज्यों और अन्य कार्यान्वयन एजेंसियों को महिला किसानों पर कम से कम 30 प्रतिशत व्यय करने का प्रावधान करती हैं। महिला किसानों के बीच कौशल विकास और क्षमता निर्माण के लिए, कृषि और किसान कल्याण मंत्रालय और ग्रामीण विकास मंत्रालय की योजनाओं के तहत विभिन्न कौशल-प्रशिक्षण दिए जा रहे हैं। देश भर में राष्ट्रीय प्रशिक्षण संस्थानों, राज्य कृषि प्रबंधन और विस्तार प्रशिक्षण (एसएएमईटीआई), कृषि विज्ञान केंद्रों (केवीके) और राज्य कृषि विश्वविद्यालयों (एसएयू) के माध्यम से महिला किसानों के लिए कृषि और संबद्ध क्षेत्रों में कम से कम 200 घंटे की अवधि का कौशल प्रशिक्षण पाठ्यक्रम भी संचालित किए जा रहे हैं। यह सब कृषि और किसान कल्याण मंत्रालय द्वारा साल 2021 से शुरू किए जा चुके हैं।

इस बारे में मंत्रालय ने दावा किया है कि बढ़ते नारीकरण और महिला-समर्थक पहलों के साथ, देश में महिला परिचालन जोत का प्रतिशत 2010-11 के दौरान 12.78 प्रतिशत से बढ़कर 2015-16 के दौरान 13.78 प्रतिशत हो गया। कई किसान महिला खाद्य सुरक्षा समूह, कृषि में महिलाओं से संबंधित महत्वपूर्ण जोर देने वाले क्षेत्र में मैक्रो/माइक्रो स्तर का अध्ययन कर रहे हैं, राष्ट्रीय स्तर पर प्रशिक्षण कार्यक्रमों के माध्यम से लिंग सीखने पर लिंग संवेदीकरण मॉड्यूल का वितरण कर रहे हैं।

क्षेत्र और राज्य स्तर पर महिला अनुकूल उपकरणों/प्रौद्योगिकियों का संकलन और दस्तावेजीकरण, फार्म महिला अनुकूल पुस्तिका और महिला किसानों की सर्वोत्तम प्रथाओं/सफलता की जानकारियों का संकलन आदि कृषि और किसान कल्याण मंत्रालय द्वारा किए गए हैं।

महिला किसानों को सशक्त बनाने की दिशा में कौशल और क्षमता निर्माण भारत सरकार की कई अंतर-मंत्रालयी पहल की गई है। इनसे महिला किसानों को अपनी आजीविका, सामाजिक और आर्थिक लाभ बढ़ाने के लिए संसाधनों तक पहुंच प्राप्त करने में मदद मिली है। कृषि और किसान कल्याण मंत्रालय और ग्रामीण विकास मंत्रालय ने विभिन्न योजनाओं के माध्यम से ग्रामीण महिला किसानों की भागीदारी को प्रोत्साहित किया है। इसके लिए ग्रामीण महिलाओं के लिए कौशल विकास और क्षमता निर्माण कार्यक्रम प्रदान करने के लिए ग्रामीण विकास मंत्रालय द्वारा महिला किसान सशक्तिकरण परियोजना (एमकेएसपी) योजना शुरू की गई थी। डीएवाई-एनआरएलएम योजना के तहत, सामुदायिक संसाधन व्यक्तियों और विस्तार एजेंसियों के माध्यम से महिला किसानों को नवीनतम कृषि, संबद्ध तकनीकों, कृषि-पारिस्थितिकी सर्वोत्तम प्रथाओं के उपयोग पर प्रशिक्षण दिया जाने लगा।

कृषि और किसान कल्याण मंत्रालय द्वारा किचन गार्डनिंग और पोषण बागवानी द्वारा घरेलू खाद्य सुरक्षा, कम/न्यूनतम लागत वाले आहार का डिजाइन और विकास, उच्च पोषक दक्षता वाले आहार के लिए डिजाइन और विकास, प्रसंस्करण और खाना बनाना, एसएचजी के माध्यम से महिला को मुख्यधारा में लाना, भंडारण हानि न्यूनीकरण तकनीक, मूल्य संवर्धन, महिला सशक्तीकरण, स्थान विशिष्ट कठिन परिश्रम में कमी लाने वाली तकनीकें, ग्रामीण शिल्प और महिला और बाल देखभाल जैसे विषयों पर विशिष्ट महिला किसान प्रशिक्षण कार्यक्रम विस्तार निकायों के माध्यम से आयोजित किए जाते हैं।

इन प्रशिक्षण कार्यक्रमों ने ग्रामीण महिलाओं के लिए आजीविका के नए अवसरों के रास्ते खोले हैं। कृषि क्षेत्र में महिलाओं की भागीदारी बढ़ाने के लिए आईसीएआर केंद्रीय

महिला कृषि संस्थान, भुवनेश्वर द्वारा कृषि क्षेत्र में महिलाओं की भागीदारी को सुव्यवस्थित करने, प्रौद्योगिकी परीक्षण और शोधन, लिंग संवेदनशील विस्तार दृष्टिकोण और कमी आदि में नए हस्तक्षेपों की शुरुआत पर समानांतर शोध परियोजनाएं चलाई जा रही हैं। पिछले कुछ वर्षों में प्रशिक्षण सत्रों में ग्रामीण महिलाओं की भागीदारी 27 गुना तक बढ़ गई है। साथ ही, इन प्रशिक्षणों और जागरूकता शिविरों के माध्यम से लिंग-विशिष्ट हस्तक्षेप और इसके अपनाने को प्रोत्साहित किया जाता है। दीनदयाल अंत्योदय योजना-राष्ट्रीय ग्रामीण आजीविका मिशन (DAY-NRLM) के तहत 735 राज्य स्तरीय संसाधन व्यक्तियों द्वारा लगभग 58,295 कृषि सखियों को प्रशिक्षित किया गया और KvK द्वारा आयोजित विशेष महिला कृषि प्रशिक्षण में 1.23 लाख महिला किसानों ने भाग लिया।

कौशल विकास और उद्यमिता मंत्रालय द्वारा कार्यान्वित प्रधानमंत्री कौशल विकास योजना (PMKvY) ग्रामीण युवाओं और महिलाओं को अपनी आजीविका कमाने के लिए कई छोटी अवधि के कौशल प्रशिक्षण कार्यक्रम जैसे अल्पकालिक प्रशिक्षण (STT) और पूर्व शिक्षा की मान्यता (RPL) आदि प्रदान करती है। सरकारी योजनाएं जैसे दीन दयाल उपाध्याय ग्रामीण कौशल योजना (DDU-GKY) साथ ही, किसान उत्पादक संगठन (एफपीओ) और महिला स्वयं सहायता समूहों (एसएचजी) ने ग्रामीण महिलाओं के बीच इन कार्यक्रमों के प्रसार में महत्वपूर्ण भूमिका निभाई है।

महिला एवं बाल विकास मंत्रालय द्वारा विकसित महिला शक्ति केंद्र (एमएसके) ने सामुदायिक भागीदारी और बालिका शिक्षा, मातृ देखभाल और स्वास्थ्य आदि के बारे में जागरूकता बढ़ाकर ग्रामीण महिलाओं को सशक्त बनाया है। बायोटेक-कृषि नवाचार विज्ञान अनुप्रयोग नेटवर्क (बायोटेक-किसान) कार्यक्रम जैव प्रौद्योगिकी विभाग (डीबीटी) द्वारा शुरू किया गया था, जो उत्तर पूर्व क्षेत्र के किसानों को वैज्ञानिक समाधान प्रदान करता है ताकि उपलब्ध नवीन कृषि तकनीकों को क्षेत्र के छोटे और सीमांत किसानों, विशेष रूप से महिला किसानों के साथ खेत से जोड़ा जा सके। यह सब विज्ञान और प्रौद्योगिकी मंत्रालय के तहत संभव हो पाया है।

सामाजिक सशक्तिकरण के लिए सुधार : सबका साथ, सबका विकास कार्यबल में ग्रामीण महिलाओं की भागीदारी को सुरक्षा, संरक्षा, अच्छा स्वास्थ्य, शिक्षा, कौशल विकास और समान अधिकार प्रदान करके प्रोत्साहित किया जा सकता है। इस अनुसरण में बेटी बचाओ बेटी पढ़ाओ योजना ने लिंग भेदभाव को खत्म करने और जन्म के समय लिंग अनुपात में सुधार की दिशा में एक महत्वपूर्ण जन-आंदोलन अभियान प्रदान किया है। सुकन्या समृद्धि योजना के तहत लड़कियों के अधिकारों और उच्च शिक्षा के अवसरों

को बढ़ावा दिया गया। महिलाओं के समग्र सशक्तिकरण और बच्चों के विकास के लिए विभिन्न योजनाएं/कार्यक्रम जैसे बेटी बचाओ बेटी पढ़ाओ, प्रधानमंत्री मातृ वंदना योजना (पीएमएमवीवाई), किशोरियों के लिए योजना, प्रधानमंत्री महिला शक्ति केंद्र योजना, राष्ट्रीय क्रेच योजना, राष्ट्रीय महिला कोष (आरएमके), स्वाधार गृह, उज्ज्वला योजना, महिला एवं बाल विकास मंत्रालय द्वारा पूरे देश में वन स्टॉप सेंटर (ओएससी), महिला हेल्पलाइन (डब्ल्यूएच) और जेंडर बजटिंग योजना का क्रियान्वयन किया जाता है। इन योजनाओं को अब "मिशन शक्ति" (महिला एवं बाल विकास मंत्रालय, 2021) के रूप में नई अम्ब्रेला योजना में एकीकृत किया गया है। मिशन शक्ति के तहत योजना कार्यान्वयन रणनीति में महिला सशक्तीकरण के लिए राष्ट्रीय, राज्य और जिला स्तरीय हब, महिला हेल्पलाइन, वन स्टॉप सेंटर, सखी निवास या कामकाजी महिला छात्रावास, शक्ति सदन या निराश्रित और परेशान महिलाओं के लिए घर, क्रेच आदि जैसे घटक शामिल किए गए हैं।

प्रधानमंत्री उज्ज्वला योजना (पीएमयूवाई), स्वच्छ विद्यालय अभियान, स्वच्छ भारत अभियान के तहत शौचालय की स्थापना आदि पहल ग्रामीण महिलाओं में आत्मविश्वास पैदा कर रही हैं। राजनीति में भागीदारी के लिए 33 प्रतिशत आरक्षण राजनीतिक महिला सशक्तीकरण के लिए महत्वपूर्ण सुधार है और उन्हें महान नेता के रूप में उभरने में सहायता प्रदान करने वाला है। आज, स्थानीय महिलाएं गांव और जिला स्तर पर 43 प्रतिशत सीटों पर काबिज हैं। भारत ने ग्रामीण क्षेत्रों में बैंकिंग पहुँच बढ़ाने में एक महत्वपूर्ण पहल की है। प्रधानमंत्री जन-धन योजना (पीएमजेडीवाई) के माध्यम से वित्तीय समावेशन और बैंकिंग तक पहुँच ने ग्रामीण महिलाओं की आर्थिक गतिविधियों में भागीदारी के आत्मविश्वास और संभावनाओं को बढ़ाया है।

अध्याय-7

ड्रोन दीदी से कृषि में योगदान

उत्तर प्रदेश में सीतापुर जिले की रहने वाली सुनीता देवी अब 'ड्रोन दीदी' कहलाती हैं। आर्थिक तंगी से संघर्ष, परिवार चलाने में अनगिनत परेशानियों को परे ढकेलकर वह अब अलग पहचान बनने में सफल हो गई है। आज पूरे देश में सुनीता को 'ड्रोन दीदी' के रूप में जाना जाता है।

यह संभव हुआ ड्रोन दीदी स्कीम से, जिसे वित्त मंत्री निर्मला सीतारमण ने साल 2024 के अंतरिम बजट पेश करते हुए ड्रोन दीदी स्कीम के लिए बड़ा ऐलान किया था। उन्होंने इस स्कीम के लिए आवंटन में ढाई गुने की बढ़ोतरी की और सरकार से स्कीम को 500 करोड़ रुपए मिले। इस स्कीम का फोकस महिलाओं को सशक्त और आत्मनिर्भर बनाना है। इस योजना का उद्देश्य 15,000 चयनित महिला स्वयं सहायता समूहों को ड्रोन उपलब्ध करवाना है।

वैसे ड्रोन दीदी स्कीम की शुरुआत 2022 में पीएम मोदी ने की थी। साल 2024 के सितंबर माह में इलेक्ट्रानिक्स मीडिया के कार्यक्रम में सुनीता को अपनी बात रखने का मौका मिला था। तब उन्होंने अपनी जीवन गाथा बताई और ड्रोन दीदी बनने के अपने सफर के बारे में विस्तार से जानकारी दी।

सुनीता देवी ने बताया—

"जब मैं ड्रोन पायलट नहीं थी, तो लोग कहते थे कि तुम ड्रोन नहीं उड़ा सकती हो। तब हमने कहा कि क्यों नहीं उड़ा सकती? तो उन्होंने कहा कि तुम इतनी दुबली-पतली हो ड्रोन कैसे उड़ाओगी? कुछ लोगों ने ये भी कहा कि इतना बड़ा ड्रोन उड़ाओगी तो तुम खुद ही इसके पीछे उड़ जाओगी । तो हम कहते थे कि देखते रहो कैसे उड़ाते हैं।"

और फिर सुनीता ने बताया कि ड्रोन का वजन 25 किलोग्राम होता है। उसे इसके बारे में जानकारी कृषि विज्ञान केंद्र से मिली। इसका इस्तेमाल तब बहुत जरूरी हो जाता है जब बारिश के दिनों में किसानों को खेतों में जाने में दिक्कतें आती हैं। ऐसे में ड्रोन मध्यम वर्ग

के किसानों के लिए काफी काम आ सकता है। खेत के किनारे खड़े होकर वह ड्रोन से काम कर लेती है। किसानों की मदद करने वाली इस नमो ड्रोन स्कीम की कमान महिलाओं के हाथों में सौंपी गई है। इसके तहत एक लाख महिलाओं को अगले 5 सालों में प्रशिक्षित किया जाना है। इस योजना को देशभर में लागू करने की जिम्मेदारी कृषि विज्ञान केंद्रों (केवीके) को सौंपी गई है।

नमो ड्रोन दीदी योजना के तहत महिलाओं को ड्रोन उड़ाने, डेटा विश्लेषण और ड्रोन के रखरखाव के बारे में ट्रेनिंग दी जाती है। उन्हें ड्रोन का इस्तेमाल करके अलग-अलग कृषि कार्यों के लिए भी प्रशिक्षित किया जाता है। इनमें फसलों की निगरानी, कीटनाशकों और उर्वरकों का छिड़काव और बीज बुआई शामिल है। ड्रोन दीदी स्कीम के कई फायदे गिनाए गए हैं। इसके जरिये महिलाओं को सशक्त बनाना पहली प्राथमिकता है, तो यह स्कीम उन्हें आर्थिक रूप से स्वतंत्र बनाती है। इससे कृषि क्षेत्र में उत्पादकता और दक्षता में बढ़ोतरी होने की संभावना बन गई है। इस स्कीम से कृषि में लगने वाली लागत में कमी लाई जा सकती है। साथ ही इससे रोजगार के मौके भी बढ़े हैं। इस कारण ही नमो ड्रोन दीदी योजना भारत सरकार की महत्वाकांक्षी पहल कहलाती है।

इस योजना को सफल बनाने के लिए ज्यादा से ज्यादा महिलाओं को ट्रेनिंग देना है। सरकार ने ड्रोन के लिए प्रशिक्षण केंद्रों, मरम्मत केंद्रों और चार्जिंग स्टेशनों का निर्माण करने कॉ भी इंतजाम किए हैं। इसी के साथ ड्रोन रिसर्च एंड डेवलपमेंट के तहत सरकार ड्रोन टेक्नोलॉजी के विकास के लिए अनुसंधान और विकास को बढ़ावा दे रही है। इससे ड्रोन स्टार्टअप को प्रोत्साहन मिला है। सरकार ने ड्रोन स्टार्टअप को वित्तीय और तकनीकी सहायता प्रदान करने की भी योजना बनाई है।

सुनीता देवी की तरह कई ग्रामीण महिलाएं हैं, जिन्हे ड्रोन दीदी का दर्जा मिल चुका है। उनकी ऊंची उड़ान की प्रेरक कहानियां सुनी-सुनाई जाने लगी है। यह योजना कैसे ग्रामीण क्षेत्रों में महिलाओं को सशक्त बना रही है? इसका उद्देश्य कृषि गतिविधियों में सहायता के लिए किस तरह से काम कर रहा है? महिलाओं के नेतृत्व वाले एसजीएच को ड्रोन से किस तरह सशक्त बनाना है? यह सब ग्रामीण भारत की ड्रोन दीदियों की बातों से समझा जा सकता है कि वे तकनीक के साथ कैसे सामाजिक बदलाव लाने में कितना सक्षम हैं।

शालू रानी बडोली गाँव, पलवल जिला, हरियाणा की रहने वाली 29 वर्षीया युवती हैं। जबसे उसने ड्रोन चलाना सीखा है वह अपना नाम और स्थान सहजता और गर्व की भावना के साथ बताती है। रानी एक ड्रोन दीदी हैं, जो नवंबर 2023 में शुरू की गई नमो ड्रोन दीदी योजना का एक हिस्सा हैं। ड्रोन दीदी योजना का उद्देश्य फसल की निगरानी,

उर्वरक छिड़काव और बीज बोने जैसे कार्यों में सहायता के लिए कृषि ड्रोन के माध्यम से 15,000 महिलाओं के नेतृत्व वाले स्वयं सहायता समूहों (एसएचजी) को सशक्त बनाना है।

प्रशिक्षण सत्र में ड्रोन दीदियाँ 11 मार्च 2024 को प्रधानमंत्री नरेंद्र मोदी ने भारतीय कृषि अनुसंधान संस्थान, पूसा, नई दिल्ली में सशक्त नारी-विकसित भारत कार्यक्रम में भाग लिया। वहीं एसएचजी की लाभार्थी महिलाओं को 1,000 ड्रोन वितरित किए गए थे। किसानों के लिए विषय तरह के बने 'मारुत ड्रोन' से जुड़ी रानी उन 10 ड्रोन दीदियों में से एक थीं, जिन्होंने इस कार्यक्रम में कृषि ड्रोन संचालन में अपनी कुशलता का प्रदर्शन किया। तब वह इस सम्मान को पाकर काफी उत्साहित हो गईं थी, ड्रोन दीदी बनने की संभावना ने उन्हें आत्मविश्वास से भर दिया था। उन्होंने प्रधानमंत्री से भी अच्छी बातचीत की। इसकी तकनीक पर जानकारी साझा करते हुए उन्होंने किसानों को ड्रोन तकनीक के फायदे और उन्हें जागरूक करने के बारे में बताया कि प्रशिक्षण के दौरान उसने क्या सीखा।

गणित में एम.एससी की डिग्री रखने वाली रानी अपने गांव के मानकों के अनुसार उच्च शिक्षित हैं। जब उन्हें मारुत ड्रोन से जुड़े एक स्थानीय एसएचजी से जुड़कर विकसित संकल्प भारत यात्रा के माध्यम से ड्रोन दीदी योजना के बारे में पता चला, तब उन्होंने गाँव के कृषक भारती सेवा केंद्र में आवेदन किया और चयन हो गया। रानी ने ड्रोन डेस्टिनेशन और गरुड़ एयरोस्पेस द्वारा आयोजित प्रशिक्षण सत्रों में भाग लिया, जहाँ उन्होंने ड्रोन तकनीक के सिद्धांत और क्षेत्र में इसके व्यावहारिक अनुप्रयोगों को सीखा। पूसा में आयोजित समारोह में रानी को गरुड़ एयरोस्पेस ड्रोन भेंट किया गया। गरुड़ एयरोस्पेस ने एक सतत कार्यक्रम के तहत अब तक नैनी, रांची, गुरुग्राम, मासिका और थजंबूर जैसे विविध स्थानों पर 445 महिलाओं को प्रशिक्षित किया है।

यह हवाई जहाज उड़ाने जैसा है। काजल कुमारी बिहार के मुजफ्फरपुर जिले के पनछपरा गाँव की हैं वह नमो दीदी ड्रोन योजना के तहत एक और गर्वित ड्रोन मालिक हैं। रानी की तरह, उन्हें भी एक स्वयं सहायता समूह द्वारा नामित किया गया था, जिसके बाद उन्होंने ड्रोन पायलट बनने के लिए समस्तीपुर में प्रशिक्षण लिया। गरुड़ एयरोस्पेस के विशेषज्ञों द्वारा आयोजित सत्रों में उन्हें ड्रोन पायलट बनने, तकनीक और अतिरिक्त आय अर्जित करने के लिए ड्रोन का उपयोग करने के तरीके के बारे में सिखाया गया। मार्च 2024 में अपना ड्रोन प्राप्त करने के बाद, काजल ने अपने आधे एकड़ खेत में उर्वरकों का छिड़काव करने के लिए इसका सफलतापूर्वक उपयोग किया, जहाँ उन्होंने लाल भिंडी लगाई थी। वह हँसते हुए बताती हैं कि ड्रोन को नियंत्रित करना बहुत अच्छा एहसास है। ऐसा लगता है कि मैं एक हवाई जहाज उड़ा

रही हूँ। उन्हें पूरे साल काम मिलने की उम्मीद है।

इसके पायलट प्रशिक्षण कार्यक्रम के तहत कई सत्रों में कक्षाएं ली जाती है। जिसमें सबसे पहले ड्रोन तकनीक की मूल बातें बताई जाती हैं। ड्रोन के ट्रांसमीटर, कंट्रोलर और नोजल जैसे हिस्सों की कार्यप्रणाली को रेखांकन और वीडियो के माध्यम से समझाया जाता है।

मध्य प्रदेश के बालाघाट जिले में नौ गांवों की पहचान ड्रोन से बेहतर खेती में योगदान के लिए है। यहां 1,300 महिलाओं को जैविक खेती करने के लिए प्रशिक्षण और प्रेरित किया गया। संजू नागपुरे ने 2016 में कृषि सखी के रूप में शुरुआत की और तब से जैविक खेती में मास्टर ट्रेनर बन गई। उन्होंने पहली बार 2023 में रिलायंस फाउंडेशन के डिजिटल फार्म स्कूल द्वारा आयोजित एक प्रदर्शन कार्यक्रम के दौरान ड्रोन के बारे में सीखा, जिसका उद्देश्य महिलाओं को इसके उपयोग और लाभों के बारे में शिक्षित करना था। इस फाउंडेशन के डिजिटल फार्म स्कूल किसान-से-किसान और विशेषज्ञ-से-किसान सीखने के समूह हैं। वहीं संजू नागपुरे को बालाघाट में डिजिटल फार्म स्कूल से जुड़ गई। उसके बाद उन्होंने नेशनल फर्टिलाइजर्स लिमिटेड द्वारा इंदौर में एक प्रशिक्षण सत्र में भाग लिया। वहां उन्हें उर्वरक और पानी को मिलाना, छिड़काव के लिए ड्रोन चलाना सीखा और बाद में भोपाल में एक कार्यक्रम में अतिरिक्त प्रशिक्षण मिला।

वाराणसी में पिंडरा ब्लॉक के गोपालपुर गाँव की अनीता पटेल और काशी विद्यापीठ ब्लॉक के विष्णुपुर की उर्मिला देवी ने हैदराबाद में मारुत ड्रोन से प्रशिक्षण प्राप्त किया है। पटेल ने अपनी मास्टर और बीएड पूरी करने के बाद एक महिला संगठन में घरेलू हिंसा के मामलों के लिए परामर्शदाता के रूप में काम करना चुना अपने पति के बीमार पड़ने के बाद, उन्हें अपनी कृषि भूमि की जिम्मेदारी संभालनी पड़ी और वह अनजाने में किसान बन गई। उनकी पंचायत में कृषि विज्ञान केंद्र और वह जिस स्वयं सहायता समूह का हिस्सा हैं, ने उनका नाम नमो दीदी योजना के लिए सुझाया। उर्मिला देवी इस बात से उत्साहित हो गई कि कैसे ड्रोन उनका जीवन बदल सकता है।

'नमो ड्रोन दीदी' योजना के तहत, मारुत ड्रोन ने उत्तर प्रदेश और बिहार की 85 एसएचजी महिलाओं के लिए एक विशेष प्रशिक्षण पहल आयोजित की, जिसका उद्देश्य ड्रोन तकनीक का लाभ उठाकर कृषि में लिंग अंतर को पाटना है। संरचित प्रशिक्षण दृष्टिकोण ने सुनिश्चित किया कि प्रतिभागियों को सैद्धांतिक ज्ञान और व्यावहारिक अनुभव दोनों प्राप्त हुए, जिससे उन्हें विभिन्न अनुप्रयोगों में विशेष रूप से कृषि में ड्रोन को प्रभावी ढंग से संचालित करने के लिए आवश्यक कौशल से लैस किया गया।

ड्रोन संचालन में इन महिलाओं ने बहुत जल्द दक्षता हासिल कर ली। जैसे संजू

नागपुरे अपने ड्रोन के साथ एक महीने में, तो अनीता पटेल ने ड्रोन का इस्तेमाल अपने खेत में सब्जियों पर पानी छिड़कने के लिए किया। वह और अधिक काम करने के लिए खुद को सक्षम मानती हैं। ड्रोन से जमीन पर कीटनाशक के छिड़काव का काम भी लिया जा सकता है। इस बारे में अनीता बताती हैं कि ड्रोन का इस्तेमाल करके एक एकड़ जमीन पर कीटनाशक का छिड़काव करने में केवल 7-8 मिनट लगते हैं। इस तरह वह एक दिन में आसानी से 20-25 एकड़ में छिड़काव कर सकती है और इससे औसतन 75,000 रुपए प्रति माह की आमदनी हो सकती है।

हालांकि इस रास्ते में चुनौतियां भी हैं, जिस बारे में महिलाओं का मानना है कि सबसे महत्वपूर्ण है छिड़काव की इस नई तकनीक के प्रति किसानों की धारणा बदलना। फिर ऐसी तकनीकी समस्याएं हैं, जिन्हें महिलाएं अपने दम पर नहीं संभाल सकतीं। फिर भी सुनीता, शालू रानी, कंचन कुमारी, संजू नागपुरे, उर्मिला देवी, अनीता पटेल और उनके जैसी सैकड़ों ड्रोन दीदियों के लिए यह योजना न केवल उनके परिवारों का समर्थन करने के लिए अतिरिक्त आय प्रदान करती है, बल्कि इससे उन्हें समाज में एक विशिष्ट कद भी मिल गया है। संजू कहती हैं, "जब हम ड्रोन उड़ाते हैं तो दूसरी महिलाएं हमें आश्चर्य से देखती हैं और हमें उम्मीद है कि तकनीक की मदद से महिलाओं के लिए रोजगार के अधिक अवसर पैदा होंगे और बदले में हमारी ज़िंदगी बेहतर होगी।"

सरकार ने डीएवाई-एनआरएलएम के तहत महिला स्वयं सहायता समूहों को ड्रोन उपलब्ध कराने के लिए 1261 करोड़ रुपए के परिव्यय के साथ केंद्रीय क्षेत्र योजना 'नमो ड्रोन दीदी' को मंजूरी दी है। इस योजना का लक्ष्य 2024-25 से 2025-2026 की अवधि के दौरान चयनित महिला एसएचजी को कृषि उद्देश्य के लिए किसानों को किराये की सेवाएं प्रदान करने के लिए ड्रोन उपलब्ध कराना है। मौजूदा दौर में कृषि कार्य में इसका उद्देश्य तरल उर्वरकों और कीटनाशकों का खेतों में छिड़काव का है। कृषि और किसान कल्याण विभाग ने इस योजना से संबंधित परिचालन दिशा-निर्देश जारी किए हैं। सभी लाभार्थियों से अनुरोध किया गया है कि वे 'नमो ड्रोन दीदी' योजना के शीघ्र शुरुआत और कार्यान्वयन को सुनिश्चित करने के लिए इन परिचालन दिशा-निर्देशों का सार्थक उपयोग करें। इसके प्रमुख घटक इस प्रकार हैं:

- यह योजना केंद्रीय स्तर पर कृषि और किसान कल्याण विभाग, ग्रामीण विकास विभाग, उर्वरक विभाग, नागरिक उड्डयन मंत्रालय और महिला और बाल विकास मंत्रालय के सचिवों की अधिकार प्राप्त समिति द्वारा शासित होगी।
- ग्रामीण विकास विभाग के अतिरिक्त सचिव की अध्यक्षता वाली कार्यान्वयन

और निगरानी समिति अन्य सभी हितधारकों का प्रतिनिधित्व योजना की प्रभावी योजना, कार्यान्वयन और निगरानी के लिए जिम्मेदार होगी और यह योजना के कार्यान्वयन से संबंधित सभी तकनीकी मामलों में समग्र सलाह और मार्गदर्शन प्रदान करेगी।

- इस योजना के तहत, ड्रोन और सहायक उपकरण/सहायक शुल्क की लागत का 80 प्रतिशत की दर से केंद्रीय वित्तीय सहायता (अधिकतम 8.0 लाख रुपए तक) महिला स्वयं सहायता समूहों को ड्रोन खरीदने के लिए पैकेज के रूप में प्रदान की जाएगी।
- स्वयं सहायता समूहों/स्वयं सहायता समूहों के क्लस्टर स्तरीय संघ (सीएलएफ) राष्ट्रीय कृषि अवसंरचना वित्त पोषण सुविधा (एआईएफ) के तहत ऋण के रूप में शेष राशि (खरीद की कुल लागत में से सब्सिडी घटाकर) जुटा सकते हैं। एआईएफ ऋण पर सीएलएफ/एसएचजी को 3 प्रतिशत की दर से ब्याज सहायता प्रदान की जाएगी।
- सीएलएफ/एसएचजी के पास ग्रामीण विकास मंत्रालय के अन्य स्रोतों/कार्यक्रमों/योजनाओं से ऋण प्राप्त करने का विकल्प भी होगा।
- इस योजना के तहत न केवल ड्रोन, बल्कि पैकेज के रूप में ड्रोन की आपूर्ति की जाएगी। पैकेज में तरल उर्वरकों और कीटनाशकों के छिड़काव के लिए स्प्रे असेंबल के साथ बुनियादी ड्रोन, ड्रोन कैरीइंग बॉक्स, मानक बैटरी सेट, नीचे की ओर देखने वाला कैमरा, दोहरे चैनल वाला फास्ट बैटरी चार्जर, बैटरी चार्जर हब, एनीमोमीटर, पीएच मीटर और सभी वस्तुओं पर एक वर्ष की ऑनसाइट वारंटी शामिल होगी।
- पैकेज में 04 अतिरिक्त बैटरी सेट, एक अतिरिक्त प्रोपेलर सेट (प्रत्येक सेट में 6 प्रोपेलर होते हैं), नोजल सेट, दोहरे चैनल वाला फास्ट बैटरी चार्जर, बैटरी चार्जर हब, ड्रोन पायलट और ड्रोन सहायक के लिए 15 दिनों का प्रशिक्षण, एक वर्ष का व्यापक बीमा, 2 वर्ष का वार्षिक रखरखाव अनुबंध और लागू जीएसटी शामिल है। बैटरी के अतिरिक्त सेट निरंतर ड्रोन उड़ान सुनिश्चित करेंगे जो एक दिन में आसानी से 20 एकड़ को कवर कर सकते हैं।
- महिला एसएचजी के सदस्यों में से एक को 15 दिन के प्रशिक्षण के लिए चुना जाएगा, जिसमें अनिवार्य ड्रोन पायलट प्रशिक्षण और पोषक तत्व और कीटनाशक आवेदन के लिए कृषि उद्देश्य के लिए अतिरिक्त प्रशिक्षण शामिल है। एसएचजी के अन्य सदस्य/परिवार के सदस्य जो बिजली के सामान, फिटिंग

और यांत्रिक कार्यों की मरम्मत करने के इच्छुक हैं, उन्हें ड्रोन सहायक के रूप में प्रशिक्षित किया जाएगा। ड्रोन निर्माता परिचालन दिशा-निर्देशों में दर्शाए गए प्रशिक्षण कार्यक्रम के अनुसार ड्रोन की आपूर्ति के साथ-साथ एक पैकेज के रूप में ये प्रशिक्षण प्रदान करेंगे।

➤ राज्यों के लिए जिम्मेदार प्रमुख उर्वरक कंपनियां (एलएफसी) राज्य स्तर पर योजना की कार्यान्वयन एजेंसियां होंगी और वे राज्य विभागों, ड्रोन निर्माताओं, स्वयं सहायता समूहों/स्वयं सहायता समूहों के क्लस्टर स्तरीय संघों और किसानों/लाभार्थियों आदि के साथ आवश्यक समन्वय स्थापित करेंगी। ड्रोन एलएफसी द्वारा निष्पक्ष और पारदर्शी प्रक्रिया के माध्यम से खरीदे जाएंगे और ड्रोन का स्वामित्व स्वयं सहायता समूहों या स्वयं सहायता समूहों के सीएलएफ के पास रहेगा।

➤ योजना का कार्यान्वयन क्षेत्र/क्लस्टर और स्वयं सहायता समूहों के सही चयन पर निर्भर करता है, जहां कृषि सेवाएं प्रदान करने के लिए ड्रोन की मांग है। चूंकि कृषि में ड्रोन की शुरुआत अभी शुरुआती चरण में है, इसलिए राज्य हस्तक्षेपों की बारीकी से निगरानी करेंगे, महिला स्वयं सहायता समूहों को सहायता प्रदान करेंगे और उन्हें एक वर्ष में कम से कम 2000 से 2500 एकड़ क्षेत्र को कवर करने के लिए व्यवसाय प्राप्त करने में मदद करेंगे। कृषि विभाग और डीएवाई-एनआरएलएम के राज्य मिशन निदेशकों के बीच बहुत मजबूत तालमेल होगा और वे राज्य स्तरीय समिति की मदद से जमीनी स्तर पर इसके सफल कार्यान्वयन के लिए योजना का स्वामित्व लेंगे।

➤ योजना की प्रभावी निगरानी आईटी आधारित प्रबंधन सूचना प्रणाली (एमआईएस) के माध्यम से की जाएगी। ड्रोन पोर्टल जो सेवा वितरण और निगरानी, निधि प्रवाह और निधियों के वितरण के लिए एंड-टू-एंड सॉफ्टवेयर के रूप में कार्य करेगा। पोर्टल प्रत्येक ड्रोन के संचालन को भी ट्रैक करेगा और ड्रोन के उपयोग पर लाइव जानकारी प्रदान करेगा।

➤ यह परिकल्पना की गई है कि इस योजना के तहत पहले स्वयं सहायता समूहों को स्थायी व्यवसाय और आजीविका सहायता प्रदान करेगी और वे उनके लिए अतिरिक्त आय अर्जित करने में सक्षम होंगे। यह योजना किसानों के लाभ के लिए बेहतर दक्षता, बढ़ी हुई फसल उपज और संचालन की कम लागत के लिए कृषि में उन्नत प्रौद्योगिकी को शामिल करने में मदद करेगी।

✿ ✿

अध्याय-8

कृषि में स्वयं सहायता समूह (एसएचजी) की भूमिका

कृषि कार्य में स्वयं सहायता समूह (सेल्फ-हेल्प-ग्रुप्स -एसएचजी) की भूमिका बहुत ही महत्वपूर्ण साबित हुई है। ये समूह ग्रामीण क्षेत्रों में कृषि उत्पादकता, आर्थिक सशक्तिकरण और सामाजिक विकास के लिए एक मजबूत मंच प्रदान करते हैं। इसके माध्यम से कृषक अपने संसाधनों, ज्ञान और सामूहिक शक्ति का उपयोग कर सकते हैं। इससे कृषि के क्षेत्र में कई सकारात्मक बदलाव आए हैं। इसकी भूमिका के कुछ प्रमुख पहलुओं में मुख्य हैं:—

(1) **संसाधन की उपलब्धता और वित्तीय सहायता :** एसएचजी छोटे किसानों को ऋण और वित्तीय सहायता प्रदान करते हैं, जिससे वे कृषि कार्यों के लिए आवश्यक संसाधनों, जैसे कि बीज, उर्वरक, उपकरण आदि की खरीद कर सकते हैं। यह ग्रामीण महिलाओं को भी विशेष रूप से कृषि से संबंधित वित्तीय सहायता उपलब्ध कराते हैं, जिससे वे अपनी कृषि उत्पादकता बढ़ा सकती हैं।

(2) **कृषि से संबंधित ज्ञान का प्रसार :** यह कृषकों को कृषि से जुड़ी नई तकनीकों, उन्नत कृषि पद्धतियों, जल प्रबंधन, कीट प्रबंधन और उर्वरक उपयोग के बारे में प्रशिक्षण प्रदान करते हैं। यह समूह कृषकों को समुचित खेती के तरीकों के बारे में जागरूक करता है और इसके परिणामस्वरूप कृषि उत्पादकता में वृद्धि होती है।

(3) **सामूहिक कार्य और सहयोग :** SHGs के माध्यम से किसान एकजुट होकर कृषि कार्यों में सहयोग करते हैं। इससे उनकी सामूहिक शक्ति बढ़ती है, जिससे समस्याओं का समाधान आसानी से निकल सकता है। सामूहिक खेती, भूमि सुधार, सिंचाई की योजना और आपसी सहयोग के द्वारा किसान अपने उत्पादन में वृद्धि कर सकते हैं।

(4) **कृषि उत्पादों का विपणन और मूल्य संवर्धन :** यह ग्रुप किसानों को अपने उत्पादों के लिए एक बाजार उपलब्ध कराने में मदद करते हैं, जिससे उन्हें उनके

उत्पादों के उचित मूल्य मिलते हैं। इसके माध्यम से कृषि उत्पादों का मूल्य संवर्धन भी किया जा सकता है, जैसे कि फल-सब्जियों का प्रसंस्करण, जिससे किसानों को अधिक आय हो सकती है।

(5) **लक्ष्य प्राप्ति :** इसकी सबसे अहम भूमिक महिलाओं के सशक्तिकरण के लक्ष्य प्राप्ति का उद्देश्य हासिल करने में है। खासकर ग्रामीण क्षेत्रों में महिलाएं कृषि कार्यों में सक्रिय रूप से शामिल होती हैं और स्वयं सहायता समूहों के माध्यम से उन्हें कृषि से जुड़े निर्णय लेने में भागीदारी मिलती है। महिलाओं को कृषि में उद्यमिता का अवसर मिलता है, जैसे कि घरेलू उत्पादन, खाद्य प्रसंस्करण और बागवानी, जिससे उनकी आर्थिक स्थिति में सुधार होता है।

(6) **सामाजिक सुरक्षा और आपातकालीन सहायता :** यह किसानों को आपातकालीन परिस्थितियों जैसे प्राकृतिक आपदाओं, बीमारी या अन्य वित्तीय संकटों में सहायता प्रदान करते हैं। यह एक तरह की सामाजिक सुरक्षा का काम करता है, जिससे किसानों को तत्काल सहायता मिलती है।

(7) **समुदाय के बीच सहयोग और एकता :** इस ग्रुप से ग्रामीण समुदाय में आपसी सहयोग और एकता बढ़ाते हैं, जिससे सामाजिक और सामूहिक विकास होता है। इसके माध्यम से किसानों के बीच आत्मविश्वास और सामूहिक नेतृत्व का विकास होता है।

कुल मिलाकर, कृषि में स्वयं सहायता समूह का महत्वपूर्ण योगदान है। ये समूह किसानों को उनके व्यवसाय में सहायता, मार्गदर्शन, वित्तीय सहायता और सामाजिक सशक्तिकरण प्रदान करते हैं। इससे कृषि क्षेत्र में सुधार और ग्रामीण अर्थव्यवस्था को मजबूत करने में मदद मिलती है । इससे जुड़ी कुछ महिलाओं के उदाहरणों से इसे समझा जा सकता है।

मध्य प्रदेश की सुखिया बाई : स्वयं सहायता समूह की सुखिया बाई न केवल कृषि को आधुनिक बनाने में मदद कर चुकी है, बल्कि मध्य प्रदेश की 150-200 महिला किसानों की भी मददगार बन गई हैं। वह एक ग्रामीण महिला किसान हैं, वह अन्य महिला किसानों को सर्वोत्तम कृषि पद्धतियों से मदद करने का काम कर रही हैं जब सुखिया महज 12 साल की थीं, तब उन्होंने मध्य प्रदेश के एक छोटे से गाँव इटारसी जाकर खेती का काम करने लगी थी। वह रहने वाली मध्य प्रदेश के बैतूल जिले के घोड़ाडोंगरी ब्लॉक के जुवाड़ी गाँव की है । वहां रहते हुए सुखिया कठिन माहौल में पली-बढ़ी, क्योंकि शराबी पिता के कारण वह पढ़ाई से वंचित रही । तब उसे एहसास हुआ कि उसे काम करना चाहिए।

सुखिया ने मीडिया को बताया था कि वह हर साल दशहरे के दौरान गाँव में ईंट भट्टों पर नौकरानी के रूप में काम करती थी। उसकी शादी भी जल्दी हो गई थी, लेकिन उसके ससुराल के हालात भी अच्छे नहीं थे। वह अनुसूचित जनजाति समुदाय (गोंड आदिवासी) से थी। उसे गांव के प्रधान द्वारा प्रचारित स्वयं सहायता समूह कार्यक्रम में शामिल होने का मौका मिला। वहां रहते हुए वह कई बातें सीखने लगीं।

सुखिया ने जब कुछ कृषि कार्यों से शुरुआत की तब उन्हें "आजीविका मित्र" के रूप में काम करने के लिए चुना गया। उसने जो कुछ सीखा उसे अपने साथी किसानों को सिखाया। जैसे कि बेसल खुराक, डीएपी, पोटेशियम, जिंक और सल्फर कैसे डालें। बीज आदि कैसे बोएं ? किसानों की जरूरतों के रूप में बीज, उर्वरक और कीटनाशकों पर चर्चा करते हुए सुखिया ने कई जानकारियां हासिल कर ली। बाजार का पता लगाने के बाद वह अच्छे विक्रेता को ढूंढने में भी किसानों की मदद करने लगी। जल्द ही वह उनसे खेती की जरूरी चीजें खरीदने और किसानों की मांग के अनुसार उन्हें वितरित करने में अच्छी भूमिका निभाने लगी। यह सब करते हुए सुखिया ने किसानों के साथ काम करना अच्छी तरह से सीख लिया। अपने गांव में सुखिया महिलाओं को कृषि के सर्वोत्तम तरीकों और प्रबंधन के बारे में शिक्षित करने के लिए प्रशिक्षण और बैठकें आयोजित करने लगी। साथ ही उन्हें प्रमुख सेवाएं भी प्रदान करने लगी।

नियमित रूप से किसानों के खेतों का दौरा कर उनकी सहायता करती हैं। अब तक वह दस से बारह गाँवों में किसानों की मददगार बन चुकी हैं। उन्हें समय पर बीज और खाद उपलब्ध करवान जरूरी काम है, ताकि वे सही समय पर बुवाई शुरू कर सकें। पहले वे केवल अपनी खाद्य आवश्यकताओं के लिए खेती करते थे, लेकिन अब बेचने के लिए भी खेती करने लगे हैं। शुरुआत में पाँच से छह महिला किसानों के पास सिंचाई के उपकरण नहीं थे, लेकिन सब्जियाँ बेचने के बाद, उन्हें उपकरण खरीदने और अपने बच्चों को शिक्षा के लिए स्कूल भेजने के लिए पर्याप्त कमाई होने लगी है।

सुखिया के अनुसार वह अपनी साथी महिला किसानों को उत्पादकता और आय बढ़ाने के लिए मक्का बोते समय बेसल खुराक, उचित अंतराल के साथ पंक्तिबद्ध बुवाई जैसे सर्वोत्तम तरीकों के बारे में शिक्षित करती हैं। उन्होंने पाया कि पंक्तिबद्ध बुवाई और बीजों के बीच उचित अंतराल बनाए रखने का अभ्यास उनके और उनके अपने गाँव और आस-पास के गाँवों के अन्य किसानों के लिए बहुत परिश्रम का है। इस प्रमुख अभ्यास को सुनिश्चित करने में श्रम की अधिकता ने फसल पर निवेश को भी प्रभावित किया। जैसे तीन दिनों में मक्का बोने के लिए उन्हें 1,200 रुपए मजदूरी देनी पड़ी, तो इसके अलावा

उन्हें खुद भी मेहनत करनी पड़ी। अच्छे तरीकों का पालन करने से अंत में लाभ तो मिला, लेकिन किसानों को सीजन के समय काफी मानव श्रम और मेहनत की जरूर होती थी।

सुखिया के अनुसार बारिश का पैटर्न भी बुवाई को प्रभावित करता है। बारिश के मौसम में हमें बीज बोने का बहुत कम समय मिलता है। अगर हर कुछ दिनों में बारिश होती है, तो हम बीज बिल्कुल नहीं बो सकते। इस समस्या का समाधान कृषि कंपनी कॉर्टेवा एग्रीसाइंस से मिले ट्रैक्टर से निकाला गया। इसकी शुरुआत सुखिया ने अपने खेत से की। चूंकि यह किसानों और ट्रैक्टर मालिकों दोनों के लिए एक नया लगाव था, इसलिए इसे प्रभावी ढंग से उपयोग करने के लिए मशीन के संचालन और तंत्र को सीखने में समय लगा। अपने अनुभवों को याद करते हुए, सुखिया कहती हैं कि कैसे वह कम समय में कुशलतापूर्वक बीज बोने में सक्षम हो गई। हम ट्रैक्टर की गति के आधार पर बीजों के बीच के अंतर को बढ़ा या घटा सकते थे।

किसानों को आगे बढ़ने में मदद करने के दृष्टिकोण से चूंकि यह किसान और ट्रैक्टर मालिक दोनों के लिए एक नया अनुभव था। सुखिया का कहना है कि आत्मविश्वास हासिल करने और मशीनों की गति, चाल और बीज पहुंचाने वाले गियर जैसी गतिशीलता को समझने में उसे एक या दो सीजन लगे। वर्तमान में वह 150-200 किसानों के साथ काम कर रही है। आने वाले दिनों में उसकी योजना 1,000-1,500 किसानों से जुड़ने और एक एफपीओ (किसान उत्पादक संगठन) बनाने की है।

वेल्लोर की शकीला कलईसेल्वन : अनुसूचित जाति या फिर जनजाति की महिलाओं ने भी अपनी भूख और भूमिहीनता की लड़ाई लड़ी और अब अपने श्रम और ज्ञान के बलबूते उसके फल की प्राप्ती कर रही हैं। ऐसी ही दक्षिण भारत में पल्लूर दलित महिला समूह हाशिए के समुदायों की 80 महिलाओं का एक समूह है, जो वर्षों की बंधुआ मजदूरी और श्रम के बाद जैविक तरीके से अपना भोजन पैदा कर रही हैं। इनमें से ही एक हैं वेल्लोर की शकीला कलईसेल्वन, जो रोजाना भोजन की जरूरतों से जूझ रही थी। उनके पास एक मजबूत पारिवारिक प्रणाली या शिक्षा भी नहीं थी। पिता के गुजर जाने के तुरंत बाद उसने एक छोटी बच्ची के रूप में अपनी माँ के साथ खेतों में श्रमिक का काम करना शुरू कर दिया था। हालांकि घंटों श्रम करने के बाद भी, वे कभी भी संतोषजनक भोजन के लिए पर्याप्त नहीं कमा पाते थे और कुछ दिनों उन्हें भूखे भी सोना पड़ता था। वह शादी और तीन बच्चों के बाद भी कृषि श्रमिक ही बनी रही। दूसरों की उपज उगाई, लेकिन कभी भी अपनी या अपने बच्चों की पोषण संबंधी जरूरतों को पूरा नहीं कर पाई। इसी बीच शकीला एक एनजीओ, सोसाइटी फॉर रूरल एजुकेशन एंड डेवलपमेंट (एसआरईडी) के

संपर्क में आ गई, जो बीते चार दशकों से इन समुदायों को न्याय, शिक्षा और आत्मनिर्भरता दिला रही हैं। उनकी मुलाकात ने कलईल्वन के लिए सरकारी जमीन के बेकार पड़े टुकड़ों को अपने कब्जे में लेकर खुद के लिए खेती शुरू करने का अवसर खोल दिया। ऑक्सफैम के अध्ययन से पता चलता है कि भारत में 80 प्रतिशत कृषि कार्य-बुवाई, कटाई, फटकने और अन्य भारी श्रम के कार्य, गैर-मशीनीकृत प्रक्रियाएं महिलाओं द्वारा की जाती हैं। इस संदर्भ में एनजीओ ने पाया कि अत्यधिक हाशिए पर रहती हुई गरीबी और जाति-आधारित भेदभाव की शिकार ये महिलाएं कभी भी वह नहीं खा सकतीं, जो उन्होंने बोया है। पीढ़ी दर पीढ़ी भूमिहीनता और कर्ज उनके जीवन का प्रतीक बना हुआ है।

इसलिए इन महिलाओं को सामूहिक रूप से संगठित करके लड़ने में मदद करने के लिए उन्हें वैसी जमीन पर खेती करने के लिए प्रेरित किया जो अवैध रूप से कब्ज़ा की गई थी। उनका कोई राजस्व रिकॉर्ड भी नहीं था। वे महिलाएं उन पर जैविक खेती करती हैं। इसकी शुरुआत 2016 में पल्लूर दलित महिला समूह की 40 महिलाओं से हुई। उन्होंने जिला अधिकारियों से मिलकर तीन हेक्टेयर ऐसी अवैध रूप से कब्जा की गई या अप्रयुक्त आम जमीन की पहचान करने और उस पर खेती शुरू करने में सक्षम बनाया। उन्हें शुरुआती संसाधन जैसे बीज (जिन्हें आमतौर पर बीज कंपनियों द्वारा लिया जाता है और प्रमुख जाति के भूमि मालिकों द्वारा नियंत्रित किया जाता है) और उपकरण दिए गए। इसने एक आंदोलन का रूप ले लिया, जो दो सामूहिक समूहों के तौर पर अस्तित्व में आया। इनसे जुड़ी 80 महिलाएं जो वेल्लोर जिले के गांवों में 15 खेतों पर काम करने लगी हैं। वे इन जमीनों को, जो अक्सर खरपतवार और कांटों से भरी होती थीं, जोतती हैं और उन्हें खाद्यान्न, फल और सब्जियां उगाने के लिए समतल बना चुकी हैं।

इस महिला समूह ने अपनी कौशल और श्रम की एक मिसाल कायम की है। वे एक सामूहिक अभियान के रूप में काम करती हैं, इसलिए उनमें गांव में प्रमुख जाति के पुरुषों के दुर्व्यवहार और विरोध के विरोध करने की हिम्मत बनी रहती है। इस बारे में समूह की महिलाओं में से गोमती कहती हैं कि हम फसल को समान रूप से साझा करते हैं। मैं अपने परिवार में खाद्य सुरक्षा का अनुभव करने वाली पहली पीढ़ी हूँ और मेरे बच्चे पौष्टिक, जैविक रूप से उगाए गए खाद्यान्नों से भोजन प्राप्त करते हैं।

शांति की भूमिका : एसआरईडी के तमिलनाडु दलित महिला आंदोलन की कार्यक्रम समन्वयक शांति कहती हैं कि उनके आंदोलन ने रानीपेट में दलित महिला मजदूरों को अपना समूह शुरू करने के लिए प्रेरित किया। शांति लगभग चार दशक पहले एक स्वास्थ्य कार्यकर्ता के रूप में इसमें शामिल हुईं और तब से दलित महिलाओं के लिए बदलाव की एजेंट बनी रहीं। उन्हें स्थानीय शासन ने राजनीतिक भागीदारी के लिए

प्रशिक्षित किया है, भूमि के शीर्षक की मांग करने के लिए उनकी क्षमता का निर्माण किया है और जातिगत अपराधों में न्याय दिलाया है। इस संस्था ने सौरपंप भी स्थापित किए हैं और इनमें से कुछ सामूहों को जैविक खेती के लिए कृषि उपकरण प्रदान किए हैं।

शांति कहती हैं कि इस मान्यता को गलत साबित कर दिया है कि दलित और आदिवासी महिलाएँ सामाजिक-आर्थिक कमी और भेदभाव में पैदा होती हैं और जीवन भर पहचान के लिए संघर्ष करती हैं। उन्हें उनके पति, समुदाय और बड़े पैमाने पर समाज द्वारा उनके लिंग, जाति और वर्ग के लिए अमानवीय माना जाता है। जब आप उन्हें एक समूह में शामिल करते हैं और उन्हें खेती करने और जो वे खाते हैं वही बोने के लिए ज़मीन का एक टुकड़ा देते हैं, तो यह उन्हें शक्ति और प्रतिनिधित्व की स्थिति में पहुंचा देता है। हाशिए पर और पीढ़ियों से उत्पीड़ित महिलाओं की बुनियादी अधिकारों तक पहुँच नहीं है।

कुछ छोटे ज़मीन वाले परिवारों से आने वाले पति अक्सर शराब के लिए अपनी ज़मीन गिरवी रख देते हैं। जनगणना में भी भूमिहीन कृषि मजदूरों का प्रतिनिधित्व नहीं होना, इन समुदायों के लिए भूमि स्वामित्व को और भी महत्वपूर्ण बनाता है। अपनी सक्रियता के हिस्से के रूप में शांति ने विरुधुनगर जिले के महाराजपुरम गांव में 30 महिलाओं को भूमि का मालिकाना हक हासिल करने और खेती शुरू करने के लिए प्रशिक्षित किया है। उन्होंने 1,350 एकड़ भूमि की पहचान की है जिसका उपयोग 19 गांवों की 850 हाशिए पर रहने वाली महिलाएं कर सकती हैं। एक एनजीओ की नटेसन कहती हैं कि भूमि वितरण, सुधार और सामूहिक खेती जाति और लिंग आधारित उत्पीड़न का विरोध करने और उससे बाहर निकलने के शक्तिशाली तरीके हैं। यह आत्मनिर्भरता, नेतृत्व और राजनीतिक भागीदारी लाने के लिए एक कदम भी है और हमारा आंदोलन इन परिवर्तनों को शक्ति देने का है, जिससे हाशिए पर पड़ी और पीढ़ियों से उत्पीड़ित महिलाओं को बुनियादी अधिकार नहीं मिल पाते हैं। कुछ ऐसे परिवारों के पति जो छोटे ज़मीन के मालिक हैं, अक्सर शराब के लिए इन ज़मीनों को गिरवी रख देते हैं। इसके साथ ही जनगणना में भी भूमिहीन कृषि मज़दूरों का प्रतिनिधित्व नहीं होना, इन समुदायों के लिए ज़मीन के स्वामित्व को और भी महत्वपूर्ण बना देता है। अपनी सक्रियता के हिस्से के रूप में शांति ने विरुधुनगर जिले के महाराजपुरम गाँव की 30 महिलाओं को ज़मीन का मालिकाना हक हासिल करने और खेती शुरू करने के लिए प्रशिक्षित किया है। उन्होंने 1,350 एकड़ ज़मीन की पहचान की है जिसका इस्तेमाल 19 गाँवों की 850 हाशिए पर पड़ी महिलाएँ कर सकती हैं।

अध्याय-9

आर्थिक मजबूती : लखपति दीदी योजना

भारत के पूर्व राष्ट्रपति एपीजे अब्दुल कलाम ने देश में महिलाओं की आर्थिक मजबूती को लेकर कई तथ्यात्मक बातें तब कही थी, जब देश में गिनती की महानगरीय महिलाएं कुछ चुनी हुई संस्थानों के शीर्ष पर जा पहुंची थी। जबकि यहां रहने वाली दुनिया की 18 फीसदी जनसंख्या में आधी महिलाएं हैं। इसे केंद्र सरकार द्वारा बीते 10 साल पहले गंभीरता से लिया गया और जब भारतीय अर्थव्यवस्था को 5 ट्रिलियन डॉलर के माइलस्टोन तक पहुंचाने की बात आई तब महिलाओं की भूमिका को अहमियत दी गई। उनकी उद्यमशीलता और कार्यक्षमता की महत्ता का गहन अध्ययन किया गया। संपूर्ण क्षमताओं को पहचानने के लिए महिलाओं का सशक्तिकरण जरूरी समझा गया। अनुमान लगाया गया कि इससे भारत इनोवेशन, आर्थिक विकास और नई नौकरियां पैदा करने में सक्षम होगा।

कलाम ने कहा था– मैकिन्जी ग्लोबल इंस्टीट्यूट के मुताबिक अगर महिलाओं की बराबरी को बढ़ावा दिया जाए, तो बिजनेस के जो वर्तमान हालात हैं उसके मुकाबले भारत 2025 तक अपनी जीडीपी को 16 फीसदी तक बढ़ा सकता है। स्टार्टअप इकोसिस्टम पहले से ही महिलाओं में व्यावसायिकता की ऊर्जा का लाभ ले रहा है। स्टार्टअप इंडिया द्वारा सर्टिफाइड करीब 6300 स्टार्टअप में से 2500 की फाउंडर, डायरेक्टर या पार्टनर महिलाएं हैं। देश में 80 लाख महिला कारोबारी हैं, जो अलग-अलग इलाकों से आने वाली अपने क्षेत्र की खूबियों की तजुर्बेकार भी हैं और सफलतापूर्वक अपने स्टार्टअप चला रही हैं।

हैंडिक्राफ्ट, अचार-पापड़ आदि के प्रोसेस्ड फूड, ऑर्गेनिक खाद, कंस्ट्रक्शन सर्विस से लेकर सिक्योरिटी-डिटेक्टिव सर्विस तक बेच रही हैं। इन व्यवसायियों में से लगभग 60 फीसदी ने अपना बिजनेस 20-30 साल की उम्र में शरू किया था। इस सिलसिले में महिलाओं ने यह समझा और जाना कि वह पुरुषों की तरह ही सफल हो सकती हैं। थोड़े से प्रोत्साहन के जरिए कोई भी उपलब्धि हासिल कर सकतीं हैं।

इन कार्यों से जुड़ी महिलाओं ने यह साबित कर दिया कि एक महिला में करुणा, संवेदनशीलता, मल्टी-टास्किंग यानी बहुकार्य और उत्कृष्टता प्राप्त करने की आंतरिक शक्ति जैसे विशेष गुण प्रदान करने की क्षमता है। बौद्धिकता, अनुभव और साधन के सही मिश्रण से महिला अपनी उद्यम की तीव्रता का इस्तेमाल कर सफलता की ऊंचाई हासिल कर सकती है। उन्हें जरूरत है आत्मविश्वास, दृढ़ निश्चय और काम करने की ललक पैदा करने की। उन्हें असफलताओं से हतोत्साहित महसूस करने की बजाय सीखाना होगा और भविष्य की सफलता के लिए अनुभव तैयार करने होंगे।

इस बारे में बायोकॉन की शीर्ष पर पहुंचने वाली किरण मजूमदार शॉ ने अपने अनुभव साझा करते हुए कहा था— व्यक्ति हर बाधा पार कर सफलता की ओर बढ़ता है। जब मैंने बायोकॉन शुरू किया तो मेरी उम्र, जेंडर और अपरिचित बिजनेस मॉडल के चलते मुझे विश्वसनीयता की चुनौतियों का सामना करना पड़ा। कोई बैंक मुझे लोन नहीं देना चाहता था, कोई प्रोफेशनल साथ काम करने को तैयार नहीं था। बिजनेस शुरू करना इसलिए चुनौतीपूर्ण था क्योंकि महिलाओं को बिजनेस की दुनिया में हाई रिस्क समझा जाता था। मैंने अडिग रहकर अपने सपनों को हासिल किया और आज बायोकॉन इस बात की गवाही है कि भारत में महिलाएं वर्ल्ड क्लास ऑर्गेनाइजेशन खड़ा करने का दम रखती हैं। जो दुनियाभर में अपनी छाप छोड़ सकता है।

मुझे लगता है कि मेरी शुरुआत वाले समय से आज महिलाएं काफी आगे निकल आई हैं। अब उन्हें सरकार और फाइनेंशियल इंस्टीट्यूट्स का सहयोग मिल रहा है। केंद्र और राज्य सरकारों ने उनके लिए आर्थिक योजनाएं भी चलाई हैं। इनफॉर्मेशन टेक्नोलॉजी में जेंडर से जुड़ी कोई बाधाएं नहीं हैं और इंटरनेट उन सभी के लिए मौके देता है जो सूचनाओं तक पहुंचने की इच्छा रखते हैं। जब 70 के दशक में मैंने शुरुआत की थी तो बाकी चुनौतियों के अलावा जो सबसे गंभीर मसला था वह था प्रासंगिक जानकारी तक नहीं पहुंच पाने का। इंटरनेट रेवल्यूशन का शुक्रिया करना चाहिए। जिससे महिलाएं अपने आइडिया, फाइनेंसर और बाजार तक ले जा सकती हैं, जो पहले मुमकिन नहीं था। अगर वह समझदार हैं तो उनके आइडिया-प्रोडक्ट वायरल भी किए जा सकते हैं। भारत में इंटरनेट का इस्तेमाल दमदार है। भारत में मोबाइल फोन की बढ़ती पैठ पहले से पारंपरिक शक्ति समीकरणों को चुनौती दे रही है और महिलाओं की आजादी और सशक्तिकरण के अवसर पैदा कर रही है। आधुनिक समय के फाइनेंसिंग सिस्टम में क्राउड फंडिग छोटी पूंजी इकट्ठा करने में मददगार है। यह महिलाओं को वर्किंग कैपिटल मुहैया कराने का बेहतर विकल्प बन गई हैं।

किसी एक उद्यम के सफल होने के लिए परिवार का सहयोग जरूरी हैं। खासकर महिलाओं के लिए घर और काम के बीच संतुलन बनाना परिवार के सहयोग के बिना मुश्किल हो जाता है, जबकि यह सच है कि जब मैने बायोकॉन खड़ा किया तो मैं सिंगल थी, मेरे पति ने हमारी सफलता में अहम भूमिका निभाई है। आज महिलाओं को आत्मविश्वास, दृढ़ संकल्प, कड़ी मेहनत के साथ बिजनेस इंटेलिजेंस विकसित करने की जरूरत है।

इसी के साथ सशक्तिकरण की राह पर निकल पड़ी किरण महिलाओं को संदेश देती हैं कि क्यों न जेंडर से जुड़ी सारी पाबंदियां तोड़ दें और देश में मौजूद महिला शक्ति को उन्मुक्त करें। महिला उद्यमी परिवर्तनशील सामाजिक परिवर्तन और सतत आर्थिक विकास की संभावनाएं रखतीं हैं और यह सुनिश्चित कर सकती हैं कि आर्थिक विकास का फल सभी को मिले। महिलाओं को सशक्त बनाना एक अच्छा राष्ट्र बनाने की शर्त है। जब महिलाएं सशक्त होती हैं तो स्थिर समाज का आश्वासन दिया जा सकता है। महिलाओं का सशक्तिकरण जरूरी है, क्योंकि उनके मूल्य एक अच्छे परिवार, समाज और अंतत: बेहतर राष्ट्र की ओर ले जाते हैं।

किरण जैसी महिला एक उदाहरण बनकर सामने आईं और करोड़ों महिलाओं के दिल-दिमाग को झिंझोड़कर रख दिया। माना कि आर्थिक विकास के मोर्चे पर महिलाएं संघर्ष कर रही हैं, किंतु इसे हासिल करने के लिए कई राहें भी खुल गई हैं। शिक्षित महिलाओं के लिए सरकारी और प्राइवेट नौकरियों समेत रोजगार-कारोबार में जगह बनाने के कई विकल्प मिल गए हैं, फिर भी उन्हें तकनीक और व्यावसायिक प्रबंधन की शिक्षा के उपयोग की जरूरत होती है।

इसी के साथ जब महिलाओं के आर्थिक मोर्चे पर सशक्तिकरण की बात आती है तो अशिक्षित या साधारण शिक्षा वाली महिलाओं की बड़ी फौज का ख्याल भी लोगों के जेहन में आ जाता है, जो गांव-कस्बे से लेकर छोटे-छोटे शहरों की निवासी हैं। उन्हीं में एक हैं छत्तीसगढ़ में सरगुजा की कविता बराल, जो एक समय में पचास रुपए तक के लिए मोहताज थीं। अब लखपति दीदी कहलाती हैं। उन्हें यह सम्मान और मौका सरकार की 'लखपति दीदी' योजना से मिला है।

कविता के लखपति बनने की कहानी बहुत ही प्रेरक है। उन्होंने लखपति दीदी योजना के तहत अपने परिवार की आर्थिक स्थिति को मजबूत किया है। स्वयं सहायता समूह बनाकर विभिन्न व्यवसायों में सफलता पाई है। उन्होंने अपने कपड़े के व्यवसाय और पोल्ट्री फार्म से अच्छी कमाई की है। इस योजना के लिए वह प्रधानमंत्री और मुख्यमंत्री की शुक्रगुजार हैं।

उन्हें भी उन जैसे दूसरी औरतों की तरह अपने सपनों को पूरा करने के लिए जीवन में भारी संघर्ष करना पड़ा। जब भारत सरकार की लखपति दीदी योजना के बारे में मालूम हुआ कि इससे महिलाओं को वित्तीय सहायता मिलती है, जिससे वह अपना कोई व्यवसाय शुरू कर सकती है, तब आर्थिक रूप से सशक्त बनने की उम्मीद जागी।

एक समय में कविता बराल की आर्थिक हालत बहुत ही खराब थी। वह सरगुजा जिले के डिगमा गांव में एक छोटे से घर तक ही सीमित थी। किंतु अब उसे पूरे जिले के लोग जानते-पहचानते हैं। उनकी खास पहचान सबकी मदद करने वाली 'समूह वाली दीदी' की बन गई है। उनको मिली इस पहचान के पीछे सफलता की कहानी है, जो दूसरी महिलाओं को प्रेरणा देती है। उनका घर ही व्यावसायिक स्थल बन चुका है, जहां उन्होंने संघर्ष किया है। अपने बीते दिनों से उबरने के बारे में बताते हुए वह भावुक हो जाती हैं और सरकार से मिलने वाली योजनाओं के कारण लखपति दीदी का दर्जा प्राप्त करने की कहानी सुनाने लगती हैं।

कविता के अनुसार वह जब अपनी शादी के बाद ससुराल आईं थी, तब उनके परिवार की आर्थिक स्थिति ठीक नहीं थी और उनका संयुक्त परिवार था। इसके साथ ही वे सभी कच्चे मकान में ही रहा करते थे। धीरे-धीरे उन्हें ये एहसास हो गया कि अगर ऐसा ही चलता रहा तो आगे वह और उसका परिवार घोर मुसीबतों से घिर सकता है। जिसके बाद उन्होंने अपने आप को मजबूत बनाते हुए कुछ करने का मन बना लिया। सबसे पहले कुछ करने की जिज्ञासा लेकर अपने ससुर के पास गई। ससुर ने उनका साथ देते हुए अपनी क्षमता और योग्यता के मुताबिक कुछ करने की बात की एवं प्रेरित किया। इसके बाद कविता में एक अलग ही ऊर्जा का संचार हो गया। उसी वक्त शासन की चल रही योजना के तहत स्वयं सहायता समूह से जुड़ने की बातें काफी तेजी से लोगों तक पहुंच रही थी, जिसे लेकर कविता ने एक स्वयं सहायता समूह बनाने की ठान ली। इसकी शुरुआत कर दी।

इस समूह के बारे में कविता ने बताया कि शुरूआत में तो कोई भी महिला इससे नहीं जुड़ रही थी, लेकिन धीरे-धीरे समझाने के बाद दस लोगों का एक समूह बन गया, जिसका नाम साईं बाबा स्वयं सहायता समूह रखा गया। इसके बाद सभी ने ये फैसला लिया कि महीने में सभी पचास रुपए अपने समूह को मजबूत करने के लिये जमा करेंगी, लेकिन इन महिलाओं के पास एक साथ पचास रुपए भी महीने के जमा करने के लिये नहीं थे। तब सभी ने पन्द्रह रुपए सप्ताह के जमा करना शुरू किया और महीने के आखिरी में जिस भी सदस्य का पैसा कुछ कम होता था, वो उसे आखिरी समय में पैसा दे देता था। ऐसा करते करते हुए इनके समूह ने कुछ महीनों में ही पांच हजार जोड़ लिए और फिर यहां से कुछ

करने का ख्याल सबके मन में आने लगा।

सभी लोन और ब्याज को लेकर काफी संकोच में थे कि यदि इन पैसों को अपने किसी काम में प्रयोग कर लें तो उसका ब्याज कैसे चुकाएंगे। इन्हीं सब के बीच एक महिला ने सिलाई के काम के लिये सबसे पहले समूह से तीन हजार का लोन लिया और उसका ब्याज भी धीरे-धीरे चुकाने लगी। जिसके बाद सभी सदस्यों में एक आत्मविश्वास आ गया और बैठक में बचत बढाने के साथ-साथ उन पैसों का अपने कामों में उपयोग करने लगे।

किसी ने दूध डेयरी, किसी ने सिलाई सेंन्टर, कपड़े का व्यवसाय, तो किसी ने साज-श्रृंगार की दुकान खोल ली। इस तरह से इनकी आर्थिक स्थिति सुधरने लगी। कविता की जिंदगी में भी कुछ सुधार आया और वह आत्मसंबल महसूस करने लगी। उन्होंने धीरे-धीरे महसूस किया कि शासन की योजनाओं से उन्हें संबल बनाने में मदद मिल रही है। उन्हें मालूम हुआ कि सरकार की तरफ से बनाई गई योजना के मुताबिक शासन लोन भी दे रही है। इसके बाद कविता ने योजनाओं के तहत लोन लेना शुरू कर दिया। सरकार से मदद मिली और इस लोन के पैसे से इन्होंने अपने व्यवसाय को काफी आगे बढ़ा दिया।

कविता बताती हैं कि वह अब इन्हीं पैसों से अपने कपड़े का व्यवसाय कर रही है। इसके अलावा दो पोल्ट्री फार्म भी खोल लिए हैं, जिनसे उन्हें अच्छा मुनाफा हो रहा है। इस आमदनी से कविता ने एक बड़ा घर बना लिया है और अपना खुद की कपड़े का दुकान खोल ली है, जिससे इन्हें काफी कमाई होती है। वह लखपति दीदी के तौर पर पहचानी जाती हैं।

कविता बहुत खुश हैं कि मुख्यमंत्री और प्रधानमंत्री ने महिलाओं के लिये सोचा, जिस कारण से आज उन्हें लखपति दीदी के नाम से जाना जाता है। इसके लिये वह उन्हें धन्यवाद देती हैं। साथ ही कहती हैं कि सभी महिलाओं को समूह से जुड़ना चाहिये। सिर्फ पैसे के लेन देन के लिये नहीं, बल्कि समाज सेवा करने के लिये भी ये अच्छा माध्यम है। इस माध्यम से जुड़कर एक दूसरे की मदद के साथ-साथ अपनी आर्थिक स्थिति को मजबूती मिलती है। इसी के साथ उनका यह मानना है कि वो दिन दूर नहीं, जब हम शासन की मदद से लखपति दीदी के बाद करोड़पति दीदी का भी दर्जा प्राप्त करेंगी।

इस लिहाज से यह कहना गलत नहीं होगा यह योजना अपने मकसद में कामयाब हुई। इससे जुड़ी महिलाओं को आर्थिक रूप से मजबूती मिली। कविता जैसी सैकड़ों महिलाएं हैं, जो केंद्र सरकार की इस योजना से लाभान्वित हुई हैं। वे अपना काम शुरू कर रही हैं और आत्मनिर्भर बन रही हैं। कविता की तरह ही एक अन्य उदाहरण बिहार के वैशाली में रहने

वाली नीलम देवी का भी है। मौजूदा समय में वह एक छोटी सी दुकान चलाकर परिवार चला रही हैं। उन्होंने विस्तार से इस योजना के साथ अपने अनुभव को साझा किया।

उन्होंने बताया कि पति के मौत के बाद उनके सामने स्थिति काफी विपरीत हो गई थी। बच्चों के भविष्य की चिंता सताने लगी थी। घर की खराब स्थिति को देखते हुए उसके भाई ने रोजगार चलाने के लिए एक भैंस दे दी थी। उसने भैंस का दूध बेचकर जैसे-तैसे परिवार चलाना शुरू किया। इसी दौरान गांव की अन्य महिलाओं से लखपति दीदी समूह के बारे में जानकारी मिली।

वहां उन्हें ट्रेनिंग भी मिली। गांव के स्वयं सहायता समूह से जुड़ गई। समूह की बैठकों में भाग लेने के दौरान समूह से लोन के बारे में जानकारी मिली। उन्हें पहली बार पहले लोन के तौर पर 10,000 रुपए मिले। इससे एक छोटी सी दुकान खोल ली। इसके बाद 20,000 रुपए का भी लोन मिला। इससे दुकान का सामान खरीदा। दुकान अच्छी चलने लगी, इससे आर्थिक स्थिति में काफी सुधार हुआ। इसके अलावा दो बकरियां और एक गाय भी खरीद ली। बच्चों का भविष्य अब सुरक्षित नजर आने लगा।

वैशाली प्रखंड़ के मदरना पंचायत की रहने वाली शारदा देवी पहले दूध का सेंटर चलाती थी। हालांकि, बिहार में आई बाढ़ और मवेशियों में फैली बीमारी के चलते उन्हें दूध सेंटर बंद करना पड़ा। वह चंपा जीविका स्वयं सहायता समूह से जुड़ गई। जहां से उन्हें 20,000 रुपए का लोन मिला। जिसके बाद उन्होंने एक छोटी सी दुकान खोल ली। दुकान अच्छी चल पड़ी। अब बच्चों के पालन-पोषण और पढ़ाई का खर्चा निकलने लगा है।

क्या है लखपति दीदी योजना?

सरकार की सफल योजना कहें या फिर उसकी उपलब्धि है कि 10 साल में एक करोड़ 'लखपति दीदी' बन चुकी हैं, प्रधानमंत्री नरेंद्र मोदी ने एक कार्यक्रम के दौरान 11 लाख लखपति दीदियों को सर्टिफिकेट देकर सम्मानित किया है। उनसे बातें की। उनकी सफलता की कहानियां सुनीं। केंद्र की नरेंद्र मोदी सरकार ने 3 करोड़ लखपति दीदी बनाने का लक्ष्य रखा है। लखपति दीदी योजना भारत सरकार द्वारा चलाई जा रही महिलाओं के लिए एक खास तरह का स्किल प्रशिक्षण प्रोग्राम है। इस योजना को विस्तार देने के लिए कई रोजगारोन्मुखी कार्यों को शामिल कर दिया गया है।

उल्लेखनीय है कि स्वयं सहायता समूहों से जुड़ी ये महिलाएं सालाना कम से कम एक लाख रुपए कमाती हैं। इस योजना की शुरुआत से अब तक एक करोड़ महिलाएं इससे जुड़ चुकी हैं। पीएम मोदी के अनुसार यह योजना सिर्फ महिलाओं की आय बढ़ाने के लिए नहीं है, बल्कि आने वाली महिलाओं की पीढ़ियों को सशक्त बनाने के लिए भी है।

लखपति दीदी योजना के अंतर्गत महिलाओं को सरकार द्वारा 5 लाख रुपए का लोन मिलता है। इस लोन की खासियत यह है कि इस पर महिलाओं को किसी भी प्रकार की ब्याज दरों का भुगतान नहीं करना होता है। यानी कि यह ब्याज मुक्त लोन होता है। लखपति दीदी योजना में 18 से लेकर 50 साल तक की महिलाएं आवेदन कर सकती हैं। हालांकि ऐसी महिलाएं जिनके परिवार में कोई सदस्य सरकारी नौकरी में हैं, वे इस योजना का लाभ नहीं ले सकती हैं।

लखपति दीदी कोई योजना नहीं है, बल्कि ग्रामीण विकास मंत्रालय की दीनदयाल अंत्योदय योजना-राष्ट्रीय ग्रामीण आजीविका मिशन (डीएवाई-एनआरएलएम) योजना का ही एक परिणाम है। इस योजना के तहत 30 जून 2024 तक 10.05 करोड़ महिलाओं को 90.86 लाख स्वयं सहायता समूहों में संगठित किया जा चुका है। इन समूह के सदस्यों में से एक करोड़ से अधिक इसके सदस्यों की वार्षिक आय एक लाख रुपए से अधिक है। इस कारण वे लखपति दीदी कहलाती हैं।

वित्तीय वर्ष 2024-25 के दौरान भारत सरकार ने डीएवाई-एनआरएलएम के लिए 15047.00 करोड़ रुपए के बढ़े हुए बजटीय परिव्यय का प्रस्ताव दिया है। इससे एसएचजी सदस्यों की आजीविका को सुदृढ़ करने में मदद मिलेगी। इससे न केवल समूह के सदस्यों को आर्थिक रूप से सशक्त बनाना संभव होगा, बल्कि महिलाओं के नेतृत्व वाले विकास को भी सुविधाजनक बनाया जा सकेगा।

डीएवाई-एनआरएलएम की विभिन्न उप-योजनाओं के तहत एसएचजी सदस्यों के लिए आजीविका में विविधता लाकर उसे और बेहतर बनाने की योजना है। इसके अलावा, एसएचजी सदस्यों को प्रति वर्ष न्यूनतम एक लाख रुपए की आय की सुविधा प्रदान करने के लिए संभावित लखपति दीदियों की पहचान की गई है। आजीविका व्यवसाय योजना तैयार करने, परिसंपत्तियों, कौशल, वित्त, प्रौद्योगिकी, बाजार आदि के लिए संपर्क स्थापित करने में सामुदायिक संसाधन व्यक्तियों द्वारा उनकी मदद की जा रही है। साथ ही व्यक्तिगत और समूह उद्यमों में एसएचजी सदस्यों का समर्थन करने के लिए एक समर्पित "महिला उद्यम त्वरण कोष" की स्थापना की गई है। अन्य मंत्रालयों, जैसे कृषि और किसान कल्याण मंत्रालय, पशुपालन और डेयरी मंत्रालय, खाद्य प्रसंस्करण उद्योग मंत्रालय, जनजातीय मामलों के मंत्रालय, सूक्ष्म, लघु और मध्यम उद्यम मंत्रालय आदि के साथ अभिसरण को मजबूत किया जा रहा है, ताकि उनकी योजनाओं का लाभ एसएचजी सदस्यों को मिल सके।

महिलाओं को डीएवाई-एनआरएलएम का लाभ विभिन्न चरणों के माध्यम से मिलता है। जिसमें ऋण और सूक्ष्म वित्त सुविधाएं हैं। वे इस प्रकार हैं:

1. स्वयं सहायता समूहों को रिवाल्विंग फंड (आरएफ) और सामुदायिक निवेश कोष (सीआईएफ) के रूप में धनराशि उपलब्ध कराई जाती है, जिससे उन्हें एक कोष बनाने में मदद मिल सके, इस कोष से स्वयं सहायता समूह के सदस्य विभिन्न प्रयोजनों के लिए ऋण प्राप्त कर सकते हैं।
2. एसएचजी को सब्सिडी वाली ब्याज दरों पर ऋण प्राप्त करने के लिए बैंक लिंकेज की सुविधा भी दी जाती है। 2013-14 से एसएचजी को 9.00 लाख करोड़ रुपए से अधिक के बैंक ऋण तक पहुँचने में सहायता की गई है। महिला एसएचजी को ऋण प्रदान करने के लिए मास्टर सर्कुलर भारतीय रिजर्व बैंक/राष्ट्रीय कृषि और ग्रामीण विकास बैंक (नाबार्ड) द्वारा हर साल जारी किया जाता है।
3. स्वयं सहायता समूह के सदस्यों को लेखांकन, रिकार्ड-कीपिंग, बजट और ऋण प्रबंधन आदि पर प्रशिक्षण के माध्यम से वित्तीय साक्षरता कौशल भी प्रदान किया जाता है।
4. स्टार्ट-अप विलेज एंटरप्रेन्योरशिप प्रोग्राम (एसवीईपी), डीएवाई-एनआरएलएम कार्यक्रम के तहत एक उप-योजना है जो स्वयं सहायता समूहों और उनके परिवार के सदस्यों को गैर-कृषि क्षेत्र में छोटे उद्यम स्थापित करने के लिए समर्थन और सुविधा प्रदान करती है, उद्यम संवर्धन के लिए सामुदायिक संसाधन व्यक्ति (सीआरपी) के माध्यम से प्रशिक्षण और सहायता प्रदान करके ब्लॉक में उद्यमशीलता का एक इको-सिस्टम बनाती है, सामुदायिक उद्यम निधि (सीईएफ) के माध्यम से वित्त पोषण करती है, समुदाय द्वारा संचालित और प्रबंधित ब्लॉक संसाधन केंद्र (बीआरसी) नामक एक ही छत के नीचे डोमेन और व्यवसाय से संबंधित सलाह देती है।

जीविका दीदियां : बिहार सरकार की एक प्रमुख पहल का हिस्सा हैं, जिसका उद्देश्य महिलाओं को सशक्त बनाना और उन्हें आत्मनिर्भर बनाना है। यह पहल "जीविका" नामक कार्यक्रम के अंतर्गत आती है, जिसे बिहार राज्य ग्रामीण आजीविका मिशन (BRLPS - Bihar Rural Livelihoods Promotion Society) के तहत चलाया जाता है।

जीविका दीदियां वे महिलाएं होती हैं, जो इस मिशन के तहत स्वयं सहायता समूहों (SHGs) का हिस्सा बनती हैं और अपने समुदाय के विकास के लिए काम करती हैं। ये महिलाएं ग्रामीण क्षेत्रों में महिलाओं को आर्थिक, सामाजिक और शैक्षिक सशक्तिकरण के लिए प्रेरित करती हैं।

एक समूह में पांच से सात महिलाएं रहती हैं। ये हर जिले में होती हैं, जिनकी संख्या सैकड़ों में होती हैं। इनका काम अपने स्तर पर गांव की दूसरी महिलाओं को जागरूक कर उन्हें जीविका से जोड़ना और उन्हें आर्थिक मदद करना होता है। स्वयं सहायता समूह बनाने में बिहार जीविक पूरे देश में पहले स्थान पर है। प्रदेश में 10 लाख 81 हजार से भी अधिक स्वयं सहायता समूह तैयार हो चुके हैं। महिलाओं का इतना बड़ा समूह किसी राज्य में नहीं है। दूसरे स्थान पर कर्नाटक है, जहां नौ लाख के करीब महिलाओं का स्वयं सहायता समूह है।

बिहार में ग्रामीण महिलाओं की आर्थिक स्थिति में सुधार के लिए जीविका की शुरुआत 2007 में की गई थी। इसके बाद लगातार महिलाएं जीविका से जुड़ती रहीं। इनका समूह लगातार बढ़ता चला गया। इनसे जुड़ी महिलाएं बैंक से लोन लेती हैं और अपनी क्षमता व योग्यता के अनुसार रोजगार करती हैं। ग्रामीण महिलाओं को जीविका से जोड़कर उनके हुनर को बाजार दिया गया है, जो महिला जिस काम में दक्ष हैं, उन्हें प्रोत्साहित किया जाता है। उनके काम को बाजार तक पहुंचाने के लिए आर्थिक मदद की जाती है। इससे महिलाओं को कारोबार शुरू करने में मदद मिलती है। जीविका की ओर से साल में दो बार सरस मेले का आयोजन किया जाता है और उन्हें दूसरे राज्यों में भी भेजा जाता है।

जीविका दीदियों से आर्थिक सशक्तिकरण : जीविका दीदियां स्वयं सहायता समूहों के माध्यम से ग्रामीण महिलाओं को रोजगार के अवसर उपलब्ध कराती हैं। वे महिलाओं को छोटे-छोटे व्यवसाय शुरू करने, बचत करने और वित्तीय स्वतंत्रता हासिल करने में मदद करती हैं।

स्वास्थ्य और शिक्षा : वे स्वास्थ्य और स्वच्छता के प्रति जागरूकता फैलाती हैं। बच्चों और महिलाओं की शिक्षा को बढ़ावा देने के लिए काम करती हैं।

कौशल विकास : जीविका दीदियां महिलाओं को सिलाई, बुनाई, खाद्य प्रसंस्करण, जैविक खेती और अन्य कौशल सिखाती हैं। ये कौशल उन्हें स्वरोजगार के माध्यम से आय अर्जित करने में मदद करते हैं।

सामाजिक सशक्तिकरण : जीविका दीदियां महिलाओं को उनके अधिकारों और सरकारी योजनाओं के बारे में जागरूक करती हैं। वे महिलाओं को परिवार और समुदाय में निर्णय लेने में सशक्त बनाती हैं।

कोविड-19 के दौरान योगदान : जीविका दीदियों ने कोविड-19 महामारी के दौरान मास्क बनाने, सैनिटाइजर तैयार करने और राशन वितरण में महत्वपूर्ण भूमिका निभाई।

उन्होंने ग्रामीण समुदायों में जागरूकता अभियान भी चलाए। 10 लाख से अधिक महिलाएं जीविका परियोजना के तहत समूहों में संगठित हैं।

आजीविका में सुधार : महिलाएं कई तरह के आय-सृजन गतिविधियों जैसे खेती, मछली पालन, डेयरी और शिल्प कला में लगी हैं।

ग्रामीण विकास : जीविका दीदियों के प्रयासों से बिहार के ग्रामीण क्षेत्रों में गरीबी घटाने और सामाजिक बदलाव लाने में मदद मिली है।

सरकारी योजनाओं के साथ समन्वय : जीविका दीदियां केंद्र और राज्य सरकार की योजनाओं जैसे प्रधानमंत्री उज्ज्वला योजना, जन धन योजना और सुकन्या समृद्धि योजना को ग्रामीण महिलाओं तक पहुंचाने में मदद करती हैं।

महत्व और प्रेरणा : जीविका दीदियां महिलाओं के सशक्तिकरण और ग्रामीण विकास के लिए एक परिवर्तनकारी शक्ति हैं। उनकी कहानी दिखाती है कि यदि महिलाओं को अवसर और समर्थन दिया जाए, तो वे अपने परिवार और समुदाय के उत्थान में महत्वपूर्ण भूमिका निभा सकती हैं।

यह पहल न केवल महिलाओं को आत्मनिर्भर बना रही है, बल्कि बिहार के ग्रामीण क्षेत्रों में गरीबी उन्मूलन और सामाजिक परिवर्तन में भी मदद कर रही है।

✿ ✿

अध्याय-10

कानूनी हक से भरोसेमंद जीवन

'महिलाओं को जल्दी मिले इंसाफ, तब ही आधी आबादी को मिलेगा!' इस वाक्य को प्रधानमंत्री नरेंद्र मोदी ने उस समय कहा था, जब सुप्रीम कोर्ट के 75 वर्ष पूरे होने पर आयोजित कार्यक्रम के दौरान पूरा हॉल न्यायाधीशों से भरा था। इस दौरान उन्होंने जोर देते हुए कहा कि महिलाओं और बच्चों के खिलाफ अपराध देश में गंभीर चिंता का विषय बन गया है। जिला न्यायालय के न्यायाधीशों से अपील है कि वे इन मामलों का शीघ्र निपटारा करें, ताकि विशेष रूप से महिलाओं और पूरे समाज में सुरक्षा की भावना पैदा हो सके।

देखते ही देखते उनके भाषण में एक प्रवाह बन गया था— ये केवल एक संस्था की यात्रा नहीं है। ये यात्रा है भारत के संविधान और संवैधानिक मूल्यों की। ये यात्रा है एक लोकतंत्र के रूप में भारत के और परिपक्व होने की। भारत के लोगों ने सुप्रीम कोर्ट पर, हमारी न्यायपालिका पर विश्वास किया है। इसलिए सुप्रीम कोर्ट के ये 75 वर्ष 'मदर ऑफ डेमोक्रेसी' के रूप में भारत के गौरव को और बढ़ाते हैं। आजादी के अमृतकाल में 140 करोड़ देशवासियों का एक ही सपना है विकसित भारत, नया भारत बनने का। नया भारत, यानी सोच और संकल्प से एक आधुनिक भारत! हमारी न्यायपालिका इस विज़न का एक मजबूत स्तम्भ है। भारतीय न्याय संहिता के रूप में हमें नया भारतीय न्यायविधान मिला है। इन कानूनों की भावना है– 'Citizen First, Dignity First और Justice First ('नागरिक पहले, सम्मान पहले और न्याय पहले') है।

हमारे क्रिमिनल लॉ शासक और गुलाम वाली कोलोनियल सोच से आजाद हुए हैं, लेकिन आज महिलाओं के खिलाफ अत्याचार, बच्चों की सुरक्षा समाज की गंभीर चिंता है। देश में महिलाओं की सुरक्षा के लिए कई कठोर कानून बने हैं, लेकिन हमें इन्हें और सक्रिय करने की जरूरत है। महिला अत्याचार से जुड़े मामलों में जितनी तेजी से फैसले आएंगे, आधी आबादी को सुरक्षा का उतना ही बड़ा भरोसा मिलेगा।

उसके बाद खचाखच भरे हॉल में काफी समय तक तालियां बजती रहीं। ये बातें यूं ही नहीं कही गई थी। इसकी वजह भी रही है। भारत की महिला चाहे वह किसी भी धर्म-संप्रदाय की हो उसे अपना जीवन जीने और जिंदगी को सजाने-संवारने का उतना ही हक

है, जितना किसी पुरुष को। इस सिलसिले में पिछले दस सालों में कानूनी ताकत मिली है, वह औरतों को एक भरोसेमंद जिंदगी देने और सुरक्षा का वादा करता है। कानून ही महिला सशक्तिकरण की राह में आने वाले वैधानिक रोड़े को हटाने में काफी हद तक कारगर साबित हो रहा है।

तीन तलाक़ क़ानून : सुधार की दिशा

वैसे तो राष्ट्रीय जनतांत्रिक गठबंधन (राजग) की नरेंद्र मोदी सरकार ने कई कानूनों में बदलाव किए। इंडियन पैनल कोड को नया नाम भारतीय न्याय संहिता 2023 मिल गया, जो 1 जुलाई 2024 से देशभर में लागू किया जा चुका है। किंतु उनमें मुस्लिम महिलाओं के हित में आए तीन तलाक कानून से उस समाज को एक व्यापक उम्मीद बनी है कि इससे सैकड़ों सालों से चली आ रही तलाक की ग़लत प्रथा को सख्ती से रोकने में मदद मिलेगी। मुस्लिम समाज की औरतों के लिए इसे एक बेहद क्रांतिकारी और ऐतिहासिक कदम माना गया है। तीन तलाक का दंश झेल चुकी महिलाएं बेहद खुश हैं। मुस्लिम महिला (विवाह संरक्षण) अधिनियम-2019 यानी ट्रिपल तलाक रोकने के लिए बनाया गया ये क़ानून मुसलमानों के निजी क़ानूनों यानी पर्सनल लॉ में सुधार की दिशा में उठाया गया एक कारगर क़दम है।

यह मुस्लिम समाज में प्रचलित निजी कानूनों में व्यापक सुधारों के तहत किया गया। यहां तक पहुंचने में सरकार को लगभग 50 साल लग गए। इसकी शुरुआत 1972 में पहली बार तब हुई थी, जब केरल हाई कोर्ट के चीफ जस्टिस पी ख़ालिद ने ट्रिपल तलाक़ को इस्लाम और भारतीय संविधान दोनों की मूल भावना के खिलाफ क़रार दिया था।

उसके बाद 1981 में गुवाहाटी हाई कोर्ट के चीफ जस्टिस बहरुल इस्लाम ने बेहद महत्वपूर्ण फैसले में व्यवस्था दी थी कि बग़ैर सुलह सफाई की कोशिशों के दिए गए तलाक़ से निकाह नहीं टूट सकता।

जस्टिस बहरुल इस्लाम ने क़ुरआन की सूरह निसा की आयत नंबर 35 को आधार बनाया था। इसमें साफ कहा गया है कि अगर शौहर और बीवी के बीच संबंध ठीक नहीं हो और मामला शादी टूटने के कगार पर पहुंच जाए। तो दोनों की तरफ से एक वकील तय करके सुलह सफाई की कोशिश करनी चाहिए। अगर दोनों के बीच साथ रहने की सहमति नहीं बनती है तभी तलाक़ लेना सही कदम होगा।

इस संबंध में 14 सालों बाद 1986 में शाहबानो मामले में सुप्रीम कोर्ट का फैसला आया। उसके बाद 2002 में शमीम आरा के मामले में भी सुप्रीम कोर्ट ने ट्रिपल तलाक़

को भारतीय संविधान और इस्लाम की मूल भावना के ख़िलाफ़ बताते हुए अमान्य क़रार दे दिया गया। इसी सिलसिले को आगे बढ़ाते हुए 2018 में शायरा बानो के मामले में सुप्रीम कोर्ट ने ट्रिपल तलाक़ को अमान्य करार दिया और केंद्र सरकार से इसकी रोकथाम के लिए क़ानून बनाने की पहल की।

दरअसल शाहबानो ने 1980 के दशक में शरीयत इंप्लीकेशन एक्ट के तहत ट्रिपल तलाक़ के ख़िलाफ़ जो जंग शुरू की थी उसमें शायरा बानो की जीत हुई। ग़ौरतलब है कि 1937 में संसद में शरीयत इंप्लीकेशन एक्ट पारित हुआ था। इस के तहत मुसलमानों को शादी, तलाक़, उत्तराधिकारियों के बीच संपत्ति के बंटवारे और गोद लेने जैसे मामलों में अपनी मज़हबी मान्यता के अनुसार चलने संबंधी छूट की बात है।

शरीयत इंप्लीकेशन एक्ट मुसलमानों को इन मामलों में अपने हिसाब से क़ानून बनाने की छूट तो देता है, लेकिन क़ानून क्या होंगे यह तय नहीं किया गया था। तब इन्हें संसद में पारित करवाकर बाक़ायदा संवैधानिक दर्जा नहीं मिल पाया था।

इस बारे में न तो राजग की पहले की सरकारों की तरफ से कोई कोशिश हुई और न ही मुस्लिम संगठनों ने कोई पहल की। नतीजा यह निकला कि इस्लाम की मूल भावना के तहत साल 1939 में मुस्लिम विवाह (विच्छेदन) अधिनियम बनाकर मुस्लिम महिलाओं को पति से 'ख़ुला' यानी तलाक़ लेने का अधिकार मिल गया। ये क़ानून भी अधूरा साबित हुआ, क्योंकि ये किसी महिला को अपने पति से तलाक़ लेने के लिए ज़रूरी शर्तें लगाने वाला था, लेकिन ये नहीं बताता था कि मुस्लिम पुरुष किस आधार पर अपनी पत्नी को तलाक़ दे सकता है। इस कानून के मुताबिक़ महिला को 'ख़ुला लेने' के लिए कोर्ट का दरवाजा खटखटाना पड़ेगा। लेकिन पुरुष बग़ैर अदालत जाए ही तलाक़ दे सकता है। मुस्लिम समाज में आम धारणा बनी हुई है कि है कि शौहर को कभी भी अपनी पत्नी को तलाक देने का अधिकार है। ये धारणा क़ुरआन और इस्लाम की मूल भावना के ख़िलाफ़ है। क़ुरआन में महिला और पुरुषों को बराबर अधिकार दिए गए हैं।

शाहबानो मामले में जिस तरह एक महिला बग़ैर ठोस वजह के अपने पति से ख़ुला नहीं ले सकती ठीक उसी तरह बग़ैर ठोस वजह के कोई शौहर भी अपनी पत्नी को तलाक़ नहीं दे सकता। लेकिन ठोस क़ानून नहीं होने की वजह से मुस्लिम समाज में तलाक़ का ग़लत इस्तेमाल किया जाता रहा। मुसलमानों के निजी मामलों से जुड़ा दूसरा क़ानून 1986 में वजूद में आया, जो शाहबानो मामले में आए सुप्रीम कोर्ट के फैसले को पलटने के लिए बनाया गया था।

इसके तहत राजीव गांधी की सरकार ने मुस्लिम महिलाओं को सीआरपीसी की धारा 125 के तहत तलाक़ के बाद अपने पूर्व पति से भरण पोषण की मांग करने पर रोक लगाई थी।

इस संदर्भ में ताज्जुब की बात यह सामने आई कि मुसलमानों के लिए विवाह से संबंधित कोई ठोस कानून नहीं है। उसे तोड़ने और उसके संरक्षण के लिए क़ानून ज़रूर बन गए। जबकि होना ये चाहिए था कि सरकार को हिंदू विवाह अधिनियम की तरह ही मुस्लिम विवाह अधिनियम भी बनाया था। इसी एक कानून में विवाह या तलाक की स्थिति में महिला और उसके बच्चों के भरण पोषण और ग़लत तरीके से तीन तलाक देकर पत्नी को छोड़ने की सज़ा के साथ-साथ बहु विवाह की रोकथाम के लिए भी प्रावधान हों।

ग़ौरतलब है कि हिंदू समाज में निजी मामलों से जुड़े मोटे तौर पर क़ानून रहे हैं— हिंदू विवाह अधिनियम 1955, हिंदू उत्तराधिकार अधिनियम 1955, हिंदू अल्पसंख्यक एवं अभिभावक अधिनियम 1956, हिंदू एडॉप्शन और भरण पोषण अधिनियम 1956।

ये सभी कानून हिंदू समाज में हजारों सालों से चली आ रही वैदिक परंपराओं को आधुनिक बनाने के मक़सद से लागू किए गए थे। ऐसा संविधान के अनुच्छेद 13 के मुताबिक संविधान लागू होने से पहले देश में चले आ रहे सभी कायदे कानूनों को संविधान के साथ तालमेल बैठाने के लिए किया गया था। चूकी संविधान से सीधे तौर पर टकराने वाले पुराने कानूनों को ये अनुच्छेद अमान्य करार देता है। इसके मुताबिक देखने पर पता चलता है कि मुस्लिम समाज के लिए भी मुस्लिम विवाह अधिनियम, मुस्लिम उत्तराधिकार अधिनियम, मुस्लिम एडॉप्शन एवं भरण पोषण अधिनियम जैसे क़ानून बनाए जाने चाहिए।

परंपरागत व्यवस्था के हिसाब से मुस्लिम पर्सनल लॉ में इन मामलों से संबंधित जो भी क़ानून रहे वो फ़िक़्ह पर आधारित थे। इन्हें बनाने में क़ुरआन और हदीस के मुक़ाबले इज़मा यानी उलेमा के बीच आम सहमति और क़यास को तरजीह दी गई थी। यही वजह रही कि इन क़ानूनों के कई प्रावधान क़ुरआन की मूल भावना के ख़िलाफ़ माने गए हैं। इनकी वजह से महिलाओं और यतीम बच्चों के साथ बड़ी नाइंसाफी होने लगी। इस्लाम ने बाप की विरासत में बेटे और बेटियों दोनों का हिस्सा तय किया है। इसका दुष्परिणाम तलाकशुदा महिलाओं की संतान को झेलना पड़ा। जबकि बीवी को तलाक देने से बच्चों का ये हक़ ख़त्म नहीं होता। इस बाबत ठोस कानून नहीं होने की वजह से तलाक़ पाई और महिलाओं के बच्चों को उनका हक़ नहीं मिल पाता था। मुस्लिम समाज में बड़े पैमाने पर ऐसी महिलाएं मौजूद हैं, जिनके शौहर के देहांत के बाद उन्हें और उनके यतीम बच्चों को ससुराल से बेदखल कर दिया गया है। यतीम बच्चों को दादा की विरासत में कोई हिस्सा नहीं दिया गया।

ठोस क़ानून न होने की वजह से ऐसी महिलाएं अपने मरहूम शौहर की जायदाद में अपने और अपने बच्चों के हक़ के लिए दर-दर की ठोकरें खाने को मजबूर रही हैं। इन्हें कहीं इंसाफ नहीं मिल पाता। मुस्लिम समाज कई मसलकों और फिरक़ों में बंटा हुआ है, लेकिन सभी क़ुरआन की आयतों पर ईमान को लेकर एकमत हैं।

माना जाता है कि क़ुरआन में जिंदगी से जुड़े हर मसले का समाधान मौजूद है। शादी और तलाक़ से जुड़े सभी मसलों के साथ ही संपत्ति के बंटवारे पर क़ुरआन में बारीकी से आदेश और हिदायत दी गई है। इसी के साथ यह सवाल बना रहा है कि मुस्लिम महिला को तलाक़ के बाद किस क़ानून के तहत गुज़ारा भत्ता मिलना चाहिए– सीआरपीसी के सेक्शन 125 या मुस्लिम पर्सलन लॉ के तहत?

इस संबंध में जब एक मुसलमान व्यक्ति ने सुप्रीम कोर्ट में याचिका डाली थी, तब इस मामले को लेकर सहयोग करने के लिए सुप्रीम कोर्ट के जज बीवी नागरत्ना और ऑगस्टिन जॉर्ज मसीह ने वकील गौरव अग्रवाल को एमाइकस क्यूरी नियुक्त किया था।

तेलंगाना के फ़ैमिली कोर्ट ने मोहम्मद अब्दुल समद को तलाक़ के बाद अपनी पूर्व पत्नी को हर महीने 20,000 रुपए गुज़ारा भत्ता देने को कहा था। महिला ने सीआरपीसी के सेक्शन 125 के अंतर्गत फ़ैमिली कोर्ट में भत्ता देने की गुहार लगाई थी और कहा था कि समद ने उन्हें तीन तलाक़ दिया है। समद ने इस फ़ैसले के ख़िलाफ़ हाई कोर्ट में अपील की थी। तब कोर्ट ने कहा कि इस मामले में कई सवाल उठाए गए जिन पर फ़ैसला लेना होगा। साथ ही याचिकाकर्ता समद को 10,000 रुपए अंतरिम भत्ता देने को कहा।

हाई कोर्ट के निर्देश को चुनौती देते हुए समद ने सुप्रीम कोर्ट का दरवाज़ा खटखटाया और कहा कि हाई कोर्ट ने इस बात को नज़रअंदाज़ कर दिया कि 1986 का क़ानून एक ख़ास क़ानून है और सीआरपीसी के सेक्शन 125 की तुलना में उसे ही माना जाएगा, क्योंकि सीआरपीसी एक आम क़ानून है।

मोहम्मद अब्दुल समद के वकील वसीम क़ादरी का कहना था कि मुस्लिम महिला को दिए गए तलाक़ के मामले में सेक्शन 125 को लागू करना संभव नहीं था, लेकिन अगर किसी मुस्लिम महिला को अलग कर दिया गया है या उसका पति ध्यान नहीं रख रहा है तो वो इस सेक्शन के तहत भत्ता मांग सकती है।

उन्होंने कोर्ट में यह तर्क दिया था कि तलाक़शुदा महिला के लिए स्पेशल लॉ 1986 लागू होता है, यानी इद्दत अवधि में ही उसे वो भत्ता दिया जाएगा। यह जिस व्यक्ति की जितनी क्षमता है, उसे उसी प्रकार देना होगा।

इसके जवाब में एमाइकस क्यूरी गौरव अग्रवाल ने सुप्रीम कोर्ट और हाई कोर्ट के दर्जनभर से ज़्यादा फ़ैसलों का हवाला दिया और 125 सेक्शन के तहत हर महीने भत्ता देने की बात कही।

इस तर्क के संबंध में विमेन इन मस्जिद, टिल तलाक़ डू अस पार्ट : अंडरस्टैंडिंग तलाक़, ट्रिपल तलाक़ एंड ख़ुला आदि जैसी किताबों के लेखक ज़िया उस सलाम के मुताबिक ये सोचने की बात है कि पिछले भारत का मुसलमान समुदाय आजादी के बाद कहाँ पहुँचा है । शाहबानो ने उस ज़माने में छोटी सी मांग की थी और राजीव गांधी ने उसे ओवर टर्न कर दिया था। मुस्लिम पर्सलन लॉ इद्दत की बात करता है, वहीं मुस्लिम विश्लेषक कहते हैं कि आपकी अपनी पत्नी के प्रति ज़िम्मेदारी तब तक रहती है, जब तक वह दूसरा निकाह न कर ले ।

वे इस्लामिक लॉ के बारे में बताते हुए कहते हैं कि इसमें लिखा है– " पैसा कमाने की ज़िम्मेदारी मर्द की है, अगर महिला पैसा कमाती भी है, तो उसके बावजूद उसका मर्द से पैसे और उससे भत्ता लेने का अधिकार बना रहता है। महिला का अपने कमाए पैसे पर पूरा अधिकार है। उस पर मर्द का कोई अधिकार नहीं है। "

इस संबंध में ज़िया उस सलाम के अनुसार क़ुरान के सुरे में भी कहा गया है कि मर्द अगर पत्नी को तलाक़ दे चुका है तो उसे उचित भत्ता देने का प्रावधान करना चाहिए। हालांकि इसकी अलग-अलग व्याख्या की जाती है ।

इन सब की विस्तार से चर्चा शाहबानो मामले में हुई, जो मुस्लिम महिलाओं के अधिकारों और पर्सनल लॉ के ख़िलाफ़ लड़ाई में मील का पत्थर बन गया । इस मामले से मुसलमान महिलाओं को क़ानूनी अधिकार पाने के लिए क़ानूनी ज़मीन मिली ।

सुप्रीम कोर्ट ने शाहबानो मामले में तलाक़ के बाद गुज़ारा भत्ता देने के फ़ैसले को सही ठहराया था। लेकिन इस बात को लेकर राजनीतिक विवाद भी पैदा हो गया था कि कोर्ट किस हद तक मुस्लिम पर्सनल लॉ में दख़ल दे सकता है।

वहीं शाह बानो के मामले ने मुसलमान महिलाओं को शादी में समान अधिकार और सामान्य अदालत में तलाक़ लेने की सुविधा का भी दरवाज़ा खोला दिया था।

साल 1978 में 62 साल की एक मुसलमान महिला शाह बानो ने कोर्ट में अर्ज़ी डाल कर अपने पति, मोहम्मद अहमद ख़ान से तलाक़ के बाद गुज़ारा भत्ता की मांग की थी। शाहबानो और मोहम्मद अहमद ख़ान का निकाह साल 1932 में हुआ था और उनके पांच बच्चे थे। मोहम्मद अहमद ख़ान पेशे से वकील थे और उन्होंने दूसरी शादी इस्लामिक क़ानून के तहत की थी।

इसके बाद शाहबानो ने साल 1978 में इंदौर की अदालत का दरवाज़ा खटखटाया और 500 रुपए प्रति महीना गुज़ारा भत्ता दिए जाने की मांग की।

उन्होंने दंड प्रक्रिया संहिता या सीआरपीसी के सेक्शन 125 के तहत गुज़ारा भत्ता की मांग की थी। लेकिन मोहम्मद अहमद ख़ान ने तर्क दिया था कि भारतीय मुस्लिम पर्सनल लॉ के अनुसार, तलाक़ के बाद पति इद्दत की मुद्दत तक ही गुज़ारा भत्ता देता है। मुस्लिम पर्सनल लॉ के मुताबिक़ इद्दत वह अवधि होती है, जब एक पत्नी अपने पति की मौत या तलाक़ के बाद बिताती है।

ये अवधि तीन महीने की होती है लेकिन स्थिति के अनुसार, इसमें बदलाव भी किया जा सकता है। इस अवधि के बाद महिला दूसरी शादी कर सकती है। इस केस के दौरान मोहम्मद अहमद ख़ान का ऑल इंडिया पर्सनल लॉ बोर्ड ने समर्थन किया था और कहा था कि कोर्ट मुस्लिम पर्सनल लॉ के अंतर्गत आने वाले मामलो में हस्तक्षेप नहीं कर सकता है।

इस मामले पर चली लंबी सुनवाई के बाद 1985 में सुप्रीम कोर्ट ने फ़ैसला सुनाया और जस्टिस वाईवी चंद्रचूड़ ने हाई कोर्ट के फ़ैसले को सही माना। जिसमें सीआरपीसी के तहत गुज़ारा भत्ता देने का निर्णय दिया गया था।

ये अलग बात है कि इस फ़ैसले के बाद राजनीतिक बवाल हुआ और उस दौरान राजीव गांधी की सरकार ने मुस्लिम महिला (तलाक़ पर संरक्षण अधिनियम), 1986 पास कर दिया। इसका नतीजा ये हुआ कि शाह बानो के मामले पर आया फ़ैसला पलट गया और कहा गया कि इद्दत की अवधि के लिए ही भत्ता दिया जा सकता है।

उल्लेखनीय है कि सीआरपीसी, 1973 के सेक्शन 125 के अनुसार, सामाजिक न्याय के अंतर्गत हर उपेक्षित व्यक्ति को गुज़ारा भत्ता का अधिकार है। इस सेक्शन के तहत किसी भी धर्म का व्यक्ति इसके लिए अर्जी डाल सकता है। सीआरपीसी की धारा 125 में गुज़ारा भत्ता का ज़िक्र है, इसमें स्पष्ट किया गया है कि कौन-कौन गुज़ारा भत्ता की मांग कर सकता है।

इसी के साथ जुड़ा है पत्नी के तौर पर एक महिला का अधिकार, जिसे लेकर अदालतों में कई व्याख्याएं की गई। हिंदू धर्म में एक महिला पत्नी तभी मानी जाएगी जब पुरुष से उसकी शादी क़ानूनी रूप से वैध हो। विवाह संबंध में दूसरी पत्नी गुज़ारा भत्ता की मांग नहीं कर सकती, क्योंकि क़ानून में दूसरी शादी वैध नहीं मानी जाती।

दूसरी पत्नी उसी परिस्थिति में गुज़ारा भत्ता की मांग कर सकती जब तक पति ने उससे पहली शादी की बात छिपाई हो। जिन तीन परिस्थितियों के तहत 'पत्नी' गुज़ारा भत्ता पाने की हक़दार नहीं है, वे हैं– (1) यदि वह विवाहेत्तर संबंधों में रह रही हो। (2) उसने बिना

पर्याप्त कारण दिए अपने पति को छोड़ दिया है (3) वे आपसी सहमति से अलग-अलग रह रहे हों।

सेक्शन 125 हर महिला को भत्ता मिलने का अधिकार देता है। चाहे वो किसी धर्म की क्यों न हो। उनके अनुसार, हालांकि महिला को भत्ता देने का प्रावधान अलग-अलग है, जैसे पर्सनल लॉ में भत्ता का अलग से प्रावधान हैं। वहीं हिंदू मैरिज एक्ट के सेक्शन 24, इंडियन डिवोर्स एक्ट के सेक्शन 37 और स्पेशल मैरिज एक्ट के सेक्शन 24 में ये प्रावधान किए गए हैं।

लेकिन ये बात भी स्पष्ट है कि सीआरपीसी के सेक्शन 125 को मुस्लिम पर्सनल लॉ के अधीन नहीं देखा जा सकता है। वहीं मुसलमानों में निकाह वैध तभी माना जाता है, जब दोनों पक्ष महिला-पुरुष की इसमें सहमति हो। महिला ने दूसरा निकाह न किया हो और वो इद्दत में न हो।

सीआरपीसी के सेक्शन 125 के अनुसार, मुसंलमान महिला इद्दत की अवधि बीत जाने के बाद भी गुज़ारा भत्ता की दावेदार होती है बशर्ते उसने दूसरा निकाह न किया हो।

इसके अलावा इस सेक्शन के तहत बच्चे चाहे वो वैध या शादी से बाहर पैदा हुए हों गुज़ारा भत्ता के हक़दार होते है। वहीं मुसलमानों में निकाह वैध तभी माना जाता है, जब दोनों पक्ष महिला-पुरुष की इसमें सहमति हो। महिला ने दूसरा निकाह न किया हो और वो इद्दत में न हो।

सीआरपीसी के सेक्शन 125 के अनुसार, मुसलमान महिला इद्दत की अवधि बीत जाने के बाद भी गुज़ारा भत्ता की दावेदार होती है बशर्ते उसे दूसरा निकाह न किया हो।

इसके अलावा इस सेक्शन के तहत बच्चे चाहे वो वैध या शादी से बाहर पैदा हुए हों गुज़ारा भत्ता के हक़दार होते है। वहीं माता-पिता अपने जैविक या गोद लिए हुए बच्चों से भत्ते की मांग कर सकते हैं।

दस साल में बदले क़ानूनों का असर :

बीते 10 सालों में नरेंद्र मोदी की नेतृत्व वाली बीजेपी की अगुवाई में बनी राजग सरकार ने कई क़ानूनों में बदलाव किए हैं, जिनका व्यापक असर महिलाओं पर पड़ना सुनिश्चित है। वे सारे कानून ब्रितानी शासन के दौर के थे, जिनमें आमूलचूल परिवर्तन किए गए।

सरकार का मानना है कि इन कानूनों से नागरिक अधिकारों में पारदर्शिता आई है। इनका असर आम लोगों के रोज़मर्रा के जीवन पर अच्छा-खासा पड़ने की उम्मीद है।

वे कानून इस प्रकार हैं—

नए आपराधिक कानून : यह कानून एक बड़े बदलाव के बाद नए रूप में आ चुके है। दिसंबर, 2023 में केंद्र सरकार ने देश में बीते 150 साल से चले आ रहे तीन बुनियादी आपराधिक क़ानूनों में बड़े पैमाने पर बदलाव किए। ये तीनों क़ानून थे- भारतीय दंड संहिता (आईपीसी) 1860, दंड प्रक्रिया संहिता (सीआरपीसी) 1973 और भारतीय साक्ष्य अधिनियम (एविडेंस एक्ट), 1872।

सरकार ने महिलाओं की सुरक्षा, संरक्षा और सशक्तिकरण को बढ़ावा देने के लिए कई कदम उठाए हैं। भारत के संविधान की सातवीं अनुसूची के तहत 'पुलिस' और 'सार्वजनिक व्यवस्था' राज्य के विषय हैं और महिलाओं के साथ अपराध की जांच और अभियोजन सहित कानून और व्यवस्था बनाए रखने, नागरिकों के जीवन और संपत्ति की सुरक्षा की जिम्मेदारी संबंधित राज्य सरकारों की है। वे ऐसे अपराधों से निपटने में सक्षम हैं। हालांकि, सरकार महिलाओं और बच्चों की सुरक्षा को सर्वोच्च प्राथमिकता देती है और इस संबंध में कई पहल की हैं।

एनसीआरबी द्वारा रिपोर्ट किए गए आंकड़ों के अनुसार, जो वर्ष 2022 तक इसकी वेबसाइट https://ncrb.gov.in/en/crime-india पर उपलब्ध हैं, 2021 और 2022 में महिलाओं के साथ अपराधों की संख्या क्रमशः 428278 और 445256 थी। पिछले कुछ वर्षों में सरकार द्वारा महिला हेल्पलाइन-81 और आपातकालीन प्रतिक्रिया सहायता प्रणाली (ईआरएसएस-112) जीरो-एफआईआर, ई-एफआईआर और बचे लोगों को संस्थागत सहायता का प्रावधान जैसी हेल्पलाइनों के संचालन सहित उठाए गए विभिन्न उपाय हैं।

महिला सशक्तिकरण और उनकी सुरक्षा को बढ़ावा देने के लिए सरकार ने कई कदम उठाए हैं। कुछ हालिया कानून और नीतियां जो प्रत्यक्ष और अप्रत्यक्ष रूप से महिलाओं की सुरक्षा को पूरा करती हैं, नीचे सूचीबद्ध हैं:-

- भारत सरकार ने आपराधिक न्याय प्रणाली को आधुनिक और बेहतर बनाने के उद्देश्य से भारतीय न्याय संहिता (बीएनएस), भारतीय नागरिक सुरक्षा संहिता (बीएनएसएस) और भारतीय साक्ष्य अधिनियम (बीएसए) अधिनियमित किए हैं जो 1 जुलाई, 2024 से लागू हुए।
- बीएनएस 2023 में, भारतीय दंड संहिता, 1860 में पहले से बिखरे हुए महिलाओं और बच्चों के खिलाफ अपराधों को बीएनएस के अध्याय-V के तहत एक साथ लाया और समेकित किया गया है।
- बीएनएस ने महिलाओं और बच्चों से संबंधित कानूनों को मजबूत करने के लिए

नए प्रावधान पेश किए हैं, विशेष रूप से, "संगठित अपराध" से संबंधित धारा 111, शादी, रोजगार, पदोन्नति के झूठे वादे पर या पहचान छिपाकर यौन संबंध बनाने से संबंधित धारा 69, धारा 95 संबंधित किसी बच्चे को काम पर रखना, नियोजित करना या किसी अपराध में शामिल करना आदि।

- वेश्यावृत्ति के लिए बच्चे को खरीदने से संबंधित अपराधों के संबंध में (धारा 99), सामूहिक बलात्कार (धारा 70) और तस्करी किए गए व्यक्ति के शोषण (धारा 114) के संबंध में सज़ा बढ़ा दी गई है।
- महिलाओं के खिलाफ कुछ गंभीर अपराधों जैसे वेश्यावृत्ति के लिए बच्चे को खरीदना (बीएनएस की धारा 99), संगठित अपराध (धारा 111), भीख मांगने के लिए बच्चे का अपहरण करना या दिव्यांग बनाना (धारा 139) के संबंध में अनिवार्य न्यूनतम दंड निर्धारित किए गए हैं।
- बीएनएस 2023 की धारा 75 और 79 उत्पीड़न के खिलाफ अतिरिक्त कानूनी सुरक्षा प्रदान करती हैं, जिसमें अवांछित यौन संबंध, यौन संबंधों के लिए अनुरोध, यौन रूप से संगीन टिप्पणियां और किसी महिला की गरिमा का अपमान करने के उद्देश्य से शब्द, इशारा या कार्य जैसे कृत्य शामिल हैं।
- कार्यस्थल पर यौन उत्पीड़न का सामना करने वाली ऐसी महिला के पास इन प्रावधानों के तहत शिकायत दर्ज करने का विकल्प है।
- बीएनएसएस की धारा 398 के तहत प्रावधान जो गवाह संरक्षण योजनाओं, बयानों की रिकॉर्डिंग में उत्तरजीवी-केंद्रित प्रावधान पेश करते हैं [बीएनएसएस की धारा 176(1), धारा 179, धारा 193(3) और 195] गवाहों को खतरों से बचाने की महत्वपूर्ण आवश्यकता को स्वीकार करते हुए और डराना-धमकाना और बीएसए की धारा 2(1)(डी) जो अब ईमेल, कंप्यूटर, लैपटॉप या स्मार्टफोन पर दस्तावेजों, संदेशों और इलेक्ट्रॉनिक या डिजिटल रिकॉर्ड को सक्षम बनाती है।
- दस्तावेजों की परिभाषा के तहत डिजिटल उपकरणों पर संग्रहीत वॉयस मेल संदेशों को महिलाओं को उत्पीड़न से बचाने के लिए भी संदर्भित किया जा सकता है।
- इसके अलावा, श्रम संहिताओं में सामूहिक रूप से कार्यबल में सम्मानजनक तरीके से और नियोक्ताओं द्वारा अपनाए गए पर्याप्त सुरक्षा उपायों के साथ महिलाओं की भागीदारी को बढ़ावा देने के प्रावधान शामिल हैं।
- व्यावसायिक सुरक्षा, स्वास्थ्य और कामकाजी स्थिति संहिता, 2020 कार्यस्थल

पर महिलाओं की सुरक्षा सुनिश्चित करने के लिए विशिष्ट प्रावधानों के साथ श्रमिकों की सुरक्षा, स्वास्थ्य और कामकाजी परिस्थितियों को विनियमित करने वाले कानूनों को समेकित और संशोधित करता है।

- महिला एवं बाल विकास मंत्रालय ने हाल ही में 'कार्यस्थल पर महिलाओं का यौन उत्पीड़न (रोकथाम, निषेध और निवारण) अधिनियम, 2013' (एसएच अधिनियम) के विभिन्न प्रावधानों को शामिल करते हुए शी-बॉक्स पोर्टल लॉन्च किया है। यह पोर्टल देश भर में गठित आंतरिक समितियों (आईसी) और स्थानीय समितियों (एलसी) से संबंधित जानकारी का सार्वजनिक रूप से उपलब्ध केंद्रीकृत भंडार प्रदान करता है, भले ही वह सरकारी या निजी क्षेत्र में हो। यह शिकायतें दर्ज करने और ऐसी शिकायतों की स्थिति को ट्रैक करने के लिए साझा मंच भी प्रदान करता है। इस पोर्टल में ऐसी सुविधा शामिल है जहां इस पर दर्ज की गई शिकायतें स्वचालित रूप से केंद्रीय मंत्रालयों/विभागों, राज्यों/केंद्रशासित प्रदेशों और निजी क्षेत्र में संबंधित कार्यस्थलों के आईसी/एलसी को भेज दी जाएंगी।
- यह पोर्टल प्रत्येक कार्यस्थल के लिए एक नोडल अधिकारी नामित करने का प्रावधान करता है, जिसे शिकायतों की वास्तविक समय की निगरानी के लिए नियमित आधार पर डेटा/सूचना का अद्यतन सुनिश्चित करना आवश्यक है।
- निर्भया फंड के तहत, सरकार ने कार्यस्थल पर महिलाओं की सुरक्षा में सुधार के लिए कई उपाय किए हैं, जिनमें हैं—
- ‘मिशन शक्ति’ की उप-योजना 'संबल' के तहत वन स्टॉप सेंटर (ओएससी) का घटक, महिलाओं की सुरक्षा, संरक्षा और सशक्तिकरण के लिए व्यापक अम्ब्रेला योजना निर्भया फंड के तहत कार्यान्वित की गई है।
- ओएससी हिंसा से प्रभावित और संकट में फंसी महिलाओं को एक ही छत के नीचे पुलिस सुविधा, चिकित्सा सहायता, कानूनी सहायता और कानूनी परामर्श, मनोवैज्ञानिक-सामाजिक परामर्श, 5 दिनों तक अस्थायी आश्रय प्रदान करने जैसी कई एकीकृत सेवाएं प्रदान करता है।
- 36 राज्यों/केंद्र शासित प्रदेशों में 802 ओएससी को कार्यात्मक बनाया गया है, जिसमें अब तक 10.12 लाख से अधिक महिलाओं को सहायता प्रदान की गई है।

- देशभर में हिंसा से प्रभावित महिलाओं और संकट में फंसी महिलाओं को आपातकालीन और गैर-आपातकालीन प्रतिक्रिया प्रदान करने के लिए निर्भया फंड के तहत एक पूरी तरह कार्यात्मक समर्पित 24×7×365 टोल-फ्री महिला हेल्पलाइन-181 (डब्ल्यूएचएल) पश्चिम बंगाल को छोड़कर 35 राज्यों/केंद्र शासित प्रदेशों में चालू है।
- यह हेल्पलाइन 112 के साथ पूरी तरह से एकीकृत है। जरूरतमंद महिलाओं और संकटग्रस्त महिलाओं को सहायता और समर्थन प्रदान करने के लिए, विभिन्न आपात स्थितियों के लिए सभी 36 राज्यों और केंद्रशासित प्रदेशों में आपातकालीन प्रतिक्रिया सहायता प्रणाली (ईआरएसएस-112) स्थापित की गई है, जिसमें कंप्यूटर सहायता से फ़ील्ड/ पुलिस संसाधन उपलब्ध हैं। अब तक, महिला हेल्पलाइन ने 1.95 करोड़ से अधिक कॉलों को संभाला है और 81.64 लाख से अधिक महिलाओं को सहायता प्रदान की है।
- निर्भया फंड के तहत, केंद्र सरकार ने सभी पुलिस स्टेशनों में महिला सहायता डेस्क (डब्ल्यूएचडी) स्थापित/मजबूत करने के लिए राज्यों/केंद्र शासित प्रदेशों को सहायता प्रदान की है। अब तक पुलिस स्टेशनों में 14,658 महिला हेल्प डेस्क स्थापित किए जा चुके हैं, जिनमें से 13,743 की प्रमुख महिलाएं हैं। मानव तस्करी की रोकथाम और पीड़ितों की सहायता के लिए कुल 827 मानव तस्करी विरोधी ईकाइयाँ भी स्थापित की गई हैं।
- 33 राज्यों/केंद्रशासित प्रदेशों में साइबर फोरेंसिक सह प्रशिक्षण प्रयोगशालाएं भी स्थापित की गई हैं, जिनमें 24,264 लोगों को साइबर संबंधित मामलों से निपटने के लिए प्रशिक्षित किया गया है।
- जघन्य यौन अपराधों की शिकार दुर्भाग्यपूर्ण महिलाओं और युवा लड़कियों को न्याय मिले, यह सुनिश्चित करने के लिए सरकार 2019 से फास्ट ट्रैक स्पेशल कोर्ट (एफटीएससी) स्थापित करने के लिए राज्यों/केंद्रशासित प्रदेशों को वित्तीय सहायता प्रदान कर रही है।
- अब तक, 790 फास्ट ट्रैक स्पेशल न्यायालयों (FTSCs) को मंजूरी दे दी गई है, जिनमें से 30 राज्यों/केंद्रशासित प्रदेशों में 408 विशिष्ट पॉस्को (e-पॉस्को) अदालतों सहित 750 कार्यरत हैं, जिन्होंने देश भर में बलात्कार और पॉस्को अधिनियम के तहत अपराध के 2,87,000 से अधिक मामलों का निपटारा किया है।

- सार्वजनिक स्थानों की सुरक्षा सुनिश्चित करने के लिए जहां महिलाएं काम करती हैं और रहती हैं, सुरक्षित शहर परियोजनाओं के तहत विभिन्न घटकों को 8 शहरों (अहमदाबाद, बेंगलुरु, चेन्नई, दिल्ली, हैदराबाद, कोलकाता, लखनऊ और मुंबई) में लागू किया गया है। महिलाओं के लिए सुरक्षित परिवहन सुनिश्चित करने के लिए, एकीकृत आपातकालीन प्रतिक्रिया प्रबंधन प्रणाली (आईईआरएमएस), कोंकण रेलवे में वीडियो निगरानी प्रणाली, आर्टिफिशियल इंटेलिजेंस (एआई) आधारित चेहरे की पहचान प्रणाली (एफआरएस) जैसी रेल और सड़क परिवहन परियोजनाओं को कमांड सहित वीडियो निगरानी प्रणालियों के साथ एकीकृत किया गया है।
- रेल मंत्रालय द्वारा ट्रेन में महिला यात्रियों की सुरक्षा के लिए 7 प्रमुख रेलवे स्टेशनों और टैब पर नियंत्रण केंद्र और राज्यों/केंद्रशासित प्रदेशों में कमांड और नियंत्रण केंद्र के साथ वाहन ट्रैकिंग प्लेटफॉर्म जैसी परियोजनाएं और कुछ राज्य विशिष्ट परियोजनाएं सड़क परिवहन और राजमार्ग मंत्रालय द्वारा परिवहन निगम (यूपीएसआरटीसी), बेंगलुरु मेट्रोपॉलिटन परिवहन निगम (बीएमटीसी), तेलंगाना राज्य सड़क परिवहन निगम (टीएसआरटीसी) आदि को लागू किया गया है।

महिला पुलिस स्वयंसेवक :

महिला एवं बाल विकास मंत्रालय ने गृह मंत्रालय के सहयोग से राज्यों/संघ शासित प्रदेशों में महिला पुलिस स्वयंसेवकों (एमपीवी) की नियुक्ति की परिकल्पना की है, जो पुलिस और समुदाय के बीच कड़ी का काम करेंगी तथा संकट में फंसी महिलाओं की मदद करती हैं। राज्यों/संघ शासित प्रदेशों के सभी मुख्य सचिवों से अनुरोध किया गया है कि वे अपने-अपने राज्यों में इस पहल को अपनाएं।

हरियाणा पहला राज्य था जिसने वित्त वर्ष 2016-2017 के दौरान निर्भया फंड के तहत पायलट आधार पर करनाल और महेंद्रगढ़ जिले में इस पहल को अपनाया। इसके अलावा, एमपीवी के कार्यान्वयन के लिए आंध्र प्रदेश, झारखंड, गुजरात, मिजोरम, छत्तीसगढ़, कर्नाटक और मध्य प्रदेश के प्रस्तावों को भी मंजूरी दी गई है।

अध्याय-11

बेटियां : बचाओ, पढ़ाओ और विकसित समाज बनाओ

प्रत्येक साल भारत में बेटी दिवस धूमधाम से नए थीम के साथ मनाया जाता है। इस मौके पर बेटी के वजूद, सामाजिकता, लड़का-लड़की के समानाधिकार, शिक्षा, सुरक्षा और संतुलित लिंगानुपात की चर्चा होती है। लोग तरह-तरह बेटी की महत्व का गुणगान करते हैं। उसके प्रति अपने उदगार व्यक्त करते हैं। आदर भाव से संतुलित और श्रेष्ठ समाज के लिए लड़की की अहमियत का आकलन करते हैं। उनकी भारतीय और वैश्विक महानता, श्रेष्ठता और पहचान का गुणगान करती हुई कवि सुशील शर्मा ने क्या खूब लिखा है—

सबसे महान होती हैं भारत की बेटियां
हम सबकी शान होती हैं, भारत की बेटियां।
जिस दिन से घर में आती हैं बेटियां,
माता-पिता की इज्जत बन जाती हैं बेटियां।
भारत के विकास की डोरे थामे हैं बेटियां,
भारत को बुलंदियों पर पहुंचाती बेटियां।
सती, सावित्री, दुर्गा की प्रतिरूप हैं बेटियां।
हर युग में भारत को नई दिशा देती हैं बेटियां,
त्याग और बलिदान से भरपूर हैं बेटियां।
रण में चंडी दुर्गा, लक्ष्मी, अहिल्या होती हैं बेटियां।
खेल में उषा, मल्लेश्वरी, सिंधु-सी मचलती हैं बेटियां,
बछेंद्री, सानिया, मिताली-सी उछलती हैं बेटियां।
विजया, इन्द्रा, सुषमा—सी चमकती हैं बेटियां,
मैत्रेयी, गार्गी—सी विद्वान होती हैं बेटियां,
महादेवी, अमृता—सी साहित्यिक होती हैं बेटियां।

हर क्षेत्र में लक्ष्य को भेदती हैं बेटियां,
जीवन की चुनौती को जीतती हैं बेटियां।
मरने से नहीं डरती हैं भारत की बेटियां,
पीछे मुड़कर नहीं देखती हैं भारत की बेटियां।

यह कविता दर्शाती है कि भारत की बेटियां जिस तरह से हर क्षेत्र में अपना दमखम दिखा रही हैं, उससे महिला सशक्तिकरण को जबरदस्त मजबूती मिली है। इसे बल देने के लिए देश का लोकप्रिय अभियान लोगों की जुबान पर है– बेटी बचाओ, बेटी पढ़ाओ। इस नारे का लोगों पर बीते एक दशक में व्यापक असर देखने को मिला है, जो हर जगह लिखा देखा जा सकता है। बीते 10 सालों से गर्भ में मादा भ्रूण हत्या में कमी, बालिका शिशु की देखभाल से लेकर से उसके लालन-पालन, बेहतर शिक्षा, पारिवारिक-सामाजिक महत्व में आश्चर्यजनक बदलाव आया है । एक मंत्र है–'बेटा बेटी एक समान!'

वाराणसी के विधानसभा क्षेत्र सेवापुरी के गोद लिए गांव में जयापुर के नागरिकों को संबोधित करते हुए प्रधानमंत्री नरेंद्र मोदी ने एक कार्यक्रम के दरम्यान कहा था— "आइए कन्या के जन्म का उत्सव मनाएं। हमें अपनी बेटियों पर बेटों की तरह ही गर्व होना चाहिए। मैं आपसे अनुरोध करूंगा कि अपनी बेटी के जन्मोत्सव पर आप पांच पेड़ लगाएं। "

इसी तरह की बात बिहार में भी देखी जाती रही है। वहां की सरकार ने बेटी को आगे बढ़ने के लिए मानो संकल्प ले रखा है। कन्या के जन्म से लेकर उसके करियर बनाने और विवाह तक की कई जिम्मेदारियां सरकार ने ले रखी है। वहां की लड़कियों के लिए शिक्षा, सेहत, नौकरी व रोजगार और सुरक्षा से संबंधित चलाई कई योजनाएं पूरे देश में चर्चित हैं।

बेटी बचाओ, बेटी पढ़ाओ की शुरुआत प्रधानमंत्री द्वारा 22 जनवरी, 2015 को पानीपत, हरियाणा में की गई थी। इसे बड़ी समाजिक बदलाव वाली योजना के नजरिए के साथ देशवासियों को समर्पित किया गया था। इसका मुख्य उद्देश्य था– शिशु लिंग अनुपात में आए अंतर को कम करना और महिलाओं के सशक्तीकरण से जुड़े मुद्दों का समाधान निकालना। मौजूदा वक्त में इस योजना को तीन मंत्रालयों द्वारा संचालित किया जा रहा है। अर्थात तीन-तीन केंद्रीय मंत्रियों की नजर इस पर हमेशा बनी रहती है। ये मंत्रालय हैं— 1. महिला और बाल विकास, 2. स्वास्थ्य परिवार कल्याण और 3. मानव संसाधन। इनमें गजब का तालमेल बिठाया गया है।

इस योजना का मुख्य मकसद गर्भधारण पूर्व और प्रसव पूर्व निदान तकनीक (पीसी एंड पीएनडीटी) अधिनियम, 1994 को सख्ती से लागू करवाना रहा है। इस एक्ट के तहत जन्म से पूर्व शिशु के लिंग की जांच पर पाबंदी है। ऐसे में अल्ट्रासाउंड या अल्ट्रासोनोग्राफी

कराने वाले जोड़े या करने वाले डाक्टर, लैब कर्मी को तीन से पांच साल सजा और 10 से 50 हजार जुर्माने की सजा का प्रावधान है। इसके प्रथम चरण में पीसी तथा पीएनडीटी एक्ट को लागू करना, राष्ट्रव्यापी जागरूकता और प्रचार अभियान चलाना तथा चुने गए ऐसे 100 जिलों, जहां शिशु लिंग अनुपात कम है, में विभिन्न क्षेत्रों से संबंधित कार्य करना था। केंद्र की राजग सरकार द्वारा इसके तहत ही बुनियादी स्तर पर लोगों को प्रशिक्षण देकर, संवेदनशील और जागरूक बनाकर तथा सामुदायिक एकजुटता के माध्यम से उनकी सोच को बदलने पर जोर दिया जा रहा है।

सरकार कन्या शिशु के प्रति समाज के नजरिए में परिवर्तनकारी बदलाव लाने का प्रयास कर रही है। इसी सिलसिले में प्रधानमंत्री मोदी ने अपने मन की बात में हरियाणा के बीबीपुर के एक सरपंच की तारीफ की, जिसने 'सेल्फी विद् डॉटर' की पहल शुरुआत की थी। प्रधान मंत्री ने लोगों से जब बेटियों के साथ अपनी सेल्फी भेजने का अनुरोध किया तब देखते ही देखते यह विश्व भर में तेजी से लोकप्रिय हो गया। भारत और दुनिया के कई देशों के लोगों ने बेटियों के साथ अपनी सेल्फी भेजी और यह उन सबके लिए एक गर्व का अवसर बन गया, जिनकी संतान बेटियां हैं।

इस तरह से हुई बेटी बचाओ बेटी पढ़ाओ की शुरुआत के बाद से लगभग सभी राज्यों में मल्टी-सेक्टॉल डिस्ट्रिक ऐक्शन प्लान (एमएसडीपी) यानी बहु-क्षेत्रीय विकास कार्यक्रम चलाया जा रहा है। यह एक केंद्र प्रायोजित योजना है, जिसकी शुरुआत साल 2008-09 में हुई थी। इसका मकसद अल्पसंख्यक बहुल इलाकों के विकास में सुधार करना है। इसके लिए, सामाजिक-आर्थिक बुनियादी ढांचे का निर्माण और बुनियादी सुविधाएं उपलब्ध कराने जैसे उपाय किए जाते हैं। अल्पसंख्यक बहुल इलाकों का मतलब जहां कम से कम 25 फीसदी आबादी अल्पसंख्यक समुदाय से हो। अल्पसंख्यक समुदायों में मुस्लिम, सिख, ईसाई, बौद्ध, जैन और पारसी शामिल हैं।

इसके तहत जिला स्तर के कर्मचारियों तथा अग्रिम पंक्ति के कार्यकर्ताओं की क्षमता को और अधिक बढ़ाने के लिए प्रशिक्षकों के लिए क्षमता निर्माण कार्यक्रम चलाए जा रहे हैं। उन्हें प्रशिक्षण दिया जा रहा है। इसे योजना के शुरू होने पर अप्रैल से अक्टूबर 2015 तक ऐसे नौ प्रशिक्षण कार्यक्रम आयोजित किए जा चुके हैं, जिसमें सभी राज्यों/संघ राज्य क्षेत्रों के महिला एवं बाल विकास मंत्रालय को शामिल किया गया जा चुका है।

इसे स्थानीय स्तर पर लोकप्रिय बनाने के कई अनूठे प्रयोग किए गए। अभियान को बालिका शिशु के जीवन की सुरक्षा से लेकर बालिका को पढ़ाने, उसे सुशिक्षित बनाने के लिए हर संभव प्रयास किए गए। उनकी शिक्षा के विभिन्न उपाय किए। जिला कार्यबल और

ब्लॉक कार्यबल गठित किए गए। इन संगठनों की बैठकें आयोजित की गई और शिशु लिंग अनुपात से संबंधित स्पष्ट रूपरेखा तैयार कर ली गई। बड़े स्तर पर समुदाय के लोगों से संपर्क करने के लिए और इस योजना का व्यापक रूप से प्रचार करने के लिए जागरूकता बढ़ाने से संबंधित कार्यक्रम चलाए जाने लगे। विभिन्न स्कूलों, सैनिक स्कूलों तथा सरकारी विभागों के कर्मचारियों इत्यादि की प्रमुख भागीदारी से विभिन्न रैलियां आयोजित की गई।

बेटी बचाओ बेटी पढ़ाओ के बारे में जागरूकता बढ़ाने के उद्देश्य से प्रचार अभियान में नुक्कड़ नाटकों का सहारा लिया गया, जो न केवल गांव में ही, बल्कि शहरों के बाजारों और मुख्य सार्वजनिक जगहों पर भी आयोजित किए जाने लगे, ताकि दर्शकों के एक बड़े वर्ग को जागरूक बनाया जा सके। कहानियों के मंचन के माध्यम से लिंग आधारित गर्भपात की समस्या के प्रति लोगों को जागरूक बनाने की पहल जल्द ही रंग दिखाने लगी। नुक्कड़ नाटकों में शिशु बालिका से संबंधित मुद्दों तथा उसे अपने जीवन काल में जिन कठिनाइयों का सामना करना पड़ता है को बहुत ही अच्छी तरह से दिखाया गया। साथ ही हस्ताक्षर अभियान, शपथ समारोह के माध्यम से स्नातकोत्तर महाविद्यालयों के सैकड़ों विद्यार्थियों ने भी संकल्प लेकर बेटी बचाओ, बेटी पढ़ाओ के संदेश को फैलाने का काम किया। इसमें सैन्य कर्मियों तक ने भी अहम् भूमिका निभाई।

तरह-तरह के अभियान चलाने का सिलसिला चल पड़ा उसके कई उदाहरण सामने आए। उनमें पंजाब के मानसा जिले के पहल की काफी प्रशंसा हुई। एक पहल में वहां के लोगों को अपनी लड़कियों को पढ़ाने के लिए प्रेरित करता हुआ 'उड़ान – सपने दी दुनिया दे रूबरू (उड़ान – एक दिन के लिए अपने सपने को जिएं)' योजना चलाई गई उसके तहत मानसा प्रशासन छठी से बारहवीं कक्षाओं की छात्राओं से प्रस्ताव आमंत्रित करता है। इन छात्राओं को उस प्रोफेशनल के साथ एक दिन बिताने का अवसर मिलता है, जो वे अपने जीवन में बनना चाहते हैं। जैसे– डॉक्टर, पुलिस अधिकारी, इंजीनियर, आईएएस और पीपीएस अधिकारी और अन्य।

यह पहल काफी लोकप्रिय हुई और 70 से अधिक छात्राओं को प्रोफेशनल के साथ एक दिन बिताने का अवसर मिल चुका है, जिसमें वे एक पेशेवर वातावरण में उन्हें कार्य करते हुए देखते हैं और उन्हें अपने भावी करियर का चयन करने के बारे में सही निर्णय लेने में मदद मिलती है।

इस तरह से यह कहना सौ फीसदी सही होगा कि बेटी बचाओ, बेटी पढ़ाओ योजना ने लैंगिक भेदभाव पर देश का ध्यान केंद्रित किया है। इस योजना के मौजूदा स्वरूप से लोग बेहद प्रभावित हुए हैं। इसे लागू करने के प्रति लोगों की जबरदस्त जागरूकता बढ़ी

है। पारिवारिक और सामाजिक तौर पर यह समझदारी जेहन में गहराई तक बैठने लगी है कि आर्थिक विकास के लिए जीवित बचने और शिक्षा के अवसरों में लैंगिक समानता बेहद ज़रूरी है। यही मानव अधिकार सुनिश्चित करने की बुनियादी ज़रूरत भी है। टिकाऊ विकास के लक्ष्यों, अच्छी शिक्षा और लैंगिक समानता के ज़रिए लगातार ऐसी बेहतर नीतियां बनाने पर ज़ोर दिए जाने का असर हुआ है। इसकी बदौलत ही लड़कियों और महिलाओं की स्वास्थ्य सेवाओं के अतिरिक्त शिक्षा के मामले में पुरुषों और महिलाओं के बीच अंतर को कम करने में मदद मिली है।

वर्ष 2011 की जनगणना में 111 पुरुषों पर 100 स्त्रियों का अनुपात दर्ज किया गया था। उस अंतर में कमी आई है। राष्ट्रीय परिवार स्वास्थ्य सर्वेक्षण (2019-21) के मुताबिक़ पिछले एक दशक में ये अंतर 100 महिलाओं पर 109 पुरुषों का अनुपात आ गया था यानी कि यह घटकर 100 महिलाओं पर 108 पुरुष हो गया है। देश में महिलाओं की साक्षरता दर के मामले में भी यही बदलाव देखने को मिला है।

भारत में पितृ सत्तात्मक सामाजिक नियमों, जैसे कि बेटों को तरज़ीह देने और महिलाओं को दबाने वाली सामाजिक सत्ता की संरचना लगातार बच्चियों का अस्तित्व बचाने और उनकी पढ़ाई में बाधा बनकर खड़ी होती रही है। इससे लड़कियों को ज़िंदगी में आगे बढ़ने के दौरान कई मुश्किलों से जूझना पड़ता है और पूरे जीवन वो तरक़्क़ी के कई आर्थिक अवसर गंवा देती हैं। संयुक्त राष्ट्र के अनुमान के मुताबिक़ वर्ष 2000 से 2020 के दौरान भारत दुनिया के उन देशों में शामिल हो गया जहां लड़कों और लड़कियों का अनुपात (CSR) बेहद ख़राब है। इसके प्रमुख कारण, गर्भपात कराने को क़ानूनी मान्यता मिलना और 1970 के दशक में गर्भ में ही बच्चे के लिंग का पता लगा लेने वाली तकनीक उपलब्ध होना रहे हैं। 2011 तक बच्चों के लिंग का पता चलने के बाद उनके गर्भपात कराने की तादाद लगातार बढ़ती रही थी। 2011 की जनगणना में 111 पुरुषों पर 100 महिलाओं का अनुपात दर्ज किया गया था। हालांकि, हालिया राष्ट्रीय परिवार स्वास्थ्य सर्वेक्षण (2019-21) के मुताबिक़ पिछले एक दशक में ये अंतर कुछ कम हुआ है। आज प्रति 100 महिलाओं पर 109 पुरुषों का अनुपात बचा है और अब ये घटकर 100 महिलाओं पर 108 पुरुष हो गया है। देश में महिलाओं की साक्षरता दर के मामले में भी यही बदलाव देखने को मिला है।

इसका प्रमाण संयुक्त राष्ट्र विकास कार्यक्रम (यूएनडीपी) द्वारा 13 मार्च, 2024 को लैंगिक असमानता को दर्शाने वाली रिपोर्ट से मिलता है। यह रिपोर्ट साल 2022 के लिए जारी किए गए लैंगिक असमानता सूचकांक की है। उसके मुताबिक भारत

193 देशों में 108वें स्थान पर रहा, जबकि साल 2021 में भारत 191 देशों में 122वें स्थान पर था। इस तरह साल 2022 में भारत की रैंक में 14 पायदानों की बढ़ोत्तरी हो गई। पिछले 10 सालों में भारत की रैंकिंग लगातार बेहतर हुई है। लैंगिक असमानता सूचकांक में भारत की रैंक में सुधार के पीछे की वजहें सरकार द्वारा महिलाओं के दीर्घकालिक सामाजिक-आर्थिक और राजनीतिक विकास के लिए नीतिगत पहल की रही हैं। सरकार ने लड़कियों की शिक्षा, कौशल विकास, उद्यमिता विकास और कार्यस्थल को लैंगिक सुगम बनाने जैसे कदम उठाए हैं। इसी तरह से वैश्विक लैंगिक अंतराल रिपोर्ट 2024 के मुताबिक वैश्विक लैंगिक अंतर स्कोर 68.5 फीसदी है । इसका मतलब है कि अभी भी 31.5 फीसदी अंतर को खत्म करने के लिए काफी प्रयास की जरूरत है।

भारत में भले ही पितृ सत्तात्मक सामाजिक नियमों में बेटों को तरज़ीह देने और महिलाओं को दबाने वाली सामाजिक सत्ता की संरचना बरकरार हो और बालिकाओं के अस्तित्व पर संकट बना हुआ हो एवं उनकी पढ़ाई में बाधाएं आती रही हों, किंतु इससे लड़कियों को ज़िंदगी में आनेवाली रूकावटों को हटाने का जिम्मा सरकार ने उठा रखा है। माना कि उनको आगे बढ़ने के दौरान कई मुश्किलों से जूझना पड़ता है और वह पूरे जीवन तरक़्क़ी के कई आर्थिक अवसर गंवा देती हैं। संयुक्त राष्ट्र के अनुमान के मुताबिक़ वर्ष 2000 से 2020 के दौरान भारत दुनिया के उन देशों में शामिल हो गया, जहां लड़कों और लड़कियों का अनुपात बिगड़ा हुआ था। इसके प्रमुख कारण गर्भपात कराने को क़ानूनी मान्यता मिलना और 1970 के दशक में गर्भ में ही बच्चे के लिंग का पता लगा लेने वाली तकनीक उपलब्ध होना रहे हैं। वर्ष 2011 तक बच्चों के लिंग का पता चलने के बाद उनके गर्भपात कराने की तादाद लगातार बढ़ती रही।

इस विसंगति के बावजूद वैश्विक लैंगिक असमानता रिपोर्ट 2022 के मुताबिक़ महिलाओं की शिक्षा के मामले में भारत की बेहतर स्थिति बनी है। जब शिक्षा के इस पैमाने में प्राइमरी, सेकेंडरी और उच्च शिक्षा में छात्राओं के दाख़िले और उनकी पढ़ाई के स्तर को शामिल किया गया तब 2018 के बाद से भारत की स्थिति में लगातार सुधार आया। इसकी बड़ी वजह 'बेटी बचाओ, बेटी पढ़ाओ' के तहत व्यापक जागरूकता अभियान चलाना ही रहा। इसका मुख्य लक्ष्य उन ज़िलों में जन्म के समय लैंगिक अनुपात में संख्या की दर से सुधार लाना था, जहां लड़कों और लड़कियों का अनुपात बहुत बिगड़ा हुआ था। योजना के तहत एक साल के दरम्यान इसमें दो अंकों का सुधार लाने का लक्ष्य निर्धारित किया गया था। इसके अलावा यही लक्ष्य इस योजना के ज़रिए पांच साल से कम उम्र के बच्चों

की मृत्यु दर के लैंगिक अनुपात को 2014 में 7 से हर साल 1.5 अंक कम करने का भी रखा गया था। साथ ही 2018-19 तक सेकेंडरी शिक्षा में लड़कियों की संख्या बढ़ाकर 82 प्रतिशत तक लानी थी। ये योजना शुरू में 161 ज़िलों में लागू की गई थी और आख़िरकार इसे देश के सभी 640 ज़िलों में लागू कर दिया गया। बेटी बचाओ, बेटी पढ़ाओ योजना को लड़कों और लड़कियों के बीच भेदभाव दूर करने की एक आक्रामक योजना के तौर पर लोगों के सामने आया। कारण जिन 161 ज़िलों में इसे शुरुआत में लागू किया गया था, उनमें से 104 ज़िलों में जन्म के वक़्त बच्चों की लैंगिक असमानता में काफ़ी सुधार दर्ज किया गया था।

हालांकि इस योजना के प्रचार पर खर्च किए जाने वाले मोटे खर्च की आलोचना का भी शिकार होना पड़ा। इसकी कई खामियों को सरकार की विफलता और नाकामियों के नजरिये से पेश किया गया। उदाहरण के तौर पर 'बेटी बचाओ, बेटी पढ़ाओ के ख़ास संदर्भ में पढ़ाई के ज़रिए महिलाओं के सशक्तिकरण' नाम की एक रिपोर्ट पर हुई चर्चा के दौरान यह पाया गया था कि इस योजना के लिए 2016 से 2019 के दौरान 446.7 करोड़ रुपए जारी किए गए थे। इसमें से एक बड़ा हिस्सा, लगभग 78.91 फ़ीसद रक़म को केवल मीडिया में प्रचार अभियान और जागरूकता के मद में ही ख़र्च कर दिया गया था। जबकि योजना व्यावहारिक पहलु की सच्चाई तो यही है कि उस प्रचार अभियान का ही जबरदस्त असर हुआ। यह योजना किसी उत्पाद को बाजार में उतारने जैसा नहीं था, बल्कि अधिक से अधिक लोगों के जेहन में यह बात बिठाने की थी कि बेटी की सुरक्षा, सेहत और शिक्षा की जिम्मादारी उसकी है। इनसे संबंधित सुविधाओं पर दूसरी योजनाएं चल रही हैं। सिर्फ बलिका के पारिवारिक और सामाजिक अस्तित्व के लिए मनोबल को मजबूत बनाना और लैंगिक भेदभाव रहित मानसिकता तैयार करनी है।

नेशनल काउंसिल ऑफ एप्लाइड इकॉनमिक रिसर्च ने बेटी बचाओ, बेटी पढ़ाओ योजना के मूल्यांकन के लिए एक अध्ययन किया है। जिसमें ये पता लगाने की कोशिश की गई थी कि जिन 161 ज़िलों में ये योजना शुरू में लागू की गई थी, क्या वहां उम्मीद के मुताबिक़ बदलाव हुए हैं। इस अध्ययन में भी योजना को लागू करने की प्रक्रिया में कई कमियां पाई गई थीं और लड़कियों के स्कूल में दाख़िले और पढ़ाई जारी रखने की राह में संरचनात्मक बाधाएं सामने आई थीं। जैसे कि अपनी पढ़ाई जारी रखने में लड़कियों को जो मुश्किलें आती हैं, उनकी पहचान करने और लड़कियों को कम से कम बारहवीं तक पढ़ाई जारी रखने में मदद के लिए स्कूलों ने क्या किया। सर्वे में शामिल 73.5 प्रतिशत स्कूलों में देखा गया कि उनके ऊपर देख-रेख की ज़िम्मेदारी, साफ़ सुथरे और चालू शौचालयों की

कमी, किताबें या यूनीफ़ॉर्म ख़रीद पाने में नाकामी और आवाजाही के सुरक्षित साधनों की कमी जैसे कई कारण हैं, जिससे लड़कियों की पढ़ाई बाधित होती है।

इस अध्ययन में ये पता लगाने की कोशिश की गई थी कि उस समूह के बीच कितनी जागरूकता है और बेटी बचाओ, बेटी पढ़ाओ योजना के तहत ज़मीनी स्तर पर लागू की जाने वाली पहलों जैसे कि बालिका मंच, सक्रिय स्कूल प्रबंधन समितियां और स्कूलों में लड़कियों के दाख़िले की स्थिति बेहतर करने के लिए स्कूल वापस चलो जैसे विकल्प आज़माने को किस हद तक लागू किया जा रहा है। 14 राज्यों के शहरी और ग्रामीण इलाक़ों में व्यापक अध्ययन के नतीजों के बाद ये सुझाव दिया गया था कि ज़मीनी स्तर पर निरीक्षण के लिए कर्मचारियों की भर्ती की जानी चाहिए और ज़मीनी स्तर योजना को लागू करने की समीक्षा भी नियमित रूप से होनी चाहिए।

इस संबंध में मिले सुझावों के मुताबिक अगर पढ़ी-लिखी महिलाओं को स्कूल टीचर के तौर पर भर्ती होने का हौसला दिया जाए, तो स्कूलों में लड़कियों के पढ़ाई करने आने की संख्या काफ़ी बढ़ाई जा सकती है। इससे कर्मचारियों के मामले में भी लैंगिक समानता लाई जा सकेगी और लड़कियों को महिला टीचर से बात करने और अपनी दिक़्क़तें सामने रखने में भी सहूलियत होगी।

लैंगिक रूप से संवेदनशील योजनाएं लागू करने में महिलाओं की भागीदारी भी बहुत अहम है । सामुदायिक स्तर के कर्मचारी, जो अक्सर आम जनता के बीच काम करते हैं और अपने समुदाय को अच्छे से जानते समझते हैं, उन्हें ही इस योजना का चेहरा बनाया जाना चाहिए। आशा कार्यकर्ता, आंगनबाड़ी कार्यकर्ता और महिला मंडल जैसे स्थानीय स्तर पर काम करने वाली महिलाओं को इस योजना को लागू करने का अहम हिस्सा बनाया जाना चाहिए।

ज़मीनी स्तर पर तैनात कर्मचारियों को उनकी क्षमता बढ़ाने वाले प्रशिक्षण देकर समुदाय के बीच पहुंच बनाने में मदद मिल सकती है । ये इसलिए भी ज़रूरी है, क्योंकि इन्हीं कर्मचारियों को ज़मीनी हक़ीक़त का एहसास होता है । कर्मचारियों को डिजिटल तकनीक की बुनियादी ट्रेनिंग देने के साथ-साथ उन्हें लैंगिक समानता के मुद्दे पर भी संवेदनशील बनाया जाए तो इस योजना को ठीक ढंग से लागू करने में काफ़ी मदद मिल सकती है ।

नेशनल काउंसिल ऑफ़ एप्लाइड इकॉनमिक रिसर्च द्वारा किए गए एक अध्ययन के मुताबिक़, स्कूल परिसर में टॉयलेट का न होना, लड़कियों के पढ़ाई छोड़ने की एक बड़ी वजह बन जाती है । स्कूलों जैसी सार्वजनिक जगहों पर स्वच्छ शौचालयों की

उपलब्धता सुनिश्चित करने से पढ़ाई करने वाली लड़कियों की संख्या काफ़ी बढ़ाई जा सकती है।

इस तरह से कहा जा सकता है कि बेटी बचाओ, बेटी पढ़ाओ योजना ने बेटियों पर बेटों को तरज़ीह देने की बड़ी समस्या को सामने लाने में बड़ी कामयाबी हासिल की है। इसे हर संभव दूर करने की कोशिशें भी होने लगी हैं। बालिकाओं के उज्जवल भविष्य के लिए बाकायदा आवेदन किए जाते हैं। यह योजना विशेष रूप से उन क्षेत्रों में लागू की गई है, जहां बाल लिंगानुपात कम है, ताकि लड़कियों के जन्म और शिक्षा को प्रोत्साहित किया जा सके। इसके अंतर्गत विभिन्न जागरूकता अभियानों और कार्यक्रमों के माध्यम से समाज में लड़कियों के प्रति सकारात्मक सोच विकसित करने का प्रयास किया जा रहा है। इस योजना के तहत शिक्षा के प्रोत्साहन के अतिरिक्त योजना के अंतर्गत विभिन्न वित्तीय योजनाएं, जैसे सुकन्या समृद्धि योजना को भी शामिल किया गया है। जो माता-पिता को अपनी बेटियों के लिए बचत करने में मदद करती हैं। इस योजना का लाभ उन सभी परिवारों को मिल सकता है, जिनकी वार्षिक आय 3 लाख रुपए से कम है और जो लड़कियों के जन्म और शिक्षा को प्राथमिकता देते हैं।

इस योजना के लिए आवेदन करने के लिए कुछ आवश्यक दस्तावेज़ों आधार कार्ड, निवास प्रमाण पत्र, आय प्रमाण पत्र, शैक्षणिक प्रमाण पत्र (यदि आवश्यक हो) होते हैं। आवेदन की प्रक्रिया महिला और बाल विकास मंत्रालय की आधिकारिक वेबसाइट पर जाकर की जाती है। पंजीकरण विकल्प की खोज में होम पेज पर वीमेन एमपावरमेंट स्कीम है, जिसके अंतरगत बेटी बचाओ, बेटी पढ़ाओ योजना का लिंक दिया गया है। यहां जाकर ऑनलाइन आवेदन किया जाता है।

अध्याय-12

कामकाजी महिला छात्रावास योजना

केंद्र सरकार ने कामकाजी महिलाओं के लिए विश्वसनीय, किफायती और सुविधाजनक आवास की जरूरतों को पूरा करने के लिए कामकाजी महिला छात्रावास योजना शुरू की है। इस योजना का मुख्य उद्देश्य महिलाओं को सशक्त बनाना है। यह तभी संभव हो पाएगा जब उसकी उपलब्धता को बढ़ावा मिलेगा। इसका लाभ विशेषकर ऐसी पेशेवर महिलाओं को मिलेगा जो अपने घरों से बाहर निकलती हैं। सरकार इस योजना के तहत कस्बों, शहरों और ग्रामीण क्षेत्रों में छात्रावास सुविधाओं को बढ़ाने के लिए नए भवनों के निर्माण या मौजूदा भवनों का विस्तार करने के लिए अनुदान सहायता प्रदान करती है।

यह योजना भारत सरकार द्वारा शुरू की गई एक महत्वपूर्ण पहल है, जिसमें यह योजना महिलाओं के लिए एक सुरक्षित वातावरण सुनिश्चित करने के साथ-साथ उनके आर्थिक और सामाजिक सशक्तिकरण को बढ़ावा देने के लिए बनाई गई है।

योजना का उद्देश्य के मुख्य बिंदु हैं—

- कामकाजी महिलाओं को उनके कार्यस्थल के पास किफायती और सुरक्षित आवास प्रदान करना। महिलाओं को सुरक्षित और किफायती आवास मिलने से उन्हें दूसरी आर्थिक चुनौतियों से निपटने में मदद मिलती है। तेजी से शहरीकरण के कारण कामकाजी महिलाओं को आवास की समस्या से राहत मिलती है।
- महिलाओं को उनके बच्चों के साथ रहने की सुविधा देना।
- महिलाओं को कामकाजी जीवन में आने वाली आवास संबंधी बाधाओं को दूर करना।
- महिला सशक्तिकरण और उनकी आत्मनिर्भरता को प्रोत्साहित करना।

मुख्य पहल : छात्रावास की स्थापना है। इस योजना के माध्यम से शहरी, अर्ध-शहरी

और ग्रामीण क्षेत्रों में कामकाजी महिलाओं के लिए छात्रावास स्थापित किए जाते हैं। इन छात्रावासों में कामकाजी महिलाओं के साथ-साथ उनके छोटे बच्चों (6 वर्ष तक) के लिए भी व्यवस्था होती है।

सुरक्षा : यहां रहने वाली महिलाओं के लिए सुरक्षा को प्राथमिकता दी गई है। जो इस प्रकार की होंगी:—

- छात्रावासों में यानी चौबीसो घंटे की सुरक्षा व्यवस्था।
- एक सुरक्षित और महिला-अनुकूल वातावरण प्रदान किया जाता है।
- महिलाओं को कार्यस्थल के पास सुरक्षित वातावरण मिलता है, जिससे वे अपने काम पर अधिक ध्यान केंद्रित कर सकती हैं।

किफायती किराया : कामकाजी महिलाओं की आर्थिक स्थिति को ध्यान में रखकर इनका किराया बहुत ही न्यूनतम लिया जाता है, साथ ही आर्थिक रूप से कमजोर वर्ग की महिलाओं को प्राथमिकता दी जाती है।

बुनियादी सुविधाएं : भोजन, स्वच्छ पानी, बिजली और स्वच्छता की सुविधाएं उपलब्ध कराई जाती हैं। यहां रहने वाली महिलाओं के बच्चों के लिए क्रेच या डे-केयर की व्यवस्था भी की जाती है।

लक्षित समूह : छात्रावास की व्यवस्था की शर्तों के मुताबिक इनमें वही कामकाजी महिलाएं रह सकती हैं, जिनकी मासिक आय एक निश्चित सीमा के भीतर हो। ग्रामीण इलाकों, छोटे शहरों और आर्थिक रूप से कमजोर वर्ग की महिलाओं को प्राथमिकता मिलती है । महिलाओं के अलावा, उन छात्राओं को भी यहां जगह दी जाती है, जो प्रशिक्षण या शिक्षा के लिए दूर के शहरों में रहती हैं।

सरकारी सहायता : छात्रावास निर्माण के लिए सरकार गैर-सरकारी संगठनों, निजी संगठनों और सरकारी निकायों को वित्तीय सहायता प्रदान करती है। केंद्र सरकार परियोजना की कुल लागत का 60% (विशेष श्रेणी के राज्यों के लिए 75%) प्रदान करती है।

पात्रता : यहां रहने वाली महिलाओं की पात्रता सीमा इस तरह की होती है:—

- वैसी कामकाजी महिलाएं यहां रह सकती हैं, जिनकी उम्र 18 वर्ष से अधिक आयु की हो।
- जिनकी मासिक आय आर्थिक मानदंडों के भीतर हो।
- विधवा, तलाकशुदा और अशक्त महिलाएं प्राथमिकता में शामिल हैं।

योजना की शुरुआत और संचालन

यह योजना भारत सरकार के महिला एवं बाल विकास मंत्रालय द्वारा संचालित की

जाती है। इसके तहत सामाजिक न्याय और महिला सशक्तिकरण के लक्ष्यों को प्राप्त करने की दिशा में काम किया जाता है। इस योजना के अंतर्गत स्थापित छात्रावासों में विभिन्न श्रेणियों की कामकाजी महिलाएं और उनके बच्चे रह सकते हैं। उनमें विधवा, अकेली, अलग हुई, तलाकशुदा या विवाहित महिलाएँ शामिल हैं, लेकिन जिनके पति या निकटतम परिवार उसी शहर या क्षेत्र में नहीं रहते हैं। समाज के वंचित वर्गों की महिलाओं को प्राथमिकता दी जा सकती है। शारीरिक रूप से विकलांग लाभार्थियों को प्राथमिकता मिलती है।

शर्त के मुताबिक प्रशिक्षण प्राप्त करने वाली महिलाओं के लिए इसकी कुल अवधि एक वर्ष से अधिक होनी चाहिए। हालांकि, कामकाजी महिलाओं को समायोजित करने के बाद रिक्त स्थान उपलब्ध होने पर ऐसी महिलाएं छात्रावास में रह सकती हैं। नौकरी के लिए प्रशिक्षण प्राप्त करने वाली महिलाओं की संख्या छात्रावास की कुल क्षमता के 30% से अधिक नहीं होनी चाहिए।

कामकाजी माताओं के साथ छात्रावास में रहने वाले पांच वर्ष तक के लड़कों और 18 वर्ष तक की लड़कियों को आवास उपलब्ध करवाने का प्रावधान रखा गया है। कामकाजी माताएं इस योजना के तहत दी जाने वाली डेकेयर सेंटर सेवाओं का भी लाभ उठा सकती हैं। एसोचैम, सीआईआई, फिक्की आदि जैसी कारपोरेट या एसोसिएशनों को इस शर्त के अधीन छात्रावास में रहने की सुविधा दी जाएगी कि उनकी महिला कर्मचारियों के अतिरिक्त अन्य कामकाजी महिलाओं को भी छात्रावास में रहने की सुविधा प्रदान की जाए।

योजना का संचालन : इस छात्रावास योजना का संचालन हर कोई नहीं कर सकता, बल्कि इसकी जिम्मेदारी सरकारी एजेंसियां या संगठन को सौंपी जाती है। विभिन्न सरकारी एजेंसियां या संगठन (कार्यान्वयन एजेंसियां) नए छात्रावास स्थापित करने या मौजूदा छात्रावास सुविधा का विस्तार करने के लिए योजना के तहत सहायता के लिए आवेदन कर सकती हैं।

इनमें राज्य सरकार की एजेंसियाँ होती हैं, जिनमें महिला वित्त निगम, महिला विकास निगम आदि शामिल हैं। इसी तरह से शहरी नगर निकाय, जिनमें छावनी बोर्ड भी शामिल हैं। पंचायती राज संस्थाएं, एसएचजी (स्वयं सहायता समूह), मान्यता प्राप्त कॉलेज या विश्वविद्यालय, नागरिक समाज संगठन जिनका महिला कल्याण, सामाजिक कल्याण या महिला शिक्षा के क्षेत्र में काम करने का ट्रैक रिकॉर्ड है और जो भारतीय सोसायटी पंजीकरण अधिनियम, 1860 या किसी प्रासंगिक राज्य अधिनियम के तहत पंजीकृत हैं।

किसी भी कानून के तहत पंजीकृत सार्वजनिक ट्रस्ट और सहकारी संस्थाएं भी इस

योजना का संचालन कर सकती हैं। महिला एवं बाल विकास मंत्रालय तथा राज्य सरकारें स्वयं छात्रावासों का निर्माण कर सकती हैं तथा योजना के नियमों के अनुसार उन्हें ऐसे संगठनों को पट्टे पर दे सकती हैं, जिनके पास उनके संचालन के प्रबंधन के लिए पर्याप्त अनुभव हो।

योजना के नियम और आय : इस योजना के तहत ऐसी कामकाजी महिलाएं छात्रावास सुविधाओं के लिए पात्र हैं जिनकी समेकित सकल आय महानगरों में 50,000 रुपए प्रति माह या किसी अन्य कस्बे या ग्रामीण क्षेत्र में 35,000 रुपए प्रति माह से अधिक नहीं है। जब छात्रावास में रहने वाली कामकाजी महिला की आय निर्धारित आय सीमा से अधिक हो जाती है, तो उसे आय सीमा पार करने के छह महीने के भीतर छात्रावास खाली करना होता है।

किराया प्रभार : छात्रावास की सुविधा प्रदान करने वाली पात्र एजेंसियाँ या संगठन कामकाजी महिलाओं से कमरों का मासिक किराया ले सकते हैं। कमरों का किराया महिलाओं द्वारा चुने गए कमरे के प्रकार पर निर्भर करता है। योजना के तहत कमरों का मासिक किराया इस प्रकार निर्धारित किए जाते हैं:—

- एकल शयन कक्ष के लिए – किराया प्रभार कार्यरत महिला के सकल पारिश्रमिक के 15% से अधिक नहीं होगा।
- डबल बेडरूम के लिए – किराया प्रभार कार्यरत महिला के सकल पारिश्रमिक के 10% से अधिक नहीं होगा।
- शयन गृहों के लिए – किराया प्रभार कार्यरत महिला के सकल पारिश्रमिक के 7½% से अधिक नहीं होगा।
- बच्चों के डेकेयर सेंटर के लिए – शुल्क माता के सकल पारिश्रमिक या वास्तविक व्यय, जो भी कम हो, उसके 5% से अधिक नहीं होगा।
- नौकरी के लिए प्रशिक्षण प्राप्त करने वाली महिलाओं के लिए किराया, कामकाजी महिलाओं से लिए जाने वाले किराए से अधिक नहीं होना चाहिए।

ठहरने की अवधि : इस योजना के तहत सहायता प्राप्त छात्रावास में कामकाजी महिला तीन साल से ज़्यादा नहीं ठहर सकती। असाधारण परिस्थितियों में, जिला प्रशासन किसी कामकाजी महिला को एक बार में छह महीने के लिए विस्तार के कारणों को दर्ज करने के बाद तीन साल से ज़्यादा समय तक छात्रावास में रहने की अनुमति दे सकता है। हालाँकि, विस्तार वाली महिला का कुल प्रवास पाँच साल से ज़्यादा नहीं होना चाहिए।

छात्रावास निर्माण आवेदन प्रक्रिया : पात्र एजेंसियां या संगठन (कार्यान्वयन एजेंसियां) निम्नलिखित प्रक्रियाओं का पालन करके छात्रावास सुविधाएं स्थापित करने या इस सुविधा का विस्तार करने के लिए अनुदान सहायता के लिए आवेदन कर सकती हैं:—

- संबंधित राज्य सरकार पात्र एजेंसियों या संगठनों से आवेदन आमंत्रित करती है। पात्र एजेंसियों या संगठनों को निर्धारित प्रपत्र में आवेदन भरकर संबंधित राज्य के महिला एवं बाल विकास विभाग में जमा करना होता है।
- सार्वजनिक भूमि पर छात्रावास निर्माण के लिए आवेदन के साथ आवश्यक दस्तावेज संलग्न करना होता है।
- संबंधित राज्य सरकार, पात्र एजेंसियों को सहायता अनुदान की मंजूरी के लिए योजना के मानदंडों को पूरा करने वाले आवेदनों को परियोजना स्वीकृति समिति (पीएससी) के समक्ष रखती है।

कामकाजी महिला छात्रावास योजना के तहत आवश्यक दस्तावेज होने चाहिए :—

- ❑ एसोसिएशन, संगठन, संस्था या स्वैच्छिक एजेंसी की विवरणिका जिसमें उसकी गतिविधियों और उद्देश्यों का संक्षिप्त विवरण हो।
- ❑ पिछले तीन वर्षों की वार्षिक रिपोर्ट और बैलेंस शीट की प्रतिलिपि।
- ❑ आय और व्यय विवरण, लेखा परीक्षक रिपोर्ट, रसीद और सीए/सरकारी लेखा परीक्षकों द्वारा प्रमाणित भुगतान विवरण सहित लेखा परीक्षित खाते।
- ❑ इस योजना के अंतर्गत मानदंडों के अनुसार प्रस्तावित कामकाजी महिला छात्रावास निर्माण के भवन और साइट प्लान की प्रतिलिपि तथा पंजीकृत वास्तुकार द्वारा प्रमाणित।
- ❑ भवन निर्माण अनुमति प्रमाण पत्र की प्रति तथा स्थानीय प्राधिकारी से अनुमोदन जिसमें यह उल्लेख हो कि छात्रावास के निर्माण की अनुमति दे दी गई है।
- ❑ छात्रावास भवन निर्माण का विस्तृत लागत अनुमान, जो पीडब्ल्यूडी (लोक निर्माण विभाग) या किसी अन्य प्रासंगिक प्राधिकरण द्वारा प्रमाणित हो तथा शेष धनराशि का अनुदान किन स्रोतों से प्राप्त होगा।
- ❑ सार्वजनिक भूमि के मामले में, उस भूखंड की दस्तावेजी प्रति जिस पर भवन का निर्माण प्रस्तावित है।

- छात्रावास भवन निर्माण के लिए प्रस्तावित भूमि का पट्टा विलेख पट्टेदार और शासी प्राधिकारी के बीच हस्ताक्षरित।
- पट्टा विलेख में यह शर्त होनी चाहिए कि भूमि का उपयोग कामकाजी महिलाओं के छात्रावास के निर्माण के लिए किया जाएगा।

किराये के परिसर में छात्रावासों के लिए वित्तीय सहायता चाहने वाली कार्यान्वयन एजेंसियों को निम्नलिखित अतिरिक्त दस्तावेज प्रस्तुत करने होंगे:–

- मकान मालिक के साथ किराये के समझौते की प्रति।
- एक बार परियोजना स्वीकृत हो जाने पर कार्यान्वयन एजेंसी को संबंधित प्राधिकारी द्वारा प्रमाणित नया किराया समझौता प्रस्तुत करना होगा।
- जिला कलेक्टर या राज्य पीडब्ल्यूडी द्वारा प्रमाणित विस्तृत भवन योजना और किराए के परिसर की वित्तीय गणना।
- **वित्तीय सहायता :** वित्तीय सहायता (छात्रावास भवन के निर्माण की लागत) को केन्द्र सरकार, राज्य सरकार/संघ राज्य क्षेत्र (पूर्वोत्तर और हिमालयी राज्यों को छोड़कर) और कार्यान्वयन एजेंसियों के बीच एक विशिष्ट अनुपात में साझा किया जाता है।
- कामकाजी महिलाओं के छात्रावास भवनों के निर्माण के लिए केंद्र सरकार, राज्य सरकार/केंद्र शासित प्रदेश (पूर्वोत्तर और हिमालयी राज्यों को छोड़कर) और कार्यान्वयन एजेंसियों के बीच लागत-साझाकरण अनुपात 60:15:25 है। पूर्वोत्तर और हिमालयी राज्यों के लिए केंद्र सरकार, राज्य सरकार/केंद्र शासित प्रदेश और कार्यान्वयन एजेंसियों के बीच लागत-साझाकरण अनुपात 65:10:25 हैं।
- किराए के परिसर में संचालित छात्रावासों को वित्तीय सहायता के लिए, किराए की राशि का आकलन राज्य पीडब्ल्यूडी या जिला कलेक्टर द्वारा किया जाएगा। किराए का उपयोग हाउसकीपिंग, सुरक्षा सेवा, छात्रावास रखरखाव, कार्यालय स्थापना, पानी और बिजली के खर्च और मेस के अलावा किसी भी अन्य सुविधा के लिए किया जाना चाहिए।
- सौर जल हीटर, गीजर और वाशिंग मशीन जैसी वस्तुओं को बदलने के लिए अनुदान भी हर पांच साल में स्वीकृत किया जाएगा, बशर्ते कि पिछले पांच वर्षों के दौरान छात्रावास का रखरखाव ठीक से किया गया हो।

अनुदान जारी करना : राज्य सरकार/संघ राज्य क्षेत्र कार्यान्वयन एजेंसियों को 50:40:10 के अनुपात में तीन किस्तों में निर्माण के लिए अनुदान जारी करता है। यह छात्रावास की निर्माण लागत के 10% की तीसरी किस्त के साथ क्षेत्र की सुविधाओं और फर्नीचर खरीदने के लिए एकमुश्त अनुदान भी जारी करता है, जो तीन किस्तों में होती हैं:—

- पहली किस्त – परियोजना की मंजूरी के साथ जारी की गई।
- दूसरी किस्त – यह तब जारी की जाती है जब कार्यान्वयन एजेंसियों ने छात्रावास भवन निर्माण लागत के आनुपातिक हिस्से के साथ पिछली किस्त खर्च कर दी हो।
- तीसरी किस्त – छात्रावास भवन निर्माण पूरा होने पर 10% राशि और एकमुश्त अनुदान जारी किया जाएगा।

परियोजना की हर दो वर्ष में समीक्षा या निगरानी की जाती है। यदि राज्य सरकार/संघ राज्य क्षेत्र इसे जारी रखने की मंजूरी देता है, तो अगले दो वर्षों में इसकी समीक्षा की जाती है।

✿ ✿

अध्याय-13

वन स्टॉप सेंटर योजना

भारत में हिंसा से प्रभावित महिलाओं की सहायता के लिए 2015 में "वन स्टॉप सेंटर" (OSC) योजना शुरू की गई थी। इसे महिला एवं बाल विकास मंत्रालय के तत्वावधान में शुरू किया गया था इस योजना का उद्देश्य सेवाओं की एक एकीकृत श्रृंखला प्रदान करना है। इसमें हिंसा की शिकार महिलाओं के लिए एक ही छत के नीचे चिकित्सा सहायता, परामर्श और अस्थायी आश्रय शामिल है। ये सेवाएँ 18 वर्ष या उससे अधिक आयु की उन महिलाओं के लिए निःशुल्क उपलब्ध हैं, जो हिंसा की शिकार हुई हैं। यह उनके लिए किसी संजीवनी से कम नहीं होता है।

इसकी उपलब्धियों के बारे में पूर्व केंद्रीय मंत्री स्मृति ईरानी ने फरवरी 2024 में संसद में जानकारी दी थी कि हिंसा का सामना करने वाली महिलाओं की मदद के लिए देश भर के 700 से अधिक जिलों में वन स्टॉप सेंटर स्थापित किए गए हैं। इसके माध्यम से लगभग 8.3 लाख महिलाओं को सहायता मिली है। यानी कि महिला एवं बाल विकास मंत्रालय के अनुसार देश भर में लगभग 769 वन स्टॉप सेंटर कार्यरत हैं।

संसद में पेश की गई महिला एवं बाल विकास मंत्रालय की अनुदान मांगों की 350वीं रिपोर्ट के अनुसार, भारत सरकार ने निर्भया फंड के तहत 2015 से इस ओएससी योजना के लिए कुल 867.74 करोड़ रुपए आवंटित किए थे और राज्यों को लगभग 720.98 करोड़ रुपए जारी किए गए। हालांकि, राज्यों द्वारा केवल 274.53 करोड़ रुपए का ही उपयोग किया गया।

वन स्टॉप सेंटर योजना :

इस योजना की शुरुआत वर्ष 1 अप्रैल 2015 में हुई थी, जिसे महिला एवं बाल विकास मंत्रालय (एमडब्ल्यूसीडी) द्वारा लॉन्च किया गया था। इसकी शुरुआत राष्ट्रीय महिला सशक्तिकरण मिशन (एनएमईडब्ल्यू) के एक भाग के रूप में की गई थी। वन स्टॉप सेंटर (OSC) का उद्देश्य हिंसा का सामना करने वाली महिलाओं की सहायता करना

है, चाहे वह निजी या सार्वजनिक स्थानों पर हो, जिसमें परिवार, समुदाय या कार्यस्थल शामिल हैं। इसे निर्भया फंड द्वारा वित्तपोषित किया जाता है। इस केंद्रीय योजना का उद्देश्य महिलाओं को एक छत के नीचे व्यापक सहायता प्रदान करना है। ओएससी द्वारा वादा की गई सेवाओं में आपातकालीन प्रतिक्रिया और बचाव, चिकित्सा सहायता, पुलिस रिपोर्ट दर्ज करने में सहायता, मनोवैज्ञानिक-सामाजिक सहायता और परामर्श, कानूनी सहायता और अस्थायी आश्रय शामिल हैं।

यह सेंटर पीड़ित महिलाओं को सहायता और समाधान प्रदान करने के लिए डिज़ाइन किया गया है, जिन्होंने विभिन्न प्रकार की हिंसा का सामना किया है। इन हिंसा में यौन उत्पीड़न का प्रयास, यौन हमला, घरेलू हिंसा, तस्करी, सम्मान से संबंधित अपराध, एसिड अटैक या डायन-शिकार शामिल है।

पृष्ठभूमि और विकास : ओएससीएस योजना से पहले निर्भया फंड की स्थापना की गई थी। निर्भया फंड की स्थापना 2013 में दिल्ली में एक युवती के सामूहिक बलात्कार और हत्या के बाद की गई थी। निर्भया कोष का उपयोग ओएससीएस योजना सहित महिलाओं के विरुद्ध हिंसा को रोकने और उसका जवाब देने के लिए कई पहलों को वित्त पोषित करने के लिए किया गया था। ओएससीएस योजना भारत के सभी जिलों में लागू की गई है। इन केन्द्रों में वकीलों, डॉक्टरों और परामर्शदाताओं सहित पेशेवरों की एक टीम कार्यरत है।

इसे "सखी सेंटर" के नाम से भी जाना जाता है। इसका लाभ घरेलू हिंसा, यौन हिंसा, दहेज उत्पीड़न, मानव तस्करी, एसिड अटैक और अन्य प्रकार की हिंसा से प्रभावित महिलाओं को दिया जाता है। केंद्र सरकार इस योजना के लिए 100% वित्तीय सहायता प्रदान करती है, जिसका संचालन विभिन्न सरकारी एजेंसियों, पुलिस, चिकित्सा संस्थानों और गैर-सरकारी संगठनों के साथ तालमेल से किया जाता है। इसमें सभी आयु वर्ग और समाज के सभी वर्गों की महिलाएं शामिल हैं।

एकीकृत सहायता के तौर पर हिंसा से प्रभावित महिलाओं को एक ही स्थान पर सभी आवश्यक सेवाएं प्रदान की जाती हैं। इनमें पुलिस सहायता, चिकित्सा सहायता, कानूनी सलाह, मनोवैज्ञानिक परामर्श और अस्थायी आश्रय शामिल हैं।

यहां की हेल्पलाइन के लिए 24 घंटे काम करने वाला टोल-फ्री हेल्पलाइन नंबर (181) उपलब्ध है। इस नंबर पर महिलाएं तुरंत सहायता के लिए कॉल कर सकती हैं।

यह सेंटर राज्य सरकार और केंद्र सरकार के सहयोग से चलाए जाते हैं। ये जिला स्तर पर स्थापित किए जाते हैं। हिंसा से प्रभावित महिलाओं को पुनर्वास सेवाएं और योजनाओं से जोड़ा जाता है। जरूरत पड़ने पर महिलाओं को अस्थायी आश्रय भी प्रदान किया जाता है।

यह योजना लैंगिक आधारित हिंसा का उन्मूलन को ध्यान में रखकर बनाई गई है। इसका मुख्य उद्देश्य महिलाओं के खिलाफ हिंसा को कम करना और महिलाओं को सुरक्षित वातावरण प्रदान करना है।

यहां से मिलने वाली सेवाओं की सूची में शामिल है:—

पुलिस सहायता : महिलाओं की सुरक्षा के लिए प्राथमिकी दर्ज करने और कानूनी कार्रवाई में सहायता। इसके माध्यम से 18 वर्ष से कम आयु की बालिकाओं के लिए किशोर न्याय (बालकों की देखभाल एवं संरक्षण) अधिनियम, 2000 तथा लैंगिक अपराधों से बालकों का संरक्षण अधिनियम, 2012 के अंतर्गत गठित प्रतिष्ठानों एवं प्राधिकरणों को ओएससी से जोड़ा गया है। ये केंद्र हिंसा से पीड़ित महिलाओं को रेफरल और बचाव सेवाएं प्रदान करते हैं। यहाँ पुलिस वैन और 108 सेवाएँ उपलब्ध हैं, ताकि पीड़ित महिला को या तो उस स्थान से बचाया जा सके या निकटतम स्वास्थ्य सुविधा के लिए भेजा जा सके।

चिकित्सा सहायता :आपातकालीन चिकित्सा सेवाएं और आवश्यक उपचार। हिंसा से प्रभावित महिलाओं को स्वास्थ्य एवं परिवार कल्याण मंत्रालय द्वारा निर्धारित दिशा-निर्देशों के अनुसार चिकित्सा जांच के लिए निकटतम स्वास्थ्य सुविधा केंद्र में भेजा जाता है।

मनोवैज्ञानिक परामर्श : महिलाओं को तनाव और आघात से निपटने के लिए परामर्श सेवाएं।

कानूनी सहायता : मुफ्त कानूनी सलाह और न्यायिक प्रक्रिया में सहायता। हिंसा से प्रभावित महिलाओं को न्याय दिलाने के लिए, ओएससी पैनल में शामिल वकीलों और राष्ट्रीय/जिला/राज्य कानूनी सेवा प्राधिकरणों के साथ मिलकर काम करते हैं। अगर महिला चाहे तो उसे अपने मामले में राज्य अभियोजकों की सहायता के लिए एक वकील मुहैया कराया जाता है। महिला के लिए कानूनी प्रक्रियाओं को आसान बनाना और अदालती सुनवाई से उसे छूट दिलाना वकील का कर्तव्य है। बलात्कार के प्रयासों के मामलों में, अभियोजकों को यथासंभव आरोप पत्र प्रस्तुत करने की तिथि से दो महीने के भीतर मुकदमा पूरा करना होता है।

पेशेवर परामर्श: परामर्श सेवाएँ देने वाला एक प्रशिक्षित परामर्शदाता कॉल पर उपलब्ध रहेगा। यह प्रक्रिया महिलाओं को आत्मविश्वास देगी और हिंसा के लिए न्याय पाने में उनकी मदद करेगी।

वीडियो कॉन्फ्रेंसिंग की सुविधा : परेशानी मुक्त कार्यवाही को सक्षम करने के लिए, केंद्र वीडियो कॉन्फ्रेंसिंग की सुविधा प्रदान करती है। पीड़ित महिला का बयान ऑडियो/वीडियो का उपयोग करके दर्ज किया जा सकता है।

वन स्टॉप सेंटर योजना के लिए पात्रता : वैसे तो वन-स्टॉप सेंटर योजना सभी

आयु वर्ग की महिलाओं को सहायता प्रदान करने के लिए बनाई गई है, चाहे वे 18 वर्ष से अधिक हों या कम, जो हिंसा के खतरे में हैं, चाहे उनकी जाति, पंथ, वैवाहिक स्थिति, धर्म या यौन अभिविन्यास कुछ भी हो। यह योजना दुर्भाग्यपूर्ण परिस्थितियों में सभी आयु वर्ग के व्यक्तियों के लिए सुलभ है, जिससे यह सुनिश्चित होता है कि वे इसकी सहायता सेवाओं से लाभान्वित हो सकें।

आश्रय : जरूरतमंद महिलाओं को अस्थायी और सुरक्षित आवास, आश्रय: ओएससी संकटग्रस्त महिलाओं को अस्थायी आश्रय प्रदान करता है। दीर्घकालिक आवश्यकताओं के मामले में, अल्पावधि गृह या स्वाधार गृह के साथ व्यवस्था की जाती है। हिंसा से पीड़ित महिलाएं अपने बच्चों के साथ अधिकतम पांच दिनों के लिए केंद्र में अंतरिम आश्रय का लाभ उठा सकती हैं। अप्रभावित महिला अपने बच्चों के साथ अधिकतम 5 दिनों के लिए ओएससी में अस्थायी शरण ले सकती है। सभी उम्र की लड़कियाँ अपनी माताओं के साथ रह सकती हैं, जबकि आठ साल से अधिक उम्र के लड़कों को ओएससी में अपनी माताओं के साथ रहने की अनुमति नहीं है। प्रभावित महिलाओं को भोजन, दवा, कपड़े और अन्य बुनियादी सुविधाएं जैसे सैनिटरी नैपकिन, साबुन, शैम्पू आदि मिलेंगी।

अध्यापन और पुनर्वास : महिलाओं को आत्मनिर्भर बनने के लिए कौशल विकास और आजीविका के साधन प्रदान करना । ऐसे मामलों में अक्सर महिलाएं मानसिक तौर पर भी टूट जाती हैं। इसलिए, वन स्टॉप सेंटर पीड़ित महिला के लिए काउंसलिंग की भी व्यवस्था करता है।

वन स्टॉप सेंटर योजना हिंसा से पीड़ित महिलाओं के लिए एक आदर्श मंच साबित हुई है। इस योजना से पीड़ित व्यक्ति को लाभ मिलता है। उल्लेखनीय है कि लिंग आधारित हिंसा वैश्विक स्वास्थ्य, मानव अधिकारों और विकास से जुड़ा मुद्दा है, जो भूगोल, वर्ग, संस्कृति, आयु, जाति और धर्म से परे जाकर दुनिया के हर कोने में हर समुदाय और देश को प्रभावित करता है। भारत में महिलाएं सामाजिक जीवन में असमानताओं के कारण हिंसा से जूझ रही हैं, विशेष रूप से विस्थापन और सांप्रदायिक घटनाओं के कारण। ऐसे में यह योजना महत्वपूर्ण है।

महिला हेल्पलाइन से जुड़ी कुछ और जानकारी इस प्रकार है—

- महिला हेल्पलाइन नंबर 1091/1090 पूरे देश के लिए है।
- नेशनल कमिशन फ़ॉर वुमन (NCW) में अपनी बात रखने के लिए, 0111-23219750 पर कॉल किया जा सकता है।
- राज्यों ने भी अपने स्तर पर हेल्पलाइन नंबर जारी किए हैं।
- अगर कॉल करने वाली महिला या लड़की को बाधा आती है या वह बीमार या विकलांग है, तो उसे ट्रैक किया जाता है । इसके बाद, निकटतम पुलिस स्टेशन, अस्पताल या OSC के ज़रिए आपातकालीन मदद दी जाती है।

अध्याय-14

बहादुरी की मिसाल

इक्कीसवीं सदी अर्थात वर्ष 2000 के दूसरे दशक में महिलाओं ने भारतीय सशस्त्र बलों में महत्वपूर्ण प्रगति की है, जिससे रक्षा भूमिकाओं में लैंगिक समानता की दिशा में एक सराहनीय बदलाव आया। जबकि वे लंबे समय से चिकित्सा विंग और संयुक्त राष्ट्र शांति सेना में महत्वपूर्ण भूमिका निभाती रही हैं। युद्ध और सहायक भूमिकाओं में उनके शामिल होने से भारतीय सशस्त्र बलों की तीनों सेवाओं में सशक्त महिला सैनिकों की एक नई पीढ़ी का आगमन हो रहा है।

भारतीय सेना में 7000 से अधिक महिलाओं के योगदान को एक बड़ी उपलब्धि के नजरिए से देखा जाने लगा है। वैसे सशस्त्र बलों में महिलाओं का इतिहास स्वतंत्रता संग्राम से पहले का है। रानी लक्ष्मीबाई, कैप्टन लक्ष्मी सहगल और सरोजिनी नायडू जैसी हस्तियाँ भारतीय स्वतंत्रता संग्राम के दौरान प्रसिद्ध रही हैं। भारतीय सशस्त्र बलों में महिलाओं की भूमिका 1888 में "भारतीय सैन्य नर्सिंग सेवा" के गठन के साथ आकार लेने लगी थी। भारतीय सेना की नर्सों ने प्रथम विश्व युद्ध के दौरान कई भूमिकाओं में भाग लिया।

महिलाओं की भूमिका महिला सहायक कोर के गठन के साथ और भी विस्तारित हुई, जिसने उन्हें संचार, लेखा और प्रशासन जैसी मुख्य रूप से गैर-लड़ाकू भूमिकाओं में सेवा करने की अनुमति दी। महिला सहायक कोर की स्थापना मई 1942 में द्वितीय विश्व युद्ध के लिए महिला स्वयंसेवकों की भर्ती के लिए ब्रिटिश संचालित भारतीय सेना द्वारा की गई थी। हालाँकि, ब्रिटिश भारतीय सेना में महिलाओं को उनके यूरोपीय और अमेरिकी समकक्षों के विपरीत, लड़ाकू भूमिका में लड़ने का विशेषाधिकार नहीं था, लेकिन द्वितीय विश्व युद्ध के दौरान महिला जासूस काफी सफल रहीं। महिला सहायक कोर की सदस्य नूर इनायत खान ने एक जासूस के रूप में प्रतिष्ठा के साथ काम किया, द्वितीय विश्व युद्ध के दौरान उनकी सेवा के लिए एक महान दर्जा प्राप्त किया।

हालाँकि ब्रिटिश भारतीय सेना ने महिलाओं को गैर-लड़ाकू भूमिकाओं तक सीमित कर दिया था, आज़ाद हिंद फ़ौज, जिसे सुभाष चंद्र बोस द्वारा स्थापित किया गया था। इसके द्वारा महिलाओं को युद्ध में लड़ने का मिला पहला विशेषाधिकार था। सेनानी सुभाष चंद्र

बोस की एक महिला रेजिमेंट थी जिसका नाम झांसी की रानी रेजिमेंट रखा गया था। इस रेजिमेंट ने बर्मा में इंपीरियल जापानी सेना के साथ लड़ाई में सक्रिय युद्ध देखा था।

स्वतंत्रता के बाद सेना अधिनियम, 1950 ने महिलाओं को केंद्र सरकार द्वारा निर्दिष्ट कुछ अपवादों के साथ नियमित कमीशन के लिए अयोग्य बना दिया। नवंबर 1958 में आर्मी मेडिकल कोर महिलाओं को नियमित कमीशन देने वाली पहली भारतीय सेना इकाई बन गई। महिला विशेष प्रवेश योजना के माध्यम से भारतीय सेना में महिला अधिकारियों को शामिल करना संसदीय मामलों की कैबिनेट समिति की मंजूरी के बाद 1992 में शुरू हुआ।

फरवरी 2019 में, सरकार ने जेएजी (जज एडवोकेट जनरल) और एईसी (आर्मी एजुकेशन कॉर्प) के अलावा सेना की आठ शाखाओं में महिला अधिकारियों को एक स्थायी कमीशन दिया गया, जिसे वर्ल्ड इन वन न्यूज विजन के अनुसार 2008 में से पहले ही प्रदान किया गया था। उसके बाद 2023 तक महिलाएँ पैराशूट रेजिमेंट जैसे विशेषज्ञ बलों में लड़ाकू सैनिकों के रूप में सेवा के लिए पात्र नहीं थी, लेकिन वे सिग्नल कोर, इंजीनियर आदि जैसे इसके कुछ गैर-लड़ाकू विंग में शामिल की जाने के योग्य समझी गईं।

सेना की तीनों सेवाओं में भारतीय महिलाओं का प्रतिनिधित्व पूरी दुनिया ने स्वीकारा है। जैसे भारतीय सेना में महिलाओं को भारतीय सेना में दस शाखाओं में कमीशन के तहत कोर ऑफ इंजीनियर्स, कोर ऑफ सिग्नल्स, आर्मी एयर डिफेंस, आर्मी सर्विस कोर, आर्मी ऑर्डनेंस कोर, कॉर्प ऑफ इलेक्ट्रॉनिक्स एंड मैकेनिकल इंजीनियर्स, आर्मी एविएशन कोर, इंटेलिजेंस कोर, जज एडवोकेट जनरल ब्रांच और आर्मी एजुकेशन कोर है। इसके अलावा सशस्त्र बल चिकित्सा सेवाओं में डॉक्टर और सैन्य नर्स के रूप में महिलाओं के लिए प्रवेश है।

इसी तरह से भारतीय नौसेना में अधिकारियों के रूप में महिलाओं की भर्ती वर्ष 1991 में शुरू हुई। मार्च 2023 तक भारतीय नौसेना में महिला अधिकारियों की संख्या 748 थी, जिसमें मेडिकल और डेंटल अधिकारी शामिल हैं। दिसंबर 2019 में सब-लेफ्टिनेंट शुभांगी स्वरूप ने डोर्नियर 228 निगरानी विमान उड़ाने में भूमिका के साथ भारतीय नौसेना की पहली महिला पायलट बनकर इतिहास रच दिया।

ऐसे ही भारतीय वायु सेना में भर्ती अधिकारी उन्होंने कहा कि बल में लिंग तटस्थ है। सितंबर 2020 तक युद्ध और समर्थन सहित विभिन्न भूमिकाओं में 1,875 महिला अधिकारी थीं। 2015 में, लड़ाकू पायलटों के रूप में महिलाओं के लिए लड़ाकू भूमिकाएँ खोली गईं और मई 2019 में भावना कंठ लड़ाकू मिशनों के लिए योग्य पहली महिला लड़ाकू पायलट बनीं। मार्च 2023 तक भारतीय वायु सेना में महिला अधिकारियों की संख्या 1,636 हो गई।

बीते कुछ सालों में, भारत ने सशस्त्र बलों में जेंडर बैरियर तोड़ने के लिए कई अहम कदम उठाए हैं, ताकि महिलाओं को जमीन पर युद्ध की स्थिति, टैंक यूनिट्स और ऑन-बोर्ड पनडुब्बियों पर तैनाती के लिए सक्षम बनाया जा सके। फरवरी 2016 में तत्कालीन राष्ट्रपति प्रणब मुखर्जी ने घोषणा करते हुए कहा था— महिलाओं को भारतीय सशस्त्र बलों के सभी वर्गों में लड़ाकू भूमिका निभाने की अनुमति दी जाएगी। जो दुनिया के सबसे पुरुष-प्रधान व्यवसायों में से एक है, लैंगिक समानता की ओर यह एक क्रांतिकारी कदम का संकेत है।

भारतीय वायु सेना पहले से ही महिला पायलटों को लड़ाकू जेट उड़ाने के लिए प्रशिक्षित देने में जुटी हुई थी, तो महिलाओं को नौसेना और सेना दोनों में लड़ाकू भूमिकाओं में शामिल करने के फैसले से महिलाओं को अपनी काबिलियत दिखाने का एक और मौका मिला। हालाँकि, इससे पहले भी भारत में अलग-अलग पृष्ठभूमि और क्षेत्रों की महिलाओं ने सशस्त्र बलों में शामिल होने के लिए कई बड़ी बाधाओं को पार किया है।

दिन-प्रतिदिन भारतीय सशस्त्र बलों में बहादुर महिलाओं की सूची बढ़ती जा रही है, जिन्होंने हर बाधा को पार कर देश का गौरव बढ़ाया है। इनमें कुछ की चर्चा किया जाना जरूरी है, जिन्होंने सशस्त्र बलों में शामिल होने के लिए हर बाधा को पार कर सारी बेड़ियां तोड़ डाली और सामाजिक बंधनों को परे धकेलती हुई तमाम चुनौतियों का सामना किया। उनकी बादौलत देश का गौरव और सम्मान बढ़ा, तो वे करोड़ों महिलाओं के लिए प्रेरणा का स्रोत बन गईं।

ऐसे में बहादुर महिलाओं के बारे में भी कुछ चर्चा करने की जरूरत है, जिन्होंने हर मोर्चे की बाधाओं और सामाजिक बंधनों को तोड़ अपना मुकाम हासिल किया। कुछ उदाहरण इस प्रकार हैं:—

पुनीता अरोड़ा : उत्तर प्रदेश के विभाजन के दौरान सहारनपुर चले गए एक पंजाबी परिवार में जन्मी पुनीता अरोड़ा दूसरी सर्वोच्च रैंक, भारतीय सशस्त्र बलों के लेफ्टिनेंट जनरल और भारतीय नौसेना के वाइस एडमिरल का पद हासिल करने वाली भारत की पहली महिला हैं। इससे पहले, वह साल 2004 में सशस्त्र बल मेडिकल कॉलेज की पहली महिला कमांडेंट थीं। उन्होंने सशस्त्र बल चिकित्सा सेवा (एएफएमएस) के एडिशनल डायरेक्टर-जनरल के रूप में सशस्त्र बलों के लिए चिकित्सा अनुसंधान का को-ऑर्डिनेशन भी किया। बाद में, वह सेना से नौसेना में चली गईं, क्योंकि सेना के अधिकारियों को ज़रूरत के आधार पर एक सेवा से दूसरी सेवा में ट्रांसफर करने की अनुमति का एएफएमएस में एक सामान्य अधिकार है।

पद्मावती बंदोपाध्याय : भारतीय वायु सेना की पहली महिला एयर मार्शल बनने का गौरव हासिल करने वाली पद्मावती बंदोपाध्याय वर्ष 1968 में भारतीय वायु सेना में शामिल हुईं थीं और वर्ष 1978 में अपना डिफेंस सर्विस स्टाफ कॉलेज कोर्स पूरा किया था। ऐसा करने वाली वह पहली महिला अधिकारी थीं। इतना ही नहीं, वह उड्डयन चिकित्सा विशेषज्ञ बनने वाली पहली महिला अधिकारी भी थीं। इसके अलावा, वह उत्तरी ध्रुव पर साइंटिफिक रिसर्च करने वाली पहली महिला थीं। 1971 के भारत-पाक संघर्ष के दौरान उनकी मेधावी सेवा के लिए उन्हें एयर वाइस मार्शल के पद पर पदोन्नति के साथ-साथ, 'विशिष्ट सेवा पदक' से सम्मानित किया गया था।

निवेदिता चौधरी : फ्लाइट लेफ्टिनेंट निवेदिता चौधरी माउंट एवरेस्ट को फतह करने वाली भारतीय वायु सेना की पहली महिला और यह उपलब्धि हासिल करने वाली राजस्थान की पहली महिला हैं। अक्टूबर 2009 में कुछ ही समय पहले आगरा में स्क्वाड्रन में शामिल हुईं आईएएफ अधिकारी चौधरी ने एवरेस्ट पर महिला अभियान के लिए स्वयंसेवकों की टीम बनाई थी। टीम की अन्य महिलाएं स्क्वाड्रन लीडर निरुपमा पांडे और फ्लाइट लेफ्टिनेंट रजिका शर्मा ने भी पांच दिन बाद चोटी पर चढ़ाई पूरी कर ली थी।

अंजना भदौरिया : भारतीय सेना में स्वर्ण पदक जीतने वाली पहली महिला हैं। वह भारतीय सेना में एक अधिकारी बनना चाहती थीं। माइक्रोबायोलॉजी में एमएससी पूरा करने के बाद अंजना ने विमेन स्पेशल एंट्री स्कीम के ज़रिए सेना में महिला अधिकारियों को शामिल करने के एक विज्ञापन को देख आवेदन किया था और 1992 में भारतीय सेना में महिला कैडेटों के पहले बैच में चुन ली गई थी।

प्रशिक्षण के दौरान हर क्षेत्र में बेहतरीन प्रदर्शन करते हुए उन्हें एक बैच से स्वर्ण पदक के लिए चुना गया, जिसमें पुरुष और महिला दोनों शामिल थे। उन्होंने 10 साल तक भारतीय सेना में सेवा दी।

प्रिया सेमवाल : सशस्त्र बलों में एक अधिकारी के रूप में शामिल होने वाली पहली सेना के जवान की पत्नी के रूप में प्रिया सेमवाल ने इतिहास रच दिया। उन्होंने अपने पति को विद्रोह विरोधी अभियान में खो दिया था, जिसके बाद साल 2014 में एक युवा अधिकारी के रूप में उन्हें सेना के इलेक्ट्रिकल और मैकेनिकल इंजीनियरिंग (ईएमई) के कोर में शामिल किया गया था। जब 4 साल की ख्वाहिश शर्मा की 26 वर्षीया मां प्रिया सेमवाल ने अपने पति 14 राजपूत रेजिमेंट में सेवारत नायक अमित शर्मा की मृत्यु की खबर सुनी तो उनका भविष्य अंधकारमय लगा। साल 2012 में अरुणाचल प्रदेश में पहाड़ी तवांग के पास एक आतंकवाद विरोधी अभियान में उनके पति नायक अमित शर्मा वीरगति

को प्राप्त हो गए थे। तब प्रिया ने अपने पति और अपनी मातृभूमि के लिए अपने प्यार को संजोने के लिए सेना में शामिल होने का फैसला किया।

दिव्या अजित कुमार : मात्र 21 साल की उम्र में दिव्या अजित कुमार ने 244 साथी कैडेटों (पुरुष और महिला दोनों) को हराकर सर्वश्रेष्ठ ऑल-राउंड कैडेट का पुरस्कार जीता और प्रतिष्ठित "स्वॉर्ड ऑफ़ ऑनर" प्राप्त किया। यह अधिकारी प्रशिक्षण अकादमी के एक कैडेट को दिया जाने वाला सर्वोच्च पुरस्कार है।

"स्वॉर्ड ऑफ ऑनर" हासिल करने के लिए, योग्यता सूची में जीत हासिल करनी होती है, जिसमें पी.टी. परीक्षण, उच्च पी.टी. परीक्षण, तैराकी परीक्षण, फील्ड ट्रेनिंग, सर्विस सब्जेक्ट्स, बाधा प्रशिक्षण, ड्रिल परीक्षण, क्रॉस-कंट्री एन्क्लोज़र्स आदि शामिल हैं। भारतीय सेना के इतिहास में यह सम्मान जीतने वाली पहली महिला, कैप्टन दिव्या अजित कुमार ने 2015 में गणतंत्र दिवस परेड के दौरान 154 महिला अधिकारियों और कैडेटों की एक महिला दल का नेतृत्व किया था।

एक साल बाद झिंगन और 24 अन्य महिलाओं ने भारतीय सेना में अपनी यात्रा शुरू की। जब वह सेवानिवृत्त हुईं, तो उन्होंने कहा, "यह एक सपना है, जिसे मैं पिछले 10 सालों से हर दिन जी रही हूं। "

दीपिका मिस्र : वर्ष 2006 में दीपिका मिस्र हेलीकॉप्टर एरोबेटिक टीम, सारंग के लिए प्रशिक्षित करने वाली पहली भारतीय वायु सेना की महिला पायलट बनीं। दिसंबर 2006 में वायु सेना अकादमी में पासिंग आउट परेड के दौरान, दीपिक (तब एक फ्लाइट कैडेट थीं) को पहली बार सूर्य किरण और सारंग, भारतीय वायुसेना की फिक्स्ड-विंग और रोटरी-विंग एरोबेटिक डिस्प्ले टीमों द्वारा एरोबेटिक प्रदर्शनों से लगाव हो गया। जब भारतीय वायु सेना ने 2010 में सारंग टीम के लिए महिला पायलटों को वॉलंटियर करने की मांग की, तब उन्होंने तुरंत इस मौके को लपक लिया और स्वदेशी उन्नत हल्के हेलीकॉप्टर दस्ते में शामिल होने वाली पहली महिला बन गईं।

सोफिया कुरैशी : कोर ऑफ सिग्नल्स की लेफ्टिनेंट कर्नल सोफिया कुरैशी ने साल 2016 में आयोजित आसियान प्लस बहुराष्ट्रीय क्षेत्र प्रशिक्षण अभ्यास फोर्स 18 में भारतीय सेना के एक प्रशिक्षण दल का नेतृत्व करने वाली पहली महिला अधिकारी बन इतिहास रच दिया था। सोफिया अभ्यास के लिए उपस्थित सभी आसियान प्लस टुकड़ियों में एकमात्र महिला अधिकारी आकस्मिक कमांडर थीं। भारतीय सेना के सिग्नल कोर की अधिकारी, 35 वर्षीया कुरैशी को भारतीय दल का नेतृत्व करने के लिए शांति रक्षक प्रशिक्षकों के एक पूल से चुना गया था।

शांति तिग्गा : सैपर शांति तिग्गा कोई साधारण महिला नहीं थीं। वह भारतीय सेना में पहली महिला जवान थीं और उन्होंने 35 वर्ष की उम्र में यह उपलब्धि हासिल की, तब उनके दो बच्चे भी हो चुके थे। इसके बावजूद प्रशिक्षण के दौरान शारीरिक फिटनेस परीक्षणों में उन्होंने अपने अन्य सभी पुरुष साथियों को हरा दिया था।

उन्होंने ट्रेनिंग के समय, 12 सेकंड में 50 मीटर की दौड़ पूरी की और सभी पुरुषों को पीछे छोड़ते हुए 5 सेकंड के अतिरिक्त समय के साथ 1.5 किमी की दौड़ पूरी की। बंदूकों को संभालने में उनकी विशेषज्ञता ने उन्हें निशानेबाज का सर्वोच्च स्थान दिलाया। अपने बैच की सर्वश्रेष्ठ ट्रेनी, तिग्गा साल 2011 में प्रादेशिक सेना की 969 रेलवे इंजीनियर रेजिमेंट में शामिल हुईं। हालांकि, उनकी एक दुखद मौत हुई, लेकिन उन्हें हमेशा उनके कौशल और वीरता के लिए याद किया जाएगा।

गनीव लालजी : एक युवा खुफिया अधिकारी, लेफ्टिनेंट गनीव लालजी ने सेना कमांडर की मुख्य सहयोगी के रूप में नियुक्त होने वाली पहली महिला बनकर इतिहास रच दिया था। तीसरी पीढ़ी की सेना अधिकारी, लेफ्टिनेंट लालजी को साल 2011 में सैन्य खुफिया कोर में नियुक्त किया गया था और उन्होंने पुणे में अपने प्रशिक्षण पाठ्यक्रम के दौरान कई उपलब्धियां हासिल कीं थीं।

गुंजन सक्सेना : कारगिल युद्ध के दौरान, फ्लाइट ऑफिसर गुंजन सक्सेना ने युद्ध क्षेत्र में उड़ान भरने वाली पहली महिला भारतीय वायु सेना अधिकारी बनकर इतिहास रच दिया था। 1994 में गुंजन सक्सेना महिला आईएएफ प्रशिक्षु पायलटों के पहले बैच में शामिल 25 युवा महिलाओं में से एक थीं।

कारगिल के दौरान सक्सेना ने युद्ध क्षेत्र के माध्यम से सैनिकों को हवाई आपूर्ति करने और भारतीय सेना के घायल सैनिकों को निकालने के लिए दर्जनों हेलीकॉप्टर उड़ानें भरीं। बाद में वह 'शौर्य वीर पुरस्कार' से सम्मानित होने वाली पहली महिला भी बनीं।

संध्या सूरी : संध्या सूरी नेवी की पहली महिला अधिकारी रही हैं, जिनकी तैनाती वॉरशिप पर की गई थी। यहां तक पहुंचने में उन्होंने जिन मुश्किलों का सामना किया उसे काम की जिम्मेदारी की तरह अपनाया। हालांकि नेवी में नौकरी का चुनाव उन्होंने सहर्ष अपनी मर्जी से किया इस बारे में रोचक बात उन दिनों की है जब वह महज 22 साल की थीं और आईपीएस की तैयारी में जुटी हुई थी। अगस्त 1994 में घर टेलिफोन की घंटी बजी, फोन रिसीव करते ही उधर से आवाज आई कि 'आपको नौसेना अकादमी में रिपोर्ट करना है।' यह सुनते ही वह खुशी से झूम उठी। मानो उसे मन की मुराद मिल गई हो।

उन दिनों संध्या अंग्रेजी में मास्टर्स करने के साथ-साथ, आईपीएस परीक्षा की तैयारी भी कर रही थीं। साथ ही राज्य के लिए बास्केटबॉल खेल रही थी और जम्मू के कालूचक में आर्मी स्कूल में अंग्रेजी भी पढ़ा रही थी। वह नौसेना अकादमी के तीसरे बैच में 14 महिला उम्मीदवार थीं, जिसमें अपनी जगह बना ली थी।

इसके लिए उन्हें बहुत से त्याग करने पड़े थे, किंतु भारतीय नौसेना के वॉरशिप पर तैनात रह चुकीं रिटायर्ड नौसेना अधिकारी संध्या सूरी महिला सशक्तिकरण की बेमिसाल उदाहरण हैं। प्रश्न यह नहीं है कि उन्हें नेवी में जाने की प्रेरणा कहां से मिली, सवाल तो यह है कि वहां रहते हुए उन्होंने जो कुछ हासिल किया वह कितना अलग और विशिष्ट था? संध्या के अनुसार जब महिलाएं सशस्त्र बलों में नहीं जाया करती थीं, तब वह इस बल में आने की इच्छा रखती थीं। इसमें उनके पिता प्रेरणास्रोत रहे। जब नेवी से फोन आया, तब उन्होंने खुशी-खुशी आईपीएस की राह छोड़ दी। उन दिनों वह पहले थल सेना, फिर नौसेना और फिर वायु सेना में आवेदन कर चुकी थीं। पहला नियुक्ति का कॉल वायु सेना की ओर से आया था और वह वायु सेना के एसएसबी के लिए जा चुकी थी। तभी नौसेना अकादमी को रिपोर्ट करने का फोन आया।

यह उनके लिए बेहद खुशी की बात थी। पिता भी बहुत खुश थे, हालांकि मां थोड़ी डरी हुई थीं। उन्हें आईपीएस की तैयारी और वायु सेना छोड़कर जाने का कोई मलाल नहीं था। वह अपने परिवार में अकेली लड़की थी, जिसने सशस्त्र बलों में सेवा की है।

उन्हें 18 अगस्त, 1994 को कमीशन मिला था और वहां उन्होंने सात साल तक सर्विस की। पहली पोस्टिंग के लिए ट्रेनिंग की शुरुआत गोवा की नौसेना अकादमी से हुई। उसके बाद कोच्चि में सीएलएबीएस, मुंबई में हामला स्कूल आफ मैनेजमेंट एंड लॉजिस्टिक, लोनावाला में एनबीसीडी की बेसिक ट्रेनिंग और फिर डी-कमीशन एयरक्राफ्ट कैरियर आईएनएस विक्रांत पर एक जहाज के अटैचमेंट के साथ प्रशिक्षण पूरा हुआ। यह सब 11 महीने तक चला, जब तक कि वह पूर्वी कमान में तैनात नहीं हो गई।

यह सब पूरा करने लिए कई तरह की चुनौतियों का सामना करना पड़ा, जिसमें फिटनेस और मानसिक तौर पर मजबूती का होना सबसे ज़रूरी था। इसमें उन्हें बास्केटबॉल का खिलाड़ी होना काम आया, क्योंकि वह जम्मू-कश्मीर की तरफ से बास्केटबॉल खेला करती थी। इसके लिए प्रतिदिन नियमित लगभग 4-5 घंटे वर्कआउट करने की आदत थी। इस कारण उन्हें प्रशिक्षण के दरम्यान वर्कआउट करने में ज्यादा परेशानी नहीं हुई। फिर भी उनके सामने सबसे बड़ी चुनौती यह थी कि वह एक 'अधिकारी' थी, न कि 'महिला अधिकारी'! प्रशिक्षण के समय यह बात जोर देकर बतायी गई थी।

ज्यादातर महिलाओं के लिए यह भूल पाना वाकई एक बड़ी चुनौती होती है कि वे एक महिला हैं और पुरुषों को भी ऐसा ही सोचने पर मजबूर करना और भी बड़ी चुनौती थी। सशस्त्र बलों में होना संतुलन, धैर्य और बेहद साहस भरा काम होता है। एक महिला अधिकारी उतनी ही मजबूत होती हैं, जितनी मजबूत उनकी सबसे बड़ी कमजोरी होती है। नौसेना में संध्या की सबसे बड़ी चुनौती, इस बात के लिए लड़ना था कि उनको एक महिला नहीं, बल्कि एक वर्दीधारी सैन्यकर्मी माना जाए। इस बात को उन्होंने शिद्दत के साथ महसूस किया था कि सैन्य सेवाओं में यह हर महिला के लिए एक बड़ी चुनौती होती है।

इस संदर्भ में संध्या खुद को उन भाग्यशाली लोगों में से मानती हैं, जिन्हें युद्धपोत पर सवार होने का सौभाग्य मिला था। उनकी तैनाती एक लॉजिस्टिक वॉरशिप पर थी। वह विशेष पोस्टिंग नौसेना में उनकी सबसे अच्छी पोस्टिंग थी। हालांकि वह काफी चुनौतीपूर्ण काम था, लेकिन कठिन प्रशिक्षण से अपनी जिम्मेदारियों को जानती थी और उसके लिए जवाबदेह भी थी।

नौसेना के लिए किसी महिला को युद्धपोत पर तैनात करना आसान नहीं है। यह बहुत लंबे समय से पुरुषों का कार्यक्षेत्र रहा है। इस लिहाज से उन्हें एक पेशेवर रूप से खुद को बार-बार साबित करना भी किसी चुनौती से कम नहीं था। यह उतना ही आसान था, तो मुश्किल भरा भा था, जितना एक ही जगह पर 'अधिकारी और महिला' दोनों कहे जाने पर आपत्ति करना।

इस पर जब भी सवाल उठता था तब उनका एक ही जवाब होता था— "तुम्हें पता है, मैं वर्दी में हूं, बस इतना काफी है। मैं पुरुष या महिला हो सकती हूं। मेरी भी जिम्मेदारियां उतनी ही हैं। लगभग सभी पुरुषों को लगता था कि महिलाओं के पास विशेषाधिकार हैं, जैसे कि एक निजी शौचालय की जगह, केबिन के दरवाजे बंद करना आदि। लेकिन मैंने तो यह सब नहीं मांगा। नियम और प्रावधान तो अधिकारियों द्वारा बनाए गए थे। मुझे पता है कि मैंने किसके लिए साइन अप किया है। मैंने विशेषाधिकार नहीं मांगे। मुझे बस वही करना था, जिसके लिए मैं आई थी। "

नौसेना में महिला अधिकारी होने का मतलब को कुछ इस तरह से समझाती हैं— "आपको एक बात समझनी होगी, कम से कम भारत में जहाज पर महिलाओं के होने का मतलब है उनके लिए कीमती जगह की कुर्बानी देना। विदेशी नौसेनाओं में ऐसी कोई जगह नहीं बनाई गई है। आप सेना में शामिल होते हैं और अपना काम करते हैं। मैं बहुत खुश हूं कि अब महिलाएं दुनिया भर में नौकायन और पर्वतारोहण जैसी बहुत सारी साहसिक गतिविधियां कर रही हैं। मुझे वास्तव में उन पर गर्व होता है। हालांकि और भी बहुत कुछ

होना चाहिए। मैं तो यह भी नहीं मानती कि महिलाओं को जहाजों से बाहर रखा जाना चाहिए। हां, बस जरूरत है निष्पक्षता और महिलाओं के विशेषाधिकारों को न निकाले जाने की।"

संध्या ने इस बारे में और विस्तार से बताया,"अधिकारी को प्रमोशन के लिए कम से कम एक वर्ष के लिए समुद्री सेवा करनी होती है। मुझे लगता है कि यहीं से वे शुरुआत कर सकते हैं। कानूनों को ऑब्जेक्टिन होने की जरूरत है, न कि विषयगत रूप से जेंडर केंद्रित होने की। अगर महिलाएं सेना में शामिल होती हैं और विशेषाधिकार चाहती हैं, तो उन्हें इसमें शामिल नहीं होना चाहिए। यह राष्ट्र का प्रतिनिधित्व करने वाले तिरंगे की सेवा करने का काम है। मुझे नहीं लगता कि यहां किसी भी चीज के लिए सौदेबाजी की जगह होनी चाहिए। शायद मेरे विचार पुराने जमाने के हों, लेकिन यह कोई नौकरी या सिर्फ एक करियर नहीं है। यहां आपके लिए विशेषाधिकार देश की सेवा करना है। मैं भाग्यशाली हूं और यह मेरे लिए सम्मान की बात है। अगर 65 साल की उम्र में भी देश को मेरी जरूरत पड़ी, तो मैं साइन अप करूंगी...बेशक, मैं उतनी फिट नहीं हूं, जितनी मैं हुआ करती थी। "

संध्या एक महिला होने के नाते खुद पर कभी भी संदिग्ध नहीं रही। एक साक्षत्कार में उन्होंने नौसेना अधिकारी होने के नाते अपनी कुछ यादें साझा करते हुए बताया," युद्धपोत पर पोस्टिंग, मेरे लिए सबसे अच्छा समय था। मैंने जो कुछ भी सीखा और जिसके लिए मुझे ट्रेनिंग दी गई थी, मैंने उसका पूरा उपयोग किया। मैंने जहाज को पेंट किया है, मैंने क्रू के लिए खाना बनाया है, क्रू के साथ खतरों का सामना किया है और हम सभी ने एक साथ एक शानदार यात्रा देखी है मैंने इनमें से कुछ भी इनाम या पुरस्कार के लिए नहीं किया। मैंने ऐसा इसलिए किया क्योंकि मैं उस टीम का हिस्सा थी, जो समुद्र में थी। "

उन्होंने बताया कि मैंने शायद दूसरों की तुलना में आपात स्थिति में खुद को अधिक संतुलित रखा। मुंबई में मेरी अंतिम पोस्टिंग भी काफी अच्छी रही। वहां मेरी यूनिट को फरवरी 2001 में अंतर्राष्ट्रीय फ्लीट रिव्यू के लिए बैठने, सुरक्षा और खानपान की पूरी योजना के प्रबंधन का काम सौंपा गया था। मेरी बेटी तब सात महीने की थी। हमने उस काम के लिए बहुत मेहनत की और तब इसे सफलतापूर्वक पूरा होते हुए देखना काफी संतोषजनक था। "

इसी के साथ उन्होंने अपने दिल की बात बताई, "ईमानदारी से कहूं तो मैं एक प्रशिक्षक और प्रमाणित गोताखोर बनना चाहती थी। इसके लिए मैंने एसएसबी बोर्ड या नेवल इंटेल में स्थानांतरण के लिए अनुरोध भी किया था, किंतु मेरे अनुरोधों को खारिज कर दिया गया, तो मुझे रुकने का कोई मतलब नहीं दिख रहा था। पूरा टाइम मैं हर समय फाइलों को आगे

बढ़ाने का काम नहीं करना चाहती थी। मैं इससे कहीं अधिक और बड़ा काम करना चाहती थी। उसी समय नौसेना में महिलाओं की पोस्टिंग जारी नहीं रखने का फैसला भी हुआ था।"

नौसेना में शामिल होने की इच्छुक महिलाओं के लिए उपलब्ध मौजूदा दौर में अवसरों के बारे में संध्या का कहना था," मुझे लगता है कि अब समय आ गया है कि हम महिलाओं के लिए उपलब्ध अवसरों को देखना बंद कर दें। अब समय आ गया है कि हम योग्य युवा नागरिकों को सेवाओं में शामिल होने के लिए आमंत्रित करें, लेकिन जेंडर का उल्लेख नहीं किया जाना चाहिए। "

इसी के साथ संध्या भारतीय नौसेना में शामिल होने की इच्छुक महिलाओं को आपकी सलाह भी देना चाहती हैं कि अगर आप इसे एक करियर या नौकरी के रूप में देख रहे हैं, तो कृपया इसमें शामिल न हों और राष्ट्र की सेवा करने के हमारे शुरुआती प्रयासों को कमजोर ना करें। अगर शामिल होना ही है, तो गौरव के लिए शामिल हों। अगर आप ली गई अपनी शपथ को जी सकते हैं, तो शामिल हों और अगर यूनिफॉर्म में सिर्फ ग्लैमर की सोच के अलावा, आपके लिए और भी कुछ है तभी ज्वाइन करें। केवल तभी शामिल हों, जब आप अपने देश को सबसे ऊपर रख सकते हैं।

लेफ्टिनेंट डिंपल भाटी : पासिंग आउट परेड में रजत पदक जोधपुर से नवनियुक्त लेफ्टिनेंट डिंपल भाटी को जब 11 महीने के कठिन शारीरिक और सैन्य प्रशिक्षण के बाद, अधिकारी प्रशिक्षण अकादमी (ओटीए), चेन्नई की पासिंग आउट परेड में रजत पदक से सम्मानित किया गया, तब उन्होंने अपने दादा परमवीर चक्र से सम्मानित मेजर शैतान सिंह को याद किया। इस कोर्स के दौरान 180 पुरुषों और महिलाओं के बीच उन्होंने दूसरा स्थान प्राप्त किया था।

डिंपल भाटी को भारतीय सेना में तैनात अपनी बड़ी बहन कैप्टन दिव्या सिंह से भी प्रेरणा मिली। वह पहले सिग्नल कोर में नियुक्त की गई थीं। बाद में जम्मू-कश्मीर में पहली पोस्टिंग मिली। वह 1962 में चीन के खिलाफ युद्ध में भारत के लिए सर्वोच्च बलिदान देने वाले परमवीर चक्र से सम्मानित मेजर शैतान सिंह की पोती हैं, जबकि उनके पिता बीएस भाटी बैंक में अधिकारी हैं और मां घरेलू महिला हैं।

सैन्य सदस्यों वाले परिवार की डिंपल सेना के बारे में अनजान नहीं थी। जोधपुर के जीत इंजीनियरिंग कॉलेज से कंप्यूटर साइंस में इंजीनियरिंग करने के दौरान वह एनसीसी में रही । खेलों में भी काफी रुझान रहा, लेकिन फौजी बनने के बारे में सही मायने में फैसला बड़ी बहन कैप्टन दिव्या के सैन्य अधिकारी बनने के बाद किया । खुद को पूरी तरह से सेना में शामिल होने के लिए झोंक दिया और चुने जाने पर ही दम लिया।

उसके चयन पर पिता गौरवान्वित हो गए कि हमेशा सेना में शामिल होने की चाहत रखने वाली दोनों बेटियां सैन्य बल में जा चुकी हैं। उन्होंने दोनों बेटियों को किसी और क्षेत्र में प्रयास करने के लिए कहा था, लेकिन उन्होंने साफ मना कर दिया और वे सेना में शामिल होने के फैसले पर अडिग रहीं। वैसे डिंपल के पिता ने भी सशस्त्र बलों के लिए परीक्षा दी थी, लेकिन उससे पहले ही बैंक के नतीजे आ गए और उन्होंने बैंक की नौकरी ज्वाइन कर ली थी।

डिंपल की ट्रेनिंग कई मायनो में अलग थी, जो 7 जनवरी 2021 से चेन्नई में शुरू हुई थी। इस बारे में उन्होने बताया कि उनका सामना चेन्नई की उमसभरी गर्मी से हुआ। वह 180 कैडेट्स के बैच में 29 महिलाओं में से एक थीं। जल्द ही वहां के माहौल में खुद को धीरे-धीरे ढाल लिया था। उन दिनों कोरोना का भय भी फैला हुआ था। कुल 11 माह की ट्रेनिंग के दौरान घर तो दूर था। प्रशिक्षण परिसर से बाहर तक निकलने की अनुमति नहीं थी। ट्रेनिंग में लड़का-लड़की के बीच कोई भेदभाव नहीं था। लड़की होने के नाते किसी को कोई रियायत नहीं मिलती थी। सभी को एक समान तरीके से अपनी ट्रेनिंग पूरी करनी थी।

ट्रेनिंग के दैरान एक समय ऐसा भी आया, जब डिंपल को लगा कि अब और नहीं हो पाएगा। तीस किलोमीटर की दौड़ और पीठ पर बीस किलोग्राम का वजन ट्रेनिंग का हिस्सा था। हिम्मत साथ छोड़ने लगी थी, लेकिन डिंपल की जिद और ऑफिसर बनने के ख्वाब ने उन्हें हार नहीं मानने दी। ट्रेनिंग के दौरान सैन्य अधिकारियों ने बहुत मदद की और उनके मोटिवेशन ने ट्रेनिंग को सही तरीके से पूरा करने में अहम भुमिका निभाई।

भावना कस्तूरी : देश में हर साल 15 जनवरी को थल सेना दिवस मनाया जाता है। आर्मी डे के नाम से मनाए जाने वाले इस दिवस के 71 सालों बाद पहली बार एक महिला अफ़सर ने 'आर्मी डे परेड' का नेतृत्व किया। वह महिला अफ़सर लेफ्टिनेंट भावना कस्तूरी थीं, जिन्होंने 144 जवानों के दस्ते को लीड किया। साथ ही इस मौके पर कैप्टेन शिखा सुरभि बाइकर्स टीम का हिस्सा बनीं, जबकि कैप्टेन भावना स्याल भी ट्रांसपोर्टेबल सैटलाइट टर्मिनल के साथ दिखाई दीं।

लेफ्टिनेंट भावना कस्तूरी भारतीय सेना में आर्मी सर्विस कॉर्प्स (ASC) का इतिहास रचने वाली महिला अधिकारी हैं। वह गणतंत्र दिवस 2019 की परेड में भारतीय सेना की पुरुषों की टुकड़ी का नेतृत्व करने वाली पहली महिला थीं। यह घटना भारतीय सशस्त्र बलों में महिलाओं की बढ़ती भूमिका और समानता के प्रति प्रतिबद्धता का प्रतीक है। उन्होंने अपनी नेतृत्व क्षमता और समर्पण से यह सम्मान अर्जित किया। परेड के दौरान उन्होंने 144 जवानों की टुकड़ी का नेतृत्व किया, जो भारतीय सेना के इतिहास में पहली बार हुआ।

उनका यह कदम न केवल भारतीय सेना में बल्कि पूरे देश में महिलाओं को प्रेरणा देने वाला साबित हुआ, बल्कि यह उनके आत्मविश्वास, साहस और नेतृत्व कौशल का एक उदाहरण बन गया। यह महिलाओं को हर क्षेत्र में समान अवसर देने के महत्व को रेखांकित करता है।

हालांकि इससे पहले उसी साल 15 जनवरी को 'थल सेना दिवस' यानी 'आर्मी डे' के मौके पर भी उन्होंने पहली बार आर्मी परेड का नेतृत्व किया।

लेफ्टिनेंट भावना कस्तूरी ने भारतीय सेना की आर्मी सर्विस कॉर्प्स (ASC) में अपने सेवा काल में कई प्रेरणादायक उपलब्धियां हासिल की हैं। उनकी प्रमुख उपलब्धियां इस प्रकार हैं:—

गणतंत्र दिवस परेड 2019 का नेतृत्व : लेफ्टिनेंट भावना कस्तूरी भारतीय सेना की पुरुषों की टुकड़ी का नेतृत्व करने वाली पहली महिला बनीं। उन्होंने 26 जनवरी 2019 को गणतंत्र दिवस परेड में 144 जवानों की टुकड़ी का नेतृत्व किया। यह पहली बार था जब भारतीय सेना में किसी महिला अधिकारी को पुरुषों की टुकड़ी का नेतृत्व करने का अवसर मिला।

महिला सशक्तिकरण की मिशाल : लेफ्टिनेंट भावना ने यह साबित किया कि महिलाएं सशस्त्र बलों में समान क्षमता और कुशलता के साथ नेतृत्व कर सकती हैं। उनकी उपलब्धि ने सशस्त्र बलों में महिलाओं की बढ़ती भूमिका और समानता की दिशा में एक नया मील का पत्थर स्थापित किया।

आर्मी सर्विस कॉर्प्स का प्रतिनिधित्व : आर्मी सर्विस कॉर्प्स भारतीय सेना की एक महत्वपूर्ण शाखा है, जो रसद और आपूर्ति में विशेषज्ञता रखती है। भावना कस्तूरी ने इस शाखा की क्षमता और योगदान को राष्ट्रीय और अंतरराष्ट्रीय मंच पर गर्व के साथ प्रस्तुत किया।

प्रेरणा : भावना कस्तूरी ने अपने साहस, नेतृत्व क्षमता और सेवा भावना से न केवल सेना में बल्कि पूरे समाज में महिलाओं को प्रेरित किया। उनकी उपलब्धि ने सशस्त्र बलों में महिलाओं के लिए नए दरवाजे खोले और देश की युवतियों को सशस्त्र बलों में शामिल होने के लिए प्रेरित किया। लेफ्टिनेंट भावना कस्तूरी की यह उपलब्धियां भारतीय सेना में महिलाओं की बढ़ती भूमिका का प्रतीक हैं और यह दर्शाती हैं कि महिलाओं को अगर अवसर मिले तो वे हर क्षेत्र में उत्कृष्ट प्रदर्शन कर सकती हैं।

अपनी इस उपलब्धि के बारे में लेफ्टिनेंट कस्तूरी बताती हैं, "पहली बार एक महिला अफ़सर का किसी सैन्य दल की परेड के लिए लीड करना बहुत गर्व की बात थी।"

पहली महिला कमांडो ट्रेनर डॉ. सीमा राव : आज महिलाएं पितृ सत्तात्मक समाज से निकलकर पुरुष प्रधान क्षेत्रों में अपने कौशल से दुनियाँ को चौंका रही हैं। अब उनकी जगह चूल्हे चौके में नहीं देश की सीमा पर भी है। उनका जूनून सातवें आसमान पर है और समर्पण देश को मजबूती दे रहा है। यह बात सेना को बीस साल से नि:शुल्क कमांडो ट्रेनिंग दे रहीं देश की पहली महिला कमांडो ट्रेनर डॉ. सीमा राव पर शत-प्रतिशत लागू होती है! सीमा राव की कहानी गजब की है, जिसमें उनके जज्बे, देश के लिए बेइंतहा समर्पण और अपने काम के लिए अपार जूनून भरा पड़ा है।

डॉ. सीमा राव भारत की पहली और एकमात्र महिला कमांडो ट्रेनर हैं, जो भारतीय सशस्त्र बलों को सैन्य मार्शल आर्ट्स और कमांडो ट्रेनिंग प्रदान करती हैं। उनके नाम 7वीं डिग्री ब्लैक बेल्ट और अनेक अन्य साहसिक उपलब्धियां हैं । उन्हें भारत की वंडर वूमन (India's Wonder Woman) के नाम से भी जाना जाता है । उनकी कुछ प्रमुख उपलब्धियां इस प्रकार हैं:—

7वीं डिग्री ब्लैक बेल्ट धारक : सीमा राव ने मार्शल आर्ट्स में 7वीं डिग्री ब्लैक बेल्ट प्राप्त की है।

यह उनकी शारीरिक और मानसिक दक्षता और उनके अनुशासन का प्रमाण है। उन्होंने विभिन्न मार्शल आर्ट्स, जैसे जूडो, कराटे, ताइक्वांडो और मिक्स्ड मार्शल आर्ट्स में प्रशिक्षण लिया है।

भारतीय सशस्त्र बलों की पहली महिला कमांडो ट्रेनर : सीमा राव ने पिछले दो दशकों से अधिक समय तक भारतीय सेना, वायु सेना, नौ सेना, पैरामिलिट्री फोर्सेज और पुलिस बलों को कमांडो ट्रेनिंग दी हैं। वह आत्मरक्षा, क्लोज क्वार्टर बैटल (CQB) और हथियार प्रशिक्षण में विशेषज्ञ हैं। उन्होंने अपनी सेवाएं बिना किसी शुल्क के देश को समर्पित की हैं।

अनआर्म्ड एंड डेडली की लेखिका : डॉ. सीमा राव ने "Unarmed and Deadly" नामक एक प्रसिद्ध पुस्तक लिखी है, जो क्लोज क्वार्टर बैटल (CQB) तकनीकों पर आधारित है। यह पुस्तक भारतीय सशस्त्र बलों के लिए एक मानक गाइड मानी जाती है।

सेना और पुलिस के लिए विशेष प्रशिक्षण : उन्होंने देश के एनएसजी (नेशनल सिक्यूरिटी गार्ड), मरीन कमांडोज (MARCOS) और पुलिस बलों को आत्मरक्षा और हथियार कौशल में प्रशिक्षित किया है। उनकी ट्रेनिंग ने बलों को आतंकवाद और आपराधिक गतिविधियों से निपटने में दक्ष बनाया है।

साहस और समर्पण का उदाहरण : डॉ. राव ने अपनी उपलब्धियों के लिए कई जोखिम उठाए और कठिन परिस्थितियों में काम किया है। उन्हें और उनके पति, मेजर दीपक राव (जिन्होंने भी भारतीय सशस्त्र बलों को प्रशिक्षित किया है), को उनके योगदान के लिए प्रशंसा पत्र और सम्मान मिला है।

अन्य कौशल और योगदान : डॉ. सीमा राव मेडिकल डॉक्टर और मनोवैज्ञानिक भी हैं। वह फिटनेस, योग और मानसिक अनुशासन के माध्यम से शारीरिक और मानसिक स्वास्थ्य को बढ़ावा देती हैं । उन्होंने भारतीय महिलाओं के लिए आत्मरक्षा की मुफ्त कार्यशालाओं का भी आयोजन किया है।

महत्व और प्रेरणा : डॉ. सीमा राव ने यह साबित किया है कि महिलाएं अपने साहस, कौशल और दृढ़ संकल्प से किसी भी क्षेत्र में उत्कृष्टता प्राप्त कर सकती हैं। उनकी कहानी प्रेरणा देती है कि कैसे एक महिला अपने देश की सेवा में योगदान देकर सामाजिक बंधन की सीमाओं को चुनौती दे सकती है।

नि:शुल्क देश सेवा : उनकी मेहनत और योगदान भारतीय सशस्त्र बलों और देश के नागरिकों के लिए अत्यंत मूल्यवान हैं। सीमा राव भारतीय सेना में 'कमांडो ट्रेनिंग' देती हैं, जिसके बदले वे कुछ नहीं लेतीं । सीमा कॉम्बेट शूटिंग इंस्ट्रक्टर, फायर फाइटर, स्कूबा ड्राइवर, रॉक क्लाइम्बिंग में एचएमआई मेडलिस्ट होने के साथ-साथ मिसेज इंडिया वर्ल्ड की फाइनलिस्ट भी रही हैं।

इतना ही नहीं सीमा विश्व की मात्र उन दस महिलाओं में शामिल हैं, जो अनोखी मार्शल आर्ट 'जीत कुने दो' से प्रमाणित हैं। यह अनोखी मार्शल आर्ट 1960 में ब्रूस ली ने ईजाद की थी।

व्यक्तिगत परिचय : सीमा राव स्वतंत्रता सेनानी प्रो. रमाकांत सिनारी की बेटी हैं। प्रो. रमाकांत ने पुर्तगालियों से गोआ को आजाद कराने में अहम भूमिका निभाई थी। देशभक्त सीमा स्वतंत्रता संघर्ष की वीरगाथाएं सुन-सुन कर बड़ी हुई, जिनसे प्रेरित होकर वे भी देश की सेवा करने का मन बना चुकी थीं। उनके सपने को तब पंख लगे जब वे मेजर दीपक राव से मिलीं। मेजर दीपक राव 12 साल की उम्र से मार्शल आर्ट सीख रहे थे और उन्होंने ही सीमा को इस जुनूनी आर्ट से रूबरू कराया था। मेजर दीपक राव को 2011 में महेंद्र सिंह धोनी और अभिनव बिंद्रा के साथ भारत के राष्ट्रपति द्वारा भारतीय सेना में 20 साल की सेवा के लिए रैंक अवार्ड मिल चुका है।

सीमा और मेजर दीपक शर्मा ने एक-दूसरे को जीवन साथी बना लिया। शादी के बाद दोनों ने मार्शल आर्ट, शूटिंग और शस्त्र रक्षा में कई विधाएं सीखीं और लगातार खुद को

मांजते रहे। इसके साथ-साथ उन्होंने चिकित्सा के क्षेत्र में शिक्षा भी पूरी की। डॉक्टरी की पढाई पूरी करने के बाद दीपक ने कानून की प्रतिष्ठित डिग्री सीएलईटी— लॉ इनफोर्समेंट सर्टिफिकेशन हासिल की और सीमा ने क्राइसिस मेनेजमेंट में एमबीए किया।

खुद को बेहतरीन कौशल से लैस करने के बाद उन्होंने विचार किया कि अब वे कैसे देश की सेवा कर सकते हैं। काफी मंथन के बाद उन्होंने निश्चय किया कि वे अब से भारतीय सेना के जवानों को बिना किसी तनख्वाह के प्रशिक्षित करेंगे।

जवानों को प्रशिक्षित करने की वजह : सेना के जवानों को प्रशिक्षित करने की प्रेरणा के पीछे दो अहम कारण रहे। पहली तो ये इच्छा कि उन जवानों को सिखाया जाए जो भारत की रक्षा में जी जान से जुटे रहते हैं और दूसरी उनकी मार्शल आर्ट और कोम्बेट की प्रेक्टिस में निरंतर लगे रहने की अनिवार्य जरूरत रही। इसलिए 1996 में उन्होंने आर्मी, नेवी, सीमा सुरक्षा बल और एनएसजी के सेना प्रमुखों के सामने प्रस्ताव रखा कि वे नि:शुल्क सेना के जवानों को प्रशिक्षण देना चाहते हैं। सेना प्रमुख उनके इस समर्पण को देखकर प्रभावित हुए और उन्होंने ट्रेनिंग प्रोग्राम शुरू करवा दिया। तब से उन्होंने पीछे मुड़कर नहीं देखा और सीमा ने एक अतिथि प्रशिक्षक के रूप में सेना में 20 वर्ष पूरे कर लिए।

सीमा का सफर : डॉ. सीमा राव का जीवन जितना रोमांचक रहा, उतना ही मुश्किल भी था। उन्होंने पैसे की तंगी भी झेली, लेकिन अपने नि:शुल्क प्रशिक्षण के फैसले पर अडिग रही । गर्मी, बारिश और गला देने वाली सर्द जगहों पर भी सीमा लगातार सेना के प्रशिक्षण केन्द्रों में यात्राएं करती रहती हैं । इस कारण वह अपने पिता के अंतिम संस्कार में भी शामिल नहीं हो सकीं ।

अपने लगातार ट्रेनिग कार्यक्रम और प्रशिक्षण के प्रति समर्पण की वजह से सीमा ने स्वयं गर्भवती न होने का फैसला किया तथा एक बच्ची को गोद लिया । वे सेना के प्रशिक्षण में रुकावट नहीं चाहतीं थी । इतना ही नहीं प्रशिक्षण के दौरान सीमा को तमाम दुर्घटनाओं का सामना करना पड़ता है । कई बार फ्रेक्चर होने के साथ-साथ एक बार तो सिर पर गहरी चोट लगने की वजह से उनकी यादाश्त ही चली गयी, उस दौरान सीमा अपने पति के सिवा किसी को नहीं पहचान पा रही थीं । गंभीर इलाज के कई महीनों बाद उनकी यादाश्त वापस आई, लेकिन देश की सेवा का जज्बा कभी कम नहीं हुआ ।

अपने पति के साथ सीमा राव ने सेना के लगभग हर शीर्ष यूनिट को प्रशिक्षित किया है । जिसमें एनएसजी कैट्स, मार्कोस, गरुड़ से लेकर पैरा-कमांडोज, बीएसएफ, आर्मी के कमांडो विंग तक शामिल हैं। उन्होंने 'नेशनल पुलिस अकेडमी' और 'आर्मी ऑफिसर्स

ट्रेनिंग अकेडमी' के अधिकारियों सहित देश के लगभग हर शहर के 'पुलिस क्विक रिस्पाँस' दलों को भी प्रशिक्षण दिया है।

सीमा राव ने पुरुष प्रधान क्षेत्र में खुद को हमेशा साबित किया है, परन्तु उन्हें आज भी ट्रेनिंग के दौरान ऐसे जवान मिल जाते हैं, जो महिला से सीखना नहीं चाहते। एक साक्षात्कार मेंसीमा ने बताया, "मुझे न सिर्फ़ उन्हें अनुशासन में रखना पड़ता है, बल्कि अपनी काबिलियत से उनका भरोसा भी जीतना होता है। बहरहाल मैं हमेशा अपने प्रशिक्षित कमांडो का सम्मान पाने में सफल हो ही जाती हूँ।"

सीमा और दीपक राव ने मिलकर 'अनआर्म्ड कमांडो कोम्बेट अकेडमी (यूसीसीए—UCCA)' की स्थापना की है, जो शीर्ष मिलिट्री मार्शल आर्ट अकेडमी है। इसमें सेना के जवानों को प्रशिक्षण के साथ-साथ विभिन्न ट्रेनिंग प्रोग्राम की किताबें भी प्रकाशित होती हैं। इसी अकेडमी में सामान्य लोगों के लिए 'अनआर्म्ड काम्बेट ब्लेकबेल्ट प्रोग्राम' भी चलता है।

इस बारे में सीमा बताती हैं, "यूसीसीए के साथ हमने अब तक सात किताबें प्रकाशित की हैं, जिनमें से तीन लिमिटेड एडिशन की किताबें हैं, जो सिर्फ़ भारतीय सेना के लिए विशेष रूप से प्रयोग की जा रही हैं। हमारी एक किताब, 'एनसाइक्लोपीडिया ऑफ क्लोज कोम्बेट ऑप्स' दुनिया की पहली अनोखी एनसाइक्लोपीडिया है, जिसने एफबीआई और इंटरपोल के पुस्तकालयों में स्थान हासिल किया है।"

सीमा को इस सफर में बहुत से सम्मानों से भी नवाजा गया। मलेशिया में आयोजित वर्ल्ड पीस कांग्रेस में उन्हें 'वर्ल्ड पीस अवार्ड' मिला। उसके साथ ही उन्हें 'यूएस प्रेसीडेंट वोल्यूटीयर सर्विस अवार्ड' भी मिला है। सीमा के लिए सबसे बड़ा सम्मान भारतीय सेना में प्रशिक्षण के दौरान मिली संतुष्टि ही है। सीमा कहती हैं, "यह आसान नहीं है, न कभी आसान होगा, लेकिन कौन चाहता है कि ये आसान हो... बढ़े चलो।"

कैप्टन शिखा सुरभि : भारतीय सेना की एक बहादुर और प्रेरणादायक अधिकारी कैप्टन शिखा सुरभि अपने अद्भुत साहस और कौशल के लिए जानी जाती हैं। वह भारतीय सेना की मोटर साइकिल डेयर डेविल्स टीम (Army Service Corps Motorcycle Daredevils) का हिस्सा हैं और गणतंत्र दिवस परेड 2019 में अपने हैरतअंगेज मोटरसाइकिल स्टंट के लिए सुर्खियों में आईं थीं। उनकी प्रमुख उपलब्धियां और योगदान इस प्रकार हैं:—

गणतंत्र दिवस परेड में ऐतिहासिक प्रदर्शन : कैप्टन शिखा सुरभि गणतंत्र दिवस 2019 परेड में भारतीय सेना की मोटरसाइकिल स्टंट टीम का हिस्सा बनकर इतिहास रचने

वाली पहली महिला बनीं। उन्होंने अपने साहसिक प्रदर्शन से यह दिखाया कि महिलाएं शारीरिक और मानसिक दृढ़ता में किसी भी तरह से पुरुषों से कम नहीं हैं। उनकी टीम ने मोटरसाइकिल पर अनेक हैरतअंगेज स्टंट दिखाए, जिससे उन्होंने लाखों दर्शकों का दिल जीत लिया था।

डेयर डेविल्स टीम का हिस्सा : डेयर डेविल्स टीम भारतीय सेना की सबसे प्रतिष्ठित मोटरसाइकिल स्टंट टीम है, जो अपनी चपलता और साहसिक प्रदर्शनों के लिए जानी जाती है। इस टीम में शामिल होकर कैप्टन शिखा सुरभि ने न केवल अपनी शारीरिक दक्षता को सिद्ध किया, बल्कि महिलाओं की भागीदारी को भी एक नई ऊँचाई पर पहुंचाया।

महिला सशक्तिकरण का प्रतीक : शिखा सुरभि की उपलब्धि भारतीय सेना में महिलाओं के लिए प्रेरणा का स्रोत है। उन्होंने यह संदेश दिया कि भारतीय सेना में महिलाएं हर चुनौतीपूर्ण भूमिका को निभाने में सक्षम हैं।

व्यक्तिगत साहस और समर्पण : कैप्टन शिखा सुरभि ने अपनी उपलब्धियों से यह सिद्ध किया कि दृढ़ संकल्प और अनुशासन के साथ कोई भी चुनौती पार की जा सकती है। उनके प्रदर्शन में न केवल तकनीकी दक्षता थी, बल्कि एक प्रेरक भावना भी झलकती थी। साथ ही कैप्टन शिखा सुरभि ने भारतीय सेना में महिलाओं की बढ़ती भूमिका को प्रोत्साहन दिया है। वह उन महिलाओं का प्रतिनिधित्व करती हैं, जो परंपरागत सीमाओं को तोड़कर नई ऊँचाइयों को छूने के लिए प्रेरित होती हैं।

उनकी कहानी यह दर्शाती है कि सशस्त्र बलों में महिलाओं का भविष्य उज्ज्वल है और वे हर चुनौती को आत्मविश्वास के साथ स्वीकार कर सकती हैं। आर्मी की इस डेयरडेविल्स टीम ने अब तक 24 विश्व रिकॉर्ड बनाए हैं।

रिगजिन चोरोल : महीनों की कठिन ट्रेनिंग के सिलसिले में ऑफिसर्स ट्रेनिंग एकेडमी से कुछ ऐसी तस्वीरें आईं, जो देश के हर नागरिक के दिल तक पहुंचीं। परेड पूरी करने के बाद अपने बच्चों को गोद में लिए लेडी आर्मी ऑफिसर्स के चेहरे पर गर्व और आत्मविश्वास था, तो दिल में ममता का सागर। अकादमी से स्नातक होने के लिए इन कैडेट्स ने एक साल की ट्रेनिंग ली और ऑफिसर्स ट्रेनिंग एकेडमी में पासिंग आउट परेड का आयोजन किया गया था। तब वहां 35 महिलाओं सहित 100 से अधिक कैडेट्स ट्रेनिंग पूरी करने के बाद सेना में शामिल हो गए थे।

उनमें एक लेडी आर्मी ऑफिसर्स में लद्दाख की पहली महिला सेना अधिकारी रिगजिन चोरोल भी थीं। उनका परेड के दौरान बना हुआ आत्मविश्वास देखने लायक था।

रिगजिन चोरोल ने लद्दाख की पहली महिला सेना अधिकारी बनकर भारतीय सेना

में एक नया इतिहास रचने वाली प्रेरणादायक महिला हैं। उनकी उपलब्धि न केवल उनके लिए बल्कि पूरे लद्दाख क्षेत्र और भारत के लिए गर्व का विषय है। उनकी उपलब्धियों और योगदान के मुख्य बिंदु हैं:—

लद्दाख की पहली महिला सेना अधिकारी : रिगजिन चोरोल ने भारतीय सेना में कमीशन प्राप्त कर लद्दाख क्षेत्र की पहली महिला सेना अधिकारी बनने का गौरव हासिल किया। उनका यह कदम लद्दाख की युवा महिलाओं के लिए प्रेरणा का स्रोत बन गया, जो सशस्त्र बलों में शामिल होने का सपना देखती हैं।

कठिन परिस्थितियां, सफलता का सफर : लद्दाख के दुर्गम और ठंडे क्षेत्र से आने वाली रिगजिन चोरोल ने कठिन परिस्थितियों के बावजूद सेना में अपनी जगह बनाई। उनकी सफलता दिखाती है कि अगर व्यक्ति में दृढ़ निश्चय और मेहनत की भावना हो, तो कोई भी बाधा असंभव नहीं है।

महिला सशक्तिकरण का प्रतीक : रिगजिन चोरोल ने यह साबित किया कि महिलाएं कठिन से कठिन क्षेत्रों और भूमिकाओं में भी उत्कृष्टता प्राप्त कर सकती हैं। उनकी सफलता लद्दाख क्षेत्र की अन्य युवतियों को सेना, शिक्षा और अन्य पेशों में आगे बढ़ने के लिए प्रेरित करती है।

भारतीय सेना में योगदान : सेना में शामिल होकर रिगजिन चोरोल ने देश की सेवा और रक्षा में अपनी भूमिका सुनिश्चित की। उनकी भूमिका सशस्त्र बलों में क्षेत्रीय और लैंगिक समानता की दिशा में एक महत्वपूर्ण कदम है।

महत्व और प्रेरणा : रिगजिन चोरोल की कहानी उन महिलाओं को प्रोत्साहित करती है, जो समाज की परंपरागत सोच को बदलना चाहती हैं। उनकी सफलता ने दर्शा दिया है कि भारत के हर क्षेत्र और हर कोने से महिलाएं राष्ट्र की सेवा में समान योगदान दे सकती हैं। उनकी यह उपलब्धि लद्दाख और देशभर में महिलाओं की क्षमताओं और आत्मनिर्भरता को दर्शाती है। चोरोल के पति, लद्दाख स्काउट्स की ज़ेडांग सुंपा बटालियन में एक राइफलमैन थे और आर्मी ऑफिसर बनना चाहते थे।

पति की अधूरी इच्छा : ओटीए पासिंग आउट परेड में शामिल लेडी आर्मी ऑफिसर्स में से एक अर्थशास्त्र में स्नातक चोरोल ने एक बातचीत में बताया कि वह अपने बच्चे को एक गौरवपूर्ण माहौल देने के लिए सेना में भर्ती होना चाहती थीं।

दरअसल, रिगजिन खंडप की ड्यूटी के दौरान एक दुर्घटना में मौत हो गई थी। सेना की उत्तरी कमान के अधिकारियों को जब पता चला कि चोरोल, सेना में शामिल होना चाहती हैं, तो उन्होंने चोरोल से मुलाकात की और उनका हौसला बढ़ाया। पति की अधूरी इच्छा

को पूरा करने की ज़िद और अपने बच्चे को गर्व से भरा भविष्य देने की चाह लिए रिगजिन चोरोल ने जो चाहा वह कर दिखाया।

चोरोल ने एक बातचीत में बताया कि उन्होंने अपने पति का सपना पूरा किया, जो वह हमेशा से एक आर्मी ऑफिसर बनना चाहते थे।

हरवीन कौर : हरवीन कौर कहलों की कहानी भारतीय सेना में महिलाओं के लिए नए अवसरों और चुनौतियों को दिखाती है। उनका योगदान महिला सशक्तिकरण, लैंगिक समानता और भारतीय सेना की ताकत को मजबूत करने की दिशा में एक महत्वपूर्ण कदम है।

उनकी उपलब्धियां इस बात का प्रमाण हैं कि महिलाएं हर क्षेत्र में अपनी प्रतिभा और साहस का प्रदर्शन कर सकती हैं। पासिंग आउट परेड में शामिल लेडी आर्मी ऑफिसर्स में से एक हरवीन कौर कहलों, जालंधर के एक निजी स्कूल में शिक्षिका थीं, जब उनके पति कैप्टन कंवलपाल सिंह कहलों की मृत्यु हो गई। पति को खो देने के बाद, हरवीन ने सेना में शामिल होने का फैसला किया। हरवीन ने एक बातचीत में बताया कि उनके पति हमेशा से ही सेना में जाने के लिए उनका हौसला बढ़ाया करते थे। 11 महीनों की ट्रेनिंग पूरी करने के बाद, भारतीय सेना में अफसर बनने वाली हरवीन ने बताया, "मेरे बेटे ने अपने पिता को कभी देखा तो नहीं, लेकिन मुझे पूरा विश्वास है कि वह जब भी मुझे वर्दी में देखेगा, तो उसे अपने पिता की छवि नज़र आएगी।

दरअसल, जब हरवीन मां बनने वाली थीं, तभी उनके पति कैप्टन कंवलपाल सिंह कहलों की मृत्यु हो गई थी। इसलिए उनके बेटे ने अपने पिता को कभी देखा ही नहीं। हरवीन कौर कहलों भारतीय सेना की एक प्रेरणादायक महिला अधिकारी हैं, वह अपने साहस, नेतृत्व और समर्पण से सशस्त्र बलों में महिलाओं की बढ़ती भूमिका का प्रतीक बनीं। वह भारतीय सेना में एक एविएटर (पायलट) के रूप में अपनी उपलब्धियों के लिए जानी जाती हैं। प्रमुख उपलब्धियां और योगदान इस प्रकार है:—

भारतीय सेना की पहली महिला एविएटर : हरवीन कौर कहलों भारतीय सेना की आर्मी एविएशन कॉर्प्स में पायलट बनने वाली पहली महिला अधिकारी हैं। उनका यह मुकाम भारतीय सेना के इतिहास में महिलाओं की भागीदारी के लिए एक ऐतिहासिक कदम था।

साहसिक कार्य और नेतृत्व क्षमता : हरवीन कौर ने हेलीकॉप्टर पायलट के रूप में दुर्गम क्षेत्रों और चुनौतीपूर्ण मिशनों में अपनी जिम्मेदारी निभाई। उनकी भूमिका में सैन्य अभियानों में रसद और सैनिकों को आपूर्ति प्रदान करना और आपदा प्रबंधन जैसे कार्य शामिल रहे।

महिला सशक्तिकरण की प्रतीक : हरवीन कौर ने यह साबित किया कि महिलाएं तकनीकी और शारीरिक रूप से कठिन कार्यों में भी उत्कृष्टता प्राप्त कर सकती हैं। उनकी

उपलब्धि ने महिलाओं के लिए सेना के एविएशन क्षेत्र में नए दरवाजे खोले।

भारतीय सेना में एक नई शुरुआत : आर्मी एविएशन कॉर्प्स में हरवीन कौर की नियुक्ति ने भारतीय सेना के भीतर महिलाओं की भूमिकाओं का विस्तार किया। उन्होंने यह दिखाया कि महिलाएं भी जटिल और उच्च जोखिम वाले सैन्य अभियानों का नेतृत्व कर सकती हैं।

प्रेरणादायक व्यक्तित्व : हरवीन कौर कहलों का सफर सशस्त्र बलों में शामिल होने की इच्छा रखने वाली महिलाओं के लिए प्रेरणादायक है। उनकी सफलता ने न केवल महिलाओं को प्रोत्साहित किया, बल्कि समाज को यह संदेश भी दिया कि महिलाएं हर क्षेत्र में समान रूप से सक्षम हैं।

सीमा सुरक्षा में महिलाओं की भागीदारी :

सीमा सुरक्षा में भारतीय महिलाओं की भागीदारी धीरे-धीरे बढ़ रही है, जो देश की रक्षा और सुरक्षा में महिलाओं की महत्वपूर्ण भूमिका को दर्शाता है। भारतीय महिलाएं अब उन क्षेत्रों में भी अपनी पहचान बना रही हैं, जिन्हें पहले केवल पुरुषों के लिए आरक्षित माना जाता था।

सीमा सुरक्षा बल (BSF) : 2009 में, BSF में पहली बार महिला बटालियन की भर्ती की गई थी। इन महिलाओं को सीमा चौकियों पर तैनात किया गया है, विशेष रूप से भारत-बांग्लादेश और भारत-पाकिस्तान सीमाओं पर। वे घुसपैठ रोकने, तस्करी रोकने और अन्य सुरक्षा कर्तव्यों का पालन करती हैं।

सशस्त्र सीमा बल (SSB) : SSB, जो मुख्य रूप से भारत-नेपाल और भारत-भूटान सीमा की निगरानी करती है, में भी महिलाओं की बड़ी संख्या में भर्ती की गई है। महिलाएं यहां मानव तस्करी और अन्य अवैध गतिविधियों पर नज़र रखती हैं।

भारतीय सेना और ITBP : भारत-चीन सीमा की निगरानी करने वाले इंडो-तिब्बतन बॉर्डर पुलिस (ITBP) में भी महिलाओं को शामिल किया गया है। महिलाएं दुर्गम पर्वतीय क्षेत्रों में गश्त करती हैं और जरूरत पड़ने पर बचाव कार्यों में भी भाग लेती हैं।

महिलाओं की भूमिका और जिम्मेदारियां इस प्रकार होती हैं—

घुसपैठ रोकना : महिलाएं सीमा पर महिला नागरिकों की तलाशी लेने और संदिग्ध गतिविधियों को रोकने में महत्वपूर्ण भूमिका निभाती हैं।

समुदाय में विश्वास बढ़ाना : महिला कर्मियों की उपस्थिति से स्थानीय समुदायों, विशेषकर महिलाओं, में सुरक्षा का भरोसा बढ़ता हैं।

मानवीय दृष्टिकोण : महिलाओं का योगदान मानवीय दृष्टिकोण से भी महत्वपूर्ण है, विशेषकर संवेदनशील मुद्दों से निपटने में। सीमा सुरक्षा पर तैनात महिला सुरक्षाकर्मी को कई चुनौतियों का भी सामना करना पड़ता है।

शारीरिक और मानसिक दबाव : सीमावर्ती क्षेत्रों की कठिन परिस्थितियों में काम करना चुनौतीपूर्ण होता है।

सामाजिक बाधाएं : पारंपरिक सोच और सामाजिक सीमाएं महिलाओं की भागीदारी को सीमित कर सकती हैं।

सुविधाओं की कमी : सीमा क्षेत्रों में बुनियादी सुविधाओं की कमी से महिलाओं को कठिनाइयों का सामना करना पड़ता है।

कुछ सुझाव

प्रशिक्षण और विकास : महिलाओं को विशेष प्रशिक्षण देकर उनकी दक्षता बढ़ाई जा सकती है।

प्रोत्साहन और जागरूकता : महिलाओं को सीमा सुरक्षा में शामिल होने के लिए प्रेरित किया जाना चाहिए।

सुविधा विस्तार : सीमा क्षेत्रों में महिलाओं के लिए उपयुक्त आवास और अन्य सुविधाओं को प्राथमिकता दी जानी चाहिए। भारतीय महिलाओं की सीमा सुरक्षा में बढ़ती भागीदारी देश की सुरक्षा व्यवस्था को मजबूत बनाने के साथ-साथ महिलाओं के सशक्तिकरण की दिशा में भी एक महत्वपूर्ण कदम है।

✿ ✿

अध्याय -15

सिविल सेवा और पुलिस में महिला शक्ति

भारतीय महिलाओं का राजनीति से लेकर पुलिस और सिविल सेवाओं में योगदान निरंतर बढ़ रहा है। उन क्षेत्रों में महिला शक्ति का प्रदर्शन गजब का देखने को मिलता है। यह न केवल उनके लिए महिला सशक्तिकरण है, बल्कि हर समाज के निचले तबके की औरतों तक इसे पहुंचाने में उनकी भूमिका महत्वपूर्ण साबित हुई है। आज उनकी संख्या में लगातार बढ़ोत्तरी हो रही है। कई महिलाएं प्रशासनिक और पुलिस सेवाओं में उच्च्च पदों पर कार्यरत हैं। भारतीय प्रशासनिक सेवा में शामिल होने वाली पहली भारतीय महिला अन्ना राजम मल्होत्रा 1951 में बनी थीं, तो किरण बेदी भारत की पहली आईपीएस अधिकारी 1972 में बनीं।

राजनीति में शीर्ष पदों पर दो महिला महिल राष्ट्रपतियों श्रीमति प्रतिभा पाटिल और श्रीमति द्रौपदी मूर्मू का नाम है, तो पहली प्रधानमंत्री श्रमति इंदिरा गांधी और पहली लोकसभा अध्यक्ष मीरा कुमार के अलावा पहली लंबे कार्याकाल तक वित्त मंत्रालय संभालने वाली श्रीमति सीता रमण हैं। इनके अलावा राजनीति में एक बहुचर्चित नाम श्रीमति सोनिया गांधी का भी लिया जाता है।

महिला आईएस : महिला सिविल सेवा अधिकारियों के योगदान से न केवल प्रशासनिक कार्यों को सफलतापूर्वक संभालाना होता है, बल्कि उनके द्वारा महिलाओं के अधिकारों, बालकों की सुरक्षा, शिक्षा, स्वास्थ्य और भ्रष्टाचार को खत्म करने के लिए कई सुधार योजनाओं को लागू किया जाता रहा है।

इनके कार्यों से यह भी साबित होता है कि महिलाएं प्रशासनिक और पुलिस सेवा में न केवल कार्यक्षमता में बराबरी रखती हैं, बल्कि वे संवेदनशीलता, ईमानदारी और प्रेरणा के स्रोत भी बन सकती हैं। सिविल सेवा के विभिन्न क्षेत्रों में उनकी निभाई गई भूमिका भारत के विकास में अत्यंत महत्वपूर्ण रहा है।

भारत की स्वतंत्रता के 11 महीने बाद ही 17 जुलाई 1948 के दिन महिलाओं को भी प्रशासनिक सेवा और पुलिस सेवा सहित तमाम सार्वजनिक सेवाओं के लिए होने वाली

परीक्षाओं में भाग लेने के लिए योग्य बना दिया गया था। इससे पहले तक इन सेवाओं पर सिर्फ पुरुषों का अधिकार था। महिलाओं को भी प्रशासनिक सेवा (IAS) और पुलिस सेवा (IPS) सहित तमाम सार्वजनिक सेवाओं के लिए होने वाली परीक्षाओं में भाग लेने की पात्रता मिलते ही महिलाएं इसमें शामिल होने लगीं। इस बोरे में देश में नया कानून लागू होने के बाद भारतीय प्रशासनिक सेवा में शामिल होने वाली पहली भारतीय महिला अन्ना राजम मल्होत्रा बनीं। वह महाराष्ट्र एर्नाकुलम की थीं। उनकी नियुक्ति 1951 बैच की आईएएस अधिकारी के तौर पर हुई।

दरअसल 15 अगस्त 1947 की आधी रात को आजादी के बाद से ही सार्वजनिक सेवाओं की परीक्षा में महिलाओं को शामिल करने की आवाज उठने लगी। इसके बाद साल 1948 में 17 जुलाई के दिन इसे लेकर ऐतिहासिक फैसला लिया गया। इस फैसले के कारण ही आज महिलाएं भी देश की प्रगति में पुरुषों से कंधा से कंधा मिलाकर चल रही हैं।

यह किसी से छिपा नहीं है कि भारतीय सिविल सेवा प्रशासनिक मशीनरी की रीढ़ है, जिसे भारत सरकार की ओर से नागरिक सेवा और स्थायी नौकरशाही कहा जाता है। भारत के संसदीय लोकतंत्र में जनता द्वारा चुने गए प्रतिनिधियों (मंत्रीगण) के साथ वे प्रशासन को चलाने के लिए जिम्मेदार होते हैं। पुलिस और प्रशासन में भारतीय महिलाओं की मौजूदगी पिछले कुछ दशकों में बढ़ी है। महिलाओं की भागीदारी को प्रोत्साहित करने के लिए सरकार और सामाजिक संगठनों द्वारा कई प्रयास किए गए हैं, लेकिन इसे एक लंबा सफर तय करना बाकी है।

अन्ना राजम मल्होत्रा : पहली महिला आइएएस का सफर आसान नहीं था। मौजूदा दौर में आधी आबादी यानी महिलाओं कई क्षेत्रों में अग्रणी भूमिका निभा रही हैं और कई क्षेत्रों जैसे कि यूपीएससी जैसी प्रतिष्ठित सेवा में भी महिलाओं की सफलता का कोई सानी नहीं है। स्वतंत्र भारत की पहली महिला आईएएस अधिकारी अन्ना राजम मल्होत्रा के जीवन के कई अनछुए पहलुओं प्रेरणा मिलती है।

अन्ना राजम मल्होत्रा का जन्म 17 जुलाई, 1927 को केरल के एर्नाकुलम जिले में हुआ था। उनके माता-पिता का नाम ओट्टावेलिल ओए जॉर्ज और अन्ना पॉल था। उनका पालन-पोषण कालीकट में हुआ और उन्होंने प्रोविडेंस वीमेंस कॉलेज से 12वीं पास की। कालीकट के मालाबार क्रिश्चियन कॉलेज से स्नातक करने के बाद अन्ना मद्रास चली गई और वहां उन्होंने मद्रास यूनिवर्सिटी से अंग्रेजी साहित्य में पोस्ट ग्रेजुएशन की।

आईएएस (IAS) बनने का अन्ना का सफर इतना आसान नहीं था। साल 1950 में अन्ना ने यूपीएससी परीक्षा में भाग लेने का फैसला किया और मेंस परीक्षा पास करके

इंटरव्यू के लिए उनका चयन हुआ। दिलचस्प बात ये हैं कि तब तक अन्ना इस बात से बेखबर थीं कि वो जो कर रही हैं उससे भारत में इतिहास रचा जाएगा।

साल 1951 में जब वह इंटरव्यू में शामिल हुईं तो उन्हें इंटरव्यू बोर्ड ने उनके उत्साह को गिराने के लिए हर मुमकिन कोशिश की। बोर्ड ने उन्हें आईएएस की जगह विदेशी सेवा और केंद्रीय सेवाओं का ऑफर दिया, क्योंकि उनकी नजर में ये सेवाएं महिलाओं लिए ज्यादा 'बेहतर' थीं। लेकिन जब परीक्षा पास करने के बाद उन्हें पता चला कि ऐसा करने वाली वे देश की पहली महिला हैं।

अन्ना रजम सन 1951 में मद्रास कैडर चुनकर भारतीय सिविल सेवा में शामिल हुईं थी। उन्होंने तत्कालीन मुख्यमंत्री सी राजगोपालाचारी के नेतृत्व में मद्रास राज्य में काम किया था। उन्हें आधुनिक बंदरगाह जवाहरलाल नेहरू पोर्ट ट्रस्ट की स्थापना में उनके द्वारा किए गए योगदान के लिए भी जाना जाता है। साथ ही वे इस ट्रस्ट की अध्यक्ष भी रही थीं। व्यक्तिगत जीवन की बात करें तो उन्होंने सन 1985-1990 तक रिजर्व बैंक ऑफ इंडिया के 7वें गवर्नर रहे आरएन मल्होत्रा से शादी की थी। उनके पति भी आईएएस अधिकारी के पद पर कार्यरत रह चुके थे।

अपने कार्यकाल में अन्ना को कई परेशानियों का सामना भी करना पड़ा। उन्हें उन लोगों द्वारा किया गया अपमान भी सहना पड़ा, जिनको उनकी क्षमता पर संदेह था। इतना ही नहीं कई बार महिला सहकर्मियों ने उनका मजाक भी उड़ाया, लेकिन उनके दृढ़ संकल्प और प्रतिबद्धता ने उन्हें मुड़कर पीछे नहीं देखने दिया और वो लगातार आगे बढ़ती रहीं। अपमान के बावजूद उन्होंने हार नहीं मानी और लगातार अपना काम करती रहीं। अन्ना रजम ने पूर्व प्रधानमंत्री जवाहरलाल नेहरू को एशियाई सम्मेलन में सहयोग किया। उन्होंने पूर्व प्रधानमंत्री इंदिरा गांधी के साथ भी काम किया था। उनके योगदान को देखते हुए उन्हें 1989 में उन्हें देश के प्रतिष्ठित पुरस्कारों में से एक पद्म भूषण से नवाजा गया। 17 सितंबर, 2018 को उनका निधन हो गया।

हैरानी की बात यह थी कि देश में महिलाओं को आईएएस—आईपीए बनने की इजाजत ही नहीं थी। देश की सामाजिक ही नहीं, बल्कि सरकारी व्यवस्था में भी महिलाओं को दूसरा दर्जा दिया गया था। उन्हें प्रशासन की इन महत्वपूर्ण जिम्मेदारियों के लिए अयोग्य माना जाता था। तत्कालीन भारत सरकार, जो ब्रिटिश द्वारा संचालित था, का तर्क था कि इतने महत्वपूर्ण पदों पर महिलाओं को नहीं बैठाया जा सकता, क्योंकि उनमें निर्णय लेने की क्षमता नहीं होती। सोच ये थी कि महिला हमेशा किसी ना किसी पुरुष पर निर्भर होती हैं।

साल 2025 में कोई भी व्यक्ति ये सोच भी नहीं सकता कि देश में एक दिन ऐसा भी था जब महिलाओं को संघ लोक सेवा आयोग द्वारा आयोजित सिविल सेवा परीक्षाओं के लिए पात्र नहीं माना जाता था। पास या फेल तो उनकी योग्यता पर निर्भर करता है, लेकिन नियम ये था कि महिलाएं परीक्षा के लिए फॉर्म तक नहीं भर सकतीं। यह सब कुछ उस देश में हो रहा था, जिसके इतिहास में महिलाओं ने न केवल राजपाट संभाला, बल्कि पुरुषों के समान और कई बार उनसे बेहतर शासन व्यवस्था चलाई। भारत की आजादी की लड़ाई में महिलाओं ने बिना पुरुषों की मदद के अपने स्तर पर अंग्रेजों से संघर्ष किया और इतिहास में अपना नाम दर्ज कराया।

कहने को तो अन्ना राजम मल्होत्रा स्वतंत्र भारत की पहली महिला आईएएस (भारतीय प्रशासनिक सेवा) अधिकारी थीं, लेकिन उन्होंने भारतीय राजस्व सेवा (IRS) में भी महत्वपूर्ण भूमिका निभाई। इस पद पर रहते हुए अन्ना राजम मल्होत्रा ने भारत में प्रशासनिक और राजस्व प्रणाली को सुदृढ़ करने में अहम योगदान दिया। उन्होंने देश के विभिन्न क्षेत्रों में काम किया और कई सुधार लागू किए और कई पुरस्कारों से सम्मानित भी हुईं। वे भारतीय महिलाओं के लिए एक प्रेरणा बनीं और यह दिखाया कि दृढ़ निश्चय और मेहनत से कोई भी क्षेत्र महिलाओं के लिए अछूता नहीं है। उनकी उपलब्धियों ने भारत की महिलाओं को सिविल सेवाओं में प्रवेश करने के लिए प्रेरित किया और समाज में उनकी भूमिका को पुनर्परिभाषित किया।

जैसे ही देश को आजादी मिली, तब इस निर्णय के खिलाफ लंबी बहस शुरू हो गई। तब कांग्रेस पार्टी और भारत की संसद में ऐसे कई नेता थे जो महिलाओं को न केवल महत्व देते थे, बल्कि उन्हें पुरुषों से अलग स्वतंत्र मानते थे। आखिरकार वो दिन यानी दिनांक 17 जुलाई 1948 की तारीख भी आ गई, जब महिलाओं को संघ लोक सेवा आयोग द्वारा आयोजित सिविल सेवा परीक्षा में भाग लेने की पात्रता घोषित की गई।

भारतीय पुलिस सेवा की पहली महिला किरण बेदी

पुलिस और प्रशासन में भारतीय महिलाओं की मौजूदगी पिछले कुछ दशकों में बढ़ी है, लेकिन यह अभी भी पुरुषों की तुलना में कम है। महिलाओं की भागीदारी को प्रोत्साहित करने के लिए सरकार और सामाजिक संगठनों द्वारा कई प्रयास किए गए हैं, लेकिन इसे एक लंबा सफर तय करना बाकी है। साल 2023 तक, भारतीय पुलिस बल में महिलाओं की कुल भागीदारी लगभग 10-12 प्रतिशत तक थी। यह अनुपात राज्य और केंद्र शासित प्रदेशों के अनुसार भिन्न होता है।

केंद्र सरकार ने 33 प्रतिशत आरक्षण का सुझाव दिया है, लेकिन इसे हर राज्य सरकारों द्वारा लागू करना बाकी है। महिला पुलिस अधिकारियों के लिए पुरुष सहकर्मियों के साथ काम करते हुए कई चुनौतियों का सामना करना पड़ता है। यहां तक उन्हें उच्च पदों पर नियुक्ति में भेदभाव से भी निपटना होता है।

किरण बेदी: भारतीय पुलिस सेवा (IPS) की पहली महिला अधिकारी किरण बेदी भारत के इतिहास में एक मील का पत्थर हैं। उनका नाम भारतीय पुलिस सेवा में चयनित होने वाली पहली महिला के रूप में लिया जाता है। वह 1972 में किरण बेदी मसूरी में राष्ट्रीय प्रशासन अकादमी में पहली महिला भारतीय पुलिस सेवा (आईपीएस) अधिकारी के रूप में शामिल हुईं थीं। आईपीएस में शामिल होने के बाद उन्होंने न केवल महिला सशक्तिकरण की मिसाल पेश की, बल्कि प्रशासन और पुलिस सुधार के क्षेत्र में भी उल्लेखनीय योगदान दिया। इस तरह वह किरण बेदी 1975 के गणतंत्र दिवस परेड में दिल्ली पुलिस के डिजाइनर तरुण तहिलियानी अखिल पुरुष दस्ते का नेतृत्व करने वाली पहली महिला बन गई थीं।

किरण बेदी का जन्म 9 जून 1949 को अमृतसर, पंजाब में हुआ। उन्होंने अंग्रेजी साहित्य में मास्टर्स की डिग्री हासिल की और बाद में कानून (एलएलबी) और समाजशास्त्र में डॉक्टरेट (Ph.D.) की भी उपाधि अर्जित की। बेदी एक राष्ट्रीय स्तर की टेनिस खिलाड़ी भी थीं और उन्होंने कई खिताब जीते। एक किशोरी के रूप में बेदी 1966 में राष्ट्रीय जूनियर टेनिस चैंपियन बनीं थीं। वर्ष 1965 और 1978 के बीच उन्होंने राष्ट्रीय और राज्य स्तरीय चैंपियनशिप में कई खिताब जीते। आईपीएक में शामिल होने के बाद उन्होंने दिल्ली, गोवा, चंडीगढ़ और मिजोरम में सेवा दी। उनका करियर दिल्ली के चाणक्यपुरी इलाके में एक सहायक पुलिस अधीक्षक (एएसपी) के रूप में हुआ। इसके बाद वह पश्चिम दिल्ली चली गईं, जहां उन्होंने महिलाओं के खिलाफ अपराधों में कमी लाकर एक मिसाल कायम किया। इसके बाद एक ट्रैफिक पुलिस अधिकारी के रूप में वह दिल्ली में 1982 के एशियाई खेलों के लिए यातायात व्यवस्था की देखरेख की और 1983 की गोवा में कॉमनवेल्थ हेड्स ऑफ गवर्नमेंट मीटिंग संभालने जिम्मेदारी निभाई।

मई 1993 में, वह दिल्ली जेल में महानिरीक्षक (आईजी) के रूप में तैनात हुईं। उन्होंने तिहाड़ जेल में कई सुधारों की शुरुआत की, जिसे दुनिया भर में प्रशंसा मिली और 1994 में उन्हें रेमन मैग्सेसे पुरस्कार मिला। वर्ष 2003 में बेदी पहली भारतीय महिला बनीं जिन्हें संयुक्त राष्ट्र में महासचिव के पुलिस सलाहकार के रूप में नियुक्त किया गया।

किरण बेदी की पहली नियुक्ति चांदनी चौक, दिल्ली में उप-मंडल पुलिस अधिकारी (SDPO) के रूप में हुई थी। उसके बाद उन्होंने विभिन्न उच्च-स्तरीय पदों पर सेवा की, जैसे: गोवा में पुलिस अधीक्षक (एसपी), दिल्ली में यातायात आयुक्त, नारकोटिक्स कंट्रोल ब्यूरो की महानिदेशक, तिहाड़ जेल दिल्ली की महानिरीक्षक आदि। उन्हें 1993 में दिल्ली की तिहाड़ जेल का महानिरीक्षक बनाया गया था। इस दौरान उन्होंने जेल में कई सुधार लागू किए, जिनमें: योग, ध्यान और शिक्षा को बढ़ावा देना एवं कैदियों के पुनर्वास के लिए व्यावसायिक प्रशिक्षण कार्यक्रम शुरू करना था। उनके इन प्रयासों ने तिहाड़ जेल को सुधार केंद्र में बदल दिया और उन्हें वैश्विक ख्याति मिली। पुलिस एवं अन्य प्रमुख पदों में मिजोरम की डिप्टी इंस्पेक्टर जनरल ऑफ पुलिस, चंडीगढ़ में इंस्पेक्टर जनरल ऑफ पुलिस,जाइंट कमिश्नर ऑफ पुलीस ट्रेनीग, दिल्ली में स्पेशल सेक्रेटेरी टू लेफ्टीलेन्ट गवरनर, स्पेशल कमिश्नर ऑफ पुलिस इंटेलिजेन्स, यू.एन. सिविलियन पुलीस एड्वाइजर महानिदेशक, होम गार्ड और नागरिक रक्षा महानिदेशक और पुलिस अनुसंधान एवं विकास ब्यूरो है।

इसके अतिरिक्त कुछ प्रमुख योगदान सड़क यातायात में सुधार से संबंधित भी था। उन्होंने दिल्ली में ट्रैफिक व्यवस्था को सुव्यवस्थित करने के सिलसिले में हेलमेट अनिवार्य करने और सड़क सुरक्षा के प्रति जागरूकता बढ़ाने में अग्रणी भूमिका निभाई। साथ ही नशामुक्ति अभियान चलाकर किरण बेदी ने नशे के खिलाफ लड़ाई और पुनर्वास कार्यक्रमों में अहम योगदान दिया। उन्होंने सामाजिक सेवा के माध्यम से कई सराहनीय कार्य किए।

"नवज्योति इंडिया फाउंडेशन" और "इंडिया विजन फाउंडेशन" के जरिए शिक्षा, नशामुक्ति और महिला सशक्तिकरण का विशेष काम किया। इन कार्यों से उन्हें कई अंतरराष्ट्रीय और राष्ट्रीय पुरस्कार और सम्मान मिले? जिनमें सार्वजनिक सेवा के क्षेत्र में काम करने के लिए मिला रेमन मैग्सेसे पुरस्कार (1994) भी शामिल है। पुलिस में अनकरणीय सेवाओं के लिए उन्हें राष्ट्रपति पुलिस पदक मिला। उनको मिलने वाले अंतर्राष्ट्रीय पुरस्कारों की श्रृंखला में जर्मन फाउंडेशन का जोसफ ब्यूज पुरस्कार, नार्वे के संगठन इंटरशनेशनल ऑर्गेनाजेशन ऑफ गुड टेम्पलर्स का ड्रग भी शामिल हैं।

किरण बेदी का जीवन साहस, ईमानदारी और निष्ठा की मिसाल है। उन्होंने न केवल समाज में महिलाओं और पुलिस सेवा के प्रति धारणा बदलने का काम किया, बल्कि यह साबित कर दिखाया कि दृढ़ इच्छाशक्ति और सही दृष्टिकोण से असंभव को भी संभव बनाया जा सकता है। किरण बेदी का नाम अगर एक तेज—तर्रार आपीएस अधिकारी के तौर जिया जाता है, तो उन्हें एक कुशल राजनीतिज्ञ के तौर पर भी देखा जाता है। किरण

बेदी का नाम अगर एक तेज—तर्रार आपीएस अधिकारी के तौर जिया जाता है, तो उन्हें एक कुशल राजनीतिज्ञ के तौर पर भी देखा जाता है। सामाजिक सक्रियता और लेखन पर ध्यान केंद्रित करने के सिलसिले में उन्होंने कई किताबें लिखी हैं। 2008-11 के दौरान उन्होंने एक कोर्ट शो 'आप की कचहरी' भी होस्ट कर चुकी हैं। वह 2011 के भारतीय भ्रष्टाचार विरोधी आंदोलन के प्रमुख नेताओं में से एक थीं और जनवरी 2015 में भारतीय जनता पार्टी में शामिल हो गईं। उन्होंने 2015 के दिल्ली विधानसभा चुनाव में पार्टी के मुख्यमंत्री पद के उम्मीदवार के रूप में सफल रूप से चुनाव लड़ा। बाद में उन्हें 22 मई 2016 को पुडुचेरी के उपराज्यपाल के रूप में नियुक्त किया गया था।

भारतीय विदेश सेवा

सी. बी. मुथम्मा भारत की पहली महिला भारतीय विदेश सेवा (IFS) अधिकारी थीं। उनका नाम एक प्रतिष्ठित राजनयिक के रूप में विख्यात हैं। उनका जीवन भारतीय विदेश सेवा में महिलाओं के लिए एक महत्वपूर्ण मील का पत्थर साबित हुआ। पूरा नाम चानम्मा बेसेंट मुथम्मा है, जिनका जन्म 24 जनवरी 1924 को कर्नाटक के कोडगु (कूर्ग) में हुआ था। उन्होंने कोडगु से अपनी प्रारंभिक शिक्षा पूरी की। बाद में उन्होंने प्रेसीडेंसी कॉलेज, चेन्नई से स्नातक की पढ़ाई पूरी की। साथ ही उन्होंने दिल्ली विश्वविद्यालय से अर्थशास्त्र में मास्टर्स की डिग्री हासिल की।

1949 में, सी. बी. मुथम्मा भारतीय विदेश सेवा में शामिल होने वाली पहली महिला बनीं। यह सेवा उस समय महिलाओं के लिए अपेक्षाकृत नई और चुनौतीपूर्ण मानी जाती थी। मुथम्मा ने विदेश सेवा में प्रवेश के बाद कई चुनौतियों का सामना किया। उस समय, महिलाओं को प्रमुख पदों पर जाने या शादी करने पर सेवा छोड़ने के लिए मजबूर किया जाता था।

उन्होंने इस भेदभावपूर्ण नीति के खिलाफ आवाज उठाई। उन्होंने विभिन्न देशों में भारत का प्रतिनिधित्व किया और अपनी असाधारण क्षमताओं के लिए प्रशंसा पाई। मुथम्मा भारत की पहली महिला राजदूत बनीं और हंगरी में भारतीय राजदूत के रूप में कार्य किया।

यहां तक पहुंचने के लिए उन्हों कानून की मदद लेनी पड़ी। उन्होंने 1979 में सुप्रीम कोर्ट में एक याचिका दायर की, जिसमें विदेश सेवा में महिलाओं के साथ भेदभाव का मुद्दा उठाया। इस याचिका का असर हुआ और महिलाओं के लिए विदेश सेवा में कई सुधार किए गए।

सी. बी. मुथम्मा अपने दृढ़ निश्चय, ईमानदारी और पेशेवर क्षमता के लिए जानी जाती थीं। 2009 में उनका निधन हो गया, लेकिन उनकी विरासत और योगदान भारतीय विदेश

सेवा और महिला सशक्तिकरण के क्षेत्र में अमिट हैं। उनका जीवन इस बात का प्रमाण है कि बाधाओं के बावजूद महिलाएं नेतृत्व और बदलाव के क्षेत्र में असाधारण योगदान दे सकती हैं।

आज देश में भले ही लैंगिक समानता और महिला सशक्तिकरण को लेकर कई तरह की बातें होती हों, लेकिन जमीनी हकीकत कुछ और ही है। यह सच है कि विभिन्न क्षेत्रों में महिलाओं ने अपने कौशल व मेहनत के दम पर अपना स्थान बनाया है, फिर भी अभी स्थिति बराबरी की नहीं है। इतना ही नहीं, विभिन्न क्षेत्रों में अपना स्थान कायम करने के लिए कई महिलाओं को एक लंबी लड़ाई लड़नी पड़ी है। इन्हीं महिलाओं में मुथम्मा भी थीं।

पहली भारतीय महिला राजनयिक के कार्यकाल के दौरान महिलाओं के साथ होने वाले भेदभाव को देखकर उन्हें काफी दुख हुआ। यहां तक कि सरकार की दकियानूसी सोच को बदलने के लिए उन्होंने सुप्रीम कोर्ट में याचिका तक दायर की। जिसके बाद सरकार को उनके सामने झुकना पड़ा।

सी बी मुथम्मा के पिता एक फॉरेस्ट ऑफिसर थे और जब मुथम्मा मात्र नौ वर्ष की थी, तो उनके पिता की मृत्यु हो गई थी। मुथम्मा की मां ने अपने चार बच्चों को सर्वोत्तम शिक्षा दिलाने का प्रयास किया।

सी बीम मुथम्मा 1948 में यूपीएससी परीक्षा पास करके भारतीय सिविल सेवा में शामिल होने वाली पहली महिला थीं। उसके बाद उन्होंने भारतीय विदेश सेवा के लिए आवेदन किया और 1949 में वह आईएफएस अधिकारी बनी। जब उन्होंने भारतीय विदेश सेवा में प्रवेश किया, तो मुथम्मा से एक समझौते पर हस्ताक्षर करवाए गए। समझौते में लिखा था कि वह शादी के बाद अपनी नौकरी से इस्तीफा दे देंगी। जब वह एक आईएफएस ऑफिसर के रूप में अपनी सेवाएं दे रही थीं, तो भारतीय विदेश मंत्रालय ने सीबी मुथम्मा को विदेश सचिव के पद पर पदोन्नत नहीं किया था। जिसके बाद मुथम्मा ने सुप्रीम कोर्ट का दरवाजा खटखटाया।

उनका मत था कि सरकार के रोजगार कि नियमों में लिंग के आधार पर भेदभाव किया जाता है। बाद में सुप्रीम कोर्ट ने 1976 में न्यायमूर्ति वी आर कृष्ण अय्यर की अध्यक्षता वाली तीन सदस्यीय खंडपीठ में अपना फैसला मुथम्मा के समर्थन में दिया। यह मुथम्मा के अथक प्रयासों का ही परिणाम था कि अब से आईएफएस महिला अधिकारियों को शादी करने से पहले सरकार की अनुमति लेने की आवश्यकता नहीं है।

सी बी मुथम्मा भले ही आज इस दुनिया में नहीं हैं, लेकिन यह उनके प्रयासों का ही परिणाम है कि वर्तमान में संयुक्त राष्ट्र संघ में भी महिलाएं भारत का प्रतिनिधित्व करती हैं।

महिला पुलिस स्वयंसेवक योजना (एमपीवी)

महिलाओं के सशक्तिकरण के लिए यह भारत सरकार की एक महत्वपूर्ण योजना है। इसके तहत महिला पुलिस स्वयंसेवकों को महिला सशक्तिकरण के मुद्दों पर काम करने के लिए प्रेरित किया जाता है। महिलाओं की सुरक्षा, उनके अधिकारों के प्रति जागरूकता और समुदाय में कानून व्यवस्था को मजबूत बनाना इसके अहम पहलु हैं। वैसे यह योजना विशेष रूप से ग्रामीण और शहरी क्षेत्रों में महिलाओं के लिए सुरक्षा और सहयोग को बढ़ावा देने के उद्देश्य से लागू की गई है।

सामान्य तौर पर महिलाएं न केवल असुरक्षा की भावना से ग्रसित रहती है,बल्कि कदम—कदम पर उनके लिए सुरक्षा में सुधार लाने की भी जरूरत महसूस की जाती रही है। इसी संदर्भ में महिलाओं और बच्चों के लिए सुरक्षित वातावरण तैयार करना जरूरी है। यह योजना इस सिलसिले में बहुपयोगी साबित होती है। महिलाओं को उनके कानूनी अधिकारों और उपलब्ध सरकारी योजनाओं की जानकारी के बगैर यह संभव नहीं हो सकता। पुलिस और समुदाय के बीच सेतु बनकर उनमें आपसी विश्वास को मजबूत किया जाता है। इससे जमीनी स्तर पर अपराधों के रोकथाम में मदद मिलती है।

इसकी महत्वपूर्ण विशेषताओं में महिला पुलिस स्वयंसेवक स्थानीय महिलाओं को उनकी समस्याओं के समाधान के लिए प्रेरित करना है। वे घरेलू हिंसा, छेड़खानी, बाल विवाह, दहेज प्रथा आदि जैसे मामलों में पीड़ितों को मदद करती हैं।

इनकी नियुक्ति ग्राम स्तर पर होती है। प्रत्येक ग्राम पंचायत में कम से कम एक महिला पुलिस स्वयंसेवक नियुक्त की जाती है। इन स्वयंसेवकों को पुलिस और अन्य संबंधित विभागों द्वारा प्रशिक्षण दिया जाता है, ताकि वे बेहतर तरीके से अपनी जिम्मेदारियां निभा सकें। वे महिलाओं के लिए जागरूकता अभियान चलाती हैं और कानून के प्रति संवेदनशीलता पैदा करती हैं। इसका लाभ महिलाओं में कानून व्यवस्था के प्रति अधिक जागरूक और सशक्त बनने का मिलता है। इनके जरिए ग्रामीण और पिछड़े इलाकों में महिलाओं तक सहायता आसानी से पहुंचती है। पुलिस के साथ महिलाओं का संपर्क और विश्वास मजबूत होता है।

एमपीवी के नियुक्ति की परिकल्पना महिला एवं बाल विकास मंत्रालय द्वारा गृह मंत्रालय के सहयोग से राज्यों/संघ शासित प्रदेशों के लिए की गई है, जो पुलिस और समुदाय के बीच कड़ी का काम करती है तथा संकट में फंसी महिलाओं को हर संभव मदद पहुंचाती हैं। इसके लिए राज्यों/संघ शासित प्रदेशों के सभी मुख्य सचिवों से अनुरोध

किया गया कि वे अपने-अपने राज्यों में इस पहल को अपनाएं। हरियाणा पहला राज्य था जिसने वित्त वर्ष 2016-2017 के दौरान निर्भया फंड के तहत पायलट आधार पर करनाल और महेंद्रगढ़ जिले में इस पहल को अपनाया। इसके अलावा, एमपीवी के कार्यान्वयन के लिए आंध्र प्रदेश, झारखंड, गुजरात, मिजोरम, छत्तीसगढ़, कर्नाटक और मध्य प्रदेश के प्रस्तावों को भी मंजूरी दी गई।

महिला और शिशु रक्षक दल (MASRD) : यह एक महत्वपूर्ण सामाजिक पहल है, जिसका उद्देश्य महिलाओं और बच्चों की सुरक्षा और अधिकारों की रक्षा करना है। यह समुदाय आधारित दृष्टिकोण पर आधारित है, जिसमें महिलाओं और बच्चों के खिलाफ अपराधों को रोकने, जागरूकता फैलाने और स्थानीय स्तर पर सहायता प्रदान करने पर जोर दिया गया है। यह पहल न केवल उनके अधिकारों की रक्षा करती है, बल्कि एक समावेशी और सुरक्षित समाज के निर्माण में भी योगदान देती है। सामाजिक जागरूकता को ध्यान में रखते हुए इनसे महिलाओं और बच्चों के अधिकारों, स्वास्थ्य, शिक्षा और सरकारी योजनाओं के प्रति जागरूकता बढ़ाना संभव हो पाता है।

स्थानीय स्तर पर सहयोग के तहत स्थानीय समुदाय, पुलिस और सामाजिक संगठनों के बीच एक सहयोगी ढांचे का निर्माण कर महिलाओं और बच्चों को आत्मनिर्भर और आत्मविश्वासी बनाने में मदद की जाती है, ताकि वे अपने अधिकारों के लिए खड़े हो सकें।

इस दल का गठन प्रत्येक गांव, पंचायत, या शहरी वार्ड में किया जाता है। इसमें स्थानीय महिलाएं और समाजसेवी शामिल होती हैं। दल के सदस्यों को कानूनी, सामाजिक और मनोवैज्ञानिक पहलुओं पर प्रशिक्षण दिया जाता है। उन्हें घरेलू हिंसा, बाल शोषण और अन्य सामाजिक मुद्दों से निपटने के लिए सशक्त किया जाता है।

उनका सहयोगी नेटवर्क पुलिस, सामाजिक कल्याण विभाग, स्वास्थ्य विभाग और बाल कल्याण संगठनों के साथ बना होता है। वे हेल्पलाइन और सहायता केंद्र से मदद लेते हैं। महिलाओं और बच्चों के लिए शिकायत दर्ज कराने और तत्काल सहायता के लिए हेल्पलाइन और सहायता केंद्र स्थापित किया जाता है।

इससे लाभान्वित होने वालों में महिलाओं और बच्चे हैं। उनके खिलाफ अपराधों में कमी लाना और जरूतमंदों तक सरकारी योजनाओं का लाभ पहुंचना है। सामाजिक कुरीतियों जैसे बाल विवाह और दहेज प्रथा पर रोकथाम, सामुदायिक जागरूकता और एकजुटता में वृद्धि करना भी इसका उद्देश्य है। इस तरह से देखा जाए तो महिला और शिशु रक्षक दल (MASRD) समाज में महिलाओं और बच्चों की स्थिति को बेहतर बनाने की दिशा में एक महत्वपूर्ण कदम साबित हुआ है।

एमपीवीएस में नियुक्ति: इस योजना में स्थानीय समुदाय की महिलाओं को महिला पुलिस स्वयंसेवक (एमपीवी) के रूप में भर्ती करना शामिल है। इस काम पर रखी गई महिलाएं पुलिस और लोगों के बीच एक कड़ी के रूप में काम करती हैं। वे महिलाओं और बच्चों के खिलाफ किसी भी हिंसा या अपराध की रिपोर्ट कर उन्हें कानूनी और अन्य सेवाओं तक पहुँचने में मदद करती हैं। यह नई 'एमपीवी योजना 2023' को गृह मंत्रालय द्वारा महिला एवं बाल विकास मंत्रालय के सहयोग से 10 राज्यों और केंद्र शासित प्रदेशों में चलाया जा रहा है और वर्ष 2023-24 के लिए इसके लिए 20 करोड़ रुपए आवंटित किए गए हैं। इसकी शुरुआत 2016 में हुई थी और इसे कई राज्यों और केंद्र शासित प्रदेशों में लागू किया गया है। इससे पुलिस बल में महिलाओं के लिए 33 प्रतिशत आरक्षण को बढ़ावा देने में मदद मिली है।

इनका चयन जिला स्तर के अधिकारियों द्वारा कुछ पात्रता मानदंडों, जैसे आयु, शिक्षा, निवास आदि के आधार पर किया जाता है। उन्हें उनकी सेवाओं के लिए प्रति माह 1000 रुपए का मानदेय (वेतन) दिया जाता है। उन्हें अधिकारियों से प्रशिक्षण, पुरस्कार और मान्यता भी मिलती है। इसमें भर्ती होने वाली महिलाओं की आयु 21 वर्ष से अधिक नहीं होनी चाहिए। उन्हें 12वीं पास होना जरूरी है, उनका कोई आपराधिक रिकॉर्ड नहीं होना चाहिए।

नियुक्त किए गए एमपीवी से अपेक्षा की जाती है कि वे प्रतिदिन कम से कम एक घंटा काम करें और अपने निर्धारित क्षेत्र में कम से कम 50 घरों को कवर करें। इनकी की देखरेख और निगरानी वरिष्ठ पुलिस अधीक्षक की अध्यक्षता वाली जिला स्तरीय समितियों द्वारा की जाती है।

एक अन्य शर्त के मुताबिक एमपीवी को किसी भी राजनीतिक दल का सदस्य नहीं होना चाहिए। नियुक्ति के समय एमपीवी को अपनी पात्रता साबित करने के लिए कुछ दस्तावेज प्रस्तुत करने होंते हैं। इनमें पासपोर्ट आकार का फोटो, पहचान प्रमाण, पते का प्रमाण, शैक्षिक योग्यता प्रमाण पत्र, बैंक खाता विवरण आदि हैं। एमपीवी को पते का प्रमाण प्रस्तुत करना होता है। इसके लिए इच्छुक महिलाओं को अपने जिले के वरिष्ठ पुलिस अधीक्षक (एसएसपी) या पुलिस अधीक्षक (एसपी) से संपर्क कर सकती हैं।

✿ ✿

अध्याय-16

पंचायती राज से महिला सशक्तिकरण

पंचायती राज और महिला सशक्तिकरण भारतीय लोकतंत्र के विकास में एक महत्वपूर्ण पहलू है। यह प्रणाली न केवल ग्रामीण क्षेत्रों में महिलाओं को निर्णय लेने की प्रक्रिया में शामिल करती है, बल्कि उन्हें सशक्त बनाने और उनके सामाजिक, आर्थिक और राजनीतिक अधिकारों को मजबूत करने का एक प्रभावी माध्यम भी है।

यह एक तरह से ग्रामीण महिलाओं की स्थानीय राजनीतिक भागीदारी है, जिसका अधिकार संविधान के 73वें संशोधन (1992) के तहत पंचायतों में उनको 33 प्रतिशत (या उससे अधिक) आरक्षण की व्यवस्था के बाद हासिल हुआ। इससे महिलाएं न केवल चुनाव लड़ने लगीं, बल्कि गांव के विकास में अपनी सक्रिय भूमिका निभाने लगी हैं।

इस अधिकार से स्थानीय शासन में मिली भागीदारी से उनमें नेतृत्व कौशल और निर्णय लेने की क्षमता आ गई। सकारात्मक परिणाम के तौर पर महिलाएं पंचायतों में शामिल होकर शिक्षा, स्वास्थ्य, स्वच्छता, रोजगार, बुनियादी सुविधाएं और महिला सशक्तिकरण से संबंधित नीतियों और योजनाओं के निर्माण में योगदान देने लगीं। पंचायत स्तर पर महिलाओं की इस भागीदारी ने उन्हें आत्मविश्वास से भर दिया और वे अपने अधिकारों के प्रति जागरूक हो गईं। सामाजिक कुरीतियों के खिलाफ आवाज उठाने में सक्षम होते ही सामाजिक कुरीतियों से के खिलाफ सशक्त आवाज बन गईं। पंचायत की महिला प्रधानों और सदस्यों ने बाल विवाह, दहेज प्रथा, घरेलू हिंसा और लिंग भेद जैसी समस्याओं को हल करने में प्रभावी भूमिका निभाने लगी।

यही नहीं आर्थिक सशक्तिकरण के मोर्चे पर भी महिलाएं पंचायत के माध्यम से स्वरोजगार, स्वयं सहायता समूह और ग्रामीण रोजगार योजनाओं को बढ़ावा देने में जुट गईं। इसने ग्रामीण महिलाओं की आर्थिक स्थिति में सुधार आया और उन्हें आत्मनिर्भर बनाना संभव हो पाया।

इस स्थानीय प्रशासन की पैठ न केवल भारत के तमाम ग्रामीण इलाके में हो गई है, बल्कि इसके महिला नेताओं की बुलंद आवाजों की गूंज संयुक्त राष्ट्र मुख्यालय के विशेष हॉल में भी सुनी गई। महिला नेताओं ने एक दिन के महत्वपूर्ण अवसर पर अपने नेतृत्व के दौरान चुनौतियों और संघर्षों के बीच स्थानीय शासन के माध्यम से सतत विकास लक्ष्यों पर प्रगति लाने में प्रेरक पहल और उपलब्धियों को साझा किया।

भारत के पंचायती राज संस्थानों से निर्वाचित महिला प्रतिनिधि (ईडब्ल्यूआर) 3 मई 2024 को सीपीडी—57 के कार्यक्रम में छा गईं थीं। इस कार्यक्रम को भारत के स्थायी मिशन और पंचायती राज मंत्रालय द्वारा संयुक्त रूप से न्यूयॉर्क में संयुक्त राष्ट्र मुख्यालय सचिवालय भवन में संयुक्त राष्ट्र जनसंख्या कोष (यूएनएफपीए) के सहयोग से आयोजित किया गया था। यह एक अतिरिक्त कार्यक्रम था, जिसका विषय "एसडीजी का स्थानीयकरण: भारत में स्थानीय प्रशासन में महिला नेतृत्व" था। इसमें महिला प्रतिनिधियों ने अपनी प्रेरणादायक कहानियों और परिवर्तनकारी पहल से दर्शकों-श्रोताओं को मंत्रमुग्ध कर दिया। तीन प्रतिष्ठित महिला पंचायत नेताओं श्रीमती सुप्रिया दास दत्ता, श्रीमती कुनुकु हेमा कुमारी और श्रीमती नीरू यादव ने बाल विवाह से निपटने, शिक्षा को बढ़ावा देने, वित्तीय समावेशन, आजीविका के अवसरों, पर्यावरणीय स्थिरता और खेल जैसी पहल के माध्यम से महिलाओं और लड़कियों को सशक्त बनाने के अपने अभूतपूर्व काम का वर्णन किया। उनकी कहानियां एसडीजी को साकार करने में महिला नेतृत्व की दृढ़ता और प्रभाव का उदाहरण बन चुकी हैं।

राजदूत रुचिरा कंबोज ने सत्ता के विकेंद्रीकरण और प्रत्यक्ष लोकतंत्र के प्रतीक के रूप में भारत की अनूठी पंचायती राज व्यवस्था पर प्रकाश डालते हुए इस कार्यक्रम की रूपरेखा तैयार की थी। उन्होंने इसे प्रत्यक्ष लोकतंत्र के एक उत्कृष्ट उदाहरण की संज्ञा देते हुए पंचायती राज के माध्यम से विकेन्द्रीकृत ग्रामीण स्थानीय स्वशासन की भारत की अनूठी व्यवस्था बताया। इस संबंध में प्रस्तुत किए गए आंकाड़े चौंकाने वाले थे। राजदूत कंबोज ने इस व्यवस्थात पर प्रकाश डालते हुए बताया कि 14 लाख से अधिक निर्वाचित महिला प्रतिनिधियों (ईडब्ल्यूआर) के साथ पंचायती राज व्यवस्था के तहत भारत की यात्रा सशक्तिकरण, समावेशन और प्रगति की एक कहानी कहती है, जो विशेष रूप से महिला नेतृत्व में हुई प्रगति को दर्शाती है।

पंचायती राज मंत्रालय में सचिव विवेक भारद्वाज ने भारत में मजबूत लोकतांत्रिक व्यवस्था और भारत को 'लोकतंत्र की जननी' बनाने वाली ग्रामीण स्थानीय स्वशासन की समृद्ध और पुरानी परंपरा पर प्रकाश डालते हुए स्थानीय शासन में महिलाओं को सशक्त

बनाने की भारत की प्रतिबद्धता पर जोर दिया, जिसमें 46 प्रतिशत से अधिक निर्वाचित प्रतिनिधि महिलाएं हैं। उन्होंने बताया कि कैसे ग्राम पंचायतें संसाधनों और जियो-टैगिंग, पारदर्शिता के लिए ऑडिट ऑनलाइन जैसी तकनीकी की मदद और पंचायतों के समग्र विकास, प्रदर्शन और प्रगति का आकलन करने के लिए पंचायत विकास सूचकांक जैसी पहल द्वारा समर्थित विषयगत वार्षिक योजनाओं के माध्यम से एसडीजी का स्थानीयकरण कर रही हैं। जमीनी स्तर पर महिलाओं को सशक्त बनाना लोकतंत्र की उन्नति, जीवंतता तथा मजबूती के लिए और एसडीजी पर प्रगति में तेजी लाने के लिए महत्वपूर्ण है। केंद्र सरकार की "ड्रोन दीदी" और "लखपति दीदी" पहल जैसे उदाहरणों का हवाला देते हुए उन्होंने आर्थिक सशक्तिकरण सुनिश्चित करने के लिए विकास और नीतिगत हस्तक्षेप के लिए प्रौद्योगिकी का लाभ उठाने में पंचायती राज संस्थानों द्वारा अपनाए गए अभिनव दृष्टिकोण पर प्रकाश डाला।

इस कार्यक्रम में तीन प्रतिष्ठित महिला निर्वाचित प्रतिनिधियों में त्रिपुरा से श्रीमती सुप्रिया दास दत्ता, आंध्र प्रदेश से श्रीमती कुनुकु हेमा कुमारी और राजस्थान से श्रीमती नीरू यादव ने प्रभावशाली संवादात्मक प्रस्तुतियां प्रस्तुत की। इन तीनों महिला प्रतिनिधियों ने स्थानीय शासन के साथ ही कई विषयगत क्षेत्रों में एसडीजी के स्थानीयकरण को आगे बढ़ाने में अपने अनुभव और नवाचार साझा किए। बाल विवाह की समस्या से निपटने से लेकर स्वास्थ्य, शिक्षा, आजीविका के अवसरों और पर्यावरणीय स्थिरता को बढ़ावा देने तक, इन महिलाओं ने जमीनी स्तर के नेतृत्व की परिवर्तनकारी शक्ति का उदाहरण दिया। उन्होंने नेतृत्व के दौरान अपनी यात्रा में आने वाली चुनौतियों और संघर्षों के बारे में जानकारी देने के साथ यह भी बताया कि उन्होंने उससे कैसे पार पाया।

श्रीमती सुप्रिया दास दत्ता ने महिलाओं और लड़कियों को सशक्त बनाने के उद्देश्य से की गई पहलों पर प्रकाश डालते हुए बताया कि सरकारी कार्यालयों में महिलाओं के लिए अलग शौचालयों का निर्माण और उनके नेतृत्व में स्वयं सहायता समूहों (एसएचजी) की संख्या में 600 से लगभग 6,000 तक की तेजी से वृद्धि शामिल है।

श्रीमती कुनुकु हेमा कुमारी ने स्वास्थ्य, शिक्षा और वित्तीय संसाधनों तक पहुंच, वित्तीय स्वतंत्रता और उच्च शिक्षा की ओर अग्रसर होने के अनुकूल महिलाओं के लिए एक सक्षम वातावरण बनाने के महत्व पर जोर दिया।

श्रीमती नीरू यादव ने स्वच्छ भारत अभियान और प्लास्टिक के उपयोग पर अंकुश लगाने के प्रयासों सहित पर्यावरणीय स्थिरता को बढ़ावा देने वाली पहलों का प्रदर्शन किया, जिसमें स्वच्छ और हरित भविष्य के निर्माण में महिलाओं की महत्वपूर्ण भूमिका

को प्रदर्शित किया गया। उन्होंने लड़कियों में खेल भावना पैदा करने और उनमें नेतृत्व विकसित करने के अपने प्रयासों और सफलताओं का उल्लेख किया।

इस कार्यक्रम में मुख्य वक्ताओं में संयुक्त राष्ट्र में नॉर्वे के उप स्थायी प्रतिनिधि श्री एंड्रियास लोवोल्ड और यूएनएफपीए के प्रतिनिधि शामिल थे, जिनमें यूएनएफपीए के एशिया प्रशांत क्षेत्रीय निदेशक श्री पियो स्मिथ, यूएनएफपीए में उप कार्यकारी निदेशक (कार्यक्रम) सुश्री डायने कीता और यूएनएफपीए भारत प्रतिनिधि सुश्री एंड्रिया एम. वोज्नार भी शामिल थीं। उन्होंने लैंगिक समानता को आगे बढ़ाने और एसडीजी को स्थानीय बनाने में भारत के प्रयासों की सराहना की।

संयुक्त राष्ट्र में नॉर्वे के उप स्थायी प्रतिनिधि राजदूत श्री एंड्रियास लोवोल्ड ने विकास के उत्प्रेरक के रूप में, विशेष रूप से आर्थिक विकास में, स्थानीय शासन में महिलाओं के नेतृत्व के महत्व पर प्रकाश डालते हुए उन्होंने स्थानीय शासी निकायों में महिलाओं के नेतृत्व के साथ नॉर्वे के अनुभव साझा किए और इसके सकारात्मक प्रभाव तथा परिणामों पर जोर दिया। इसके साथ ही, उन्होंने वैश्विक समुदाय के लिए प्रेरणा के रूप में भारत के महिला नेतृत्व वाले विकास की सराहना की।

यूएनएफपीए के क्षेत्रीय निदेशक श्री पियो स्मिथ ने परिवर्तनकारी महिला नेतृत्व के माध्यम से सभी स्तरों पर असमानताओं को कम करने में भारत की मजबूत प्रगति की सराहना की। यह देखते हुए कि यह एक नैतिक अनिवार्यता और रणनीतिक आवश्यकता दोनों है, उन्होंने लिंग-संवेदनशील नीतियों और महिला नेताओं की क्षमता निर्माण को बढ़ावा देने में यूएनएफपीए की भूमिका पर जोर दिया। यूएनएफपीए की भारत प्रतिनिधि सुश्री एंड्रिया एम. वोज्नार ने इस बात पर प्रकाश डाला कि एसडीजी हासिल करने में दुनिया की सफलता के लिए भारत की सफलता महत्वपूर्ण है। उन्होंने कहा कि अगर भारत सफल होता है, तो दुनिया एसडीजी हासिल करने में सफल होती है। उन्होंने पंचायती राज मंत्रालय द्वारा पंचायत विकास सूचकांक पर लाए गए ब्रोशर की भी सराहना की।

सीपीडी—57 अतिरिक्त कार्यालय ने एसडीजी हासिल करने की दिशा में स्थानीय शासन में महिलाओं के अमूल्य योगदान को रेखांकित किया। इसने भारत के पंचायती राज मॉडल को स्थानीय शासन की एक प्रभावी प्रणाली के रूप में निर्यात करने की वैश्विक मांग को उठाया, जिससे इच्छुक विदेशी प्रतिनिधिमंडलों को भारत की पंचायती राज प्रणाली और पंचायती राज संस्थानों की प्रतिभा और नवीनता को प्रत्यक्ष रूप से देखने के लिए आमंत्रित किया गया।

पंचायती राज का संचालन और अधिनियम

पंचायतें मुख्य रूप से राज्य सरकारों की जिम्मेदारी हैं, क्योंकि "स्थानीय शासन" राज्य का एक विषय है। पंचायतें संबंधित राज्य के पंचायती राज अधिनियमों के माध्यम से स्थापित और संचालित होती हैं। इसके कुछ महत्वपूर्ण बिंदू इस प्रकार हैं:—

- पंचायती राज संस्थानों (पीआरआई) को इसके अधिदेश के अनुरूप, स्थानीय शासन, सामाजिक परिवर्तन और स्थानीय आबादी की आकांक्षाओं को पूरा करने वाली सार्वजनिक सेवा वितरण के लिए एक प्रभावी, कुशल और पारदर्शी माध्यम बनाने के लिए, पंचायती राज मंत्रालय अपनी प्रमुख पहल/योजनाएं/नीति के माध्यम से हर संभव प्रयास करता है।
- संविधान के अनुच्छेद 243डी में अनुसूचित जनजातियों, अनुसूचित जातियों, पिछड़े वर्ग के नागरिकों और महिलाओं के लिए पंचायतों में सीटों के आरक्षण का प्रावधान है।
- कुल 21 राज्यों और 2 केंद्रशासित प्रदेशों ने अपने संबंधित राज्य पंचायती राज अधिनियमों/नियमों में, पंचायतों में महिलाओं के लिए 50 प्रतिशत आरक्षण का प्रावधान किया है।
- अनुसूचित क्षेत्रों में रहने वाले आदिवासी नागरिकों के लिए संविधान के अनुच्छेद 244 के खंड (1) में निर्दिष्ट, पंचायत प्रावधान (अनुसूचित क्षेत्रों तक विस्तार) अधिनियम, 1996 को संविधान के भाग IX के प्रावधानों के विस्तार के लिए अधिनियमित किया गया है। यह अधिनियम आदिवासी लोगों की संस्कृति और आजीविका के संरक्षण के संबंध में ग्राम सभा को विशेष अधिकार प्रदान करता है।

केंद्रीय पंचायती राज राज्य मंत्री श्री कपिल मोरेश्वर पाटिल द्वारा लोकसभा में एक लिखित उत्तर में जानकारी के अनुसार मुख्य बिंदू इस प्रकार हैं:—

- मंत्रालय महिला सशक्तिकरण और महिला नेतृत्व के मुद्दों पर कार्यशालाओं, सम्मेलनों, समितियों और विशेषज्ञ समूहों की एक श्रृंखला के माध्यम से निर्वाचित महिला प्रतिनिधियों के साथ जुड़ा हुआ है।
- इन कार्यशालाओं और संपर्क के दौरान प्राप्त सर्वोत्तम कार्य-प्रणालियों के अनुभवों के साथ-साथ विभिन्न समितियों और विशेषज्ञ समूहों द्वारा दी गई सिफारिशों के आधार पर मंत्रालय समय-समय पर राज्यों को सलाह जारी करता है।

- मंत्रालय ने ग्राम सभा की बैठकों से पहले अलग-अलग वार्ड सभा और महिला सभा की बैठकें आयोजित करने की सुविधा के लिए राज्यों को सलाह भी जारी की है।
- ग्राम सभा और पंचायत बैठकों में महिलाओं की उपस्थिति और भागीदारी बढ़ाने के लिए राज्यों को सलाह भी जारी की गई है।
- यह मंत्रालय पंचायतों की निर्वाचित महिला प्रतिनिधियों की क्षमता विकसित करने पर ध्यान केंद्रित करता है, ताकि वे ग्राम पंचायतों में प्रभावी ढंग से कार्य कर सकें और अपनी नेतृत्व भूमिकाओं का उचित ढंग से निर्वहन कर सकें।
- मंत्रालय ग्राम पंचायत विकास योजनाओं और पंचायतों द्वारा कार्यान्वित की जा रही विभिन्न योजनाओं की तैयारी के लिए ग्राम सभा की बैठकों में सक्रिय भागीदारी के माध्यम से पंचायतों के कामकाज में महिलाओं की बढ़ती भागीदारी को प्रोत्साहित कर रहा है।
- पंचायती राज मंत्रालय ई-पंचायतों (एमएमपी-ईपंचायत) पर मिशन मोड परियोजना लागू कर रहा है, जो आरजीएसए योजना का एक केंद्रीय घटक है, जिसके तहत पंचायती राज संस्थाओं और इसके समग्र परिवर्तन के लिए विभिन्न ई-गवर्नेंस परियोजनाओं को कामकाज में दक्षता, जवाबदेही और पारदर्शिता लाने के लिए पंचायतों के डिजिटलीकरण की दिशा में वित्तपोषित किया जाता है।
- देश भर में पंचायती राज संस्थाओं के कामकाज को मजबूत करने के लिए, इस मंत्रालय ने उपयोगकर्ता के अनुकूल एक वेब-आधारित पोर्टल eGramSwaraj (https://egramswaraj.gov.in) लॉन्च किया है, जिसका उद्देश्य विकेंद्रीकृत योजना, प्रगति रिपोर्टिंग, वित्तीय प्रबंधन, कार्य-आधारित लेखांकन और बनाई गई संपत्तियों के विवरण में बेहतर पारदर्शिता लाना है।
- पंचायत खातों यानी ग्राम पंचायतों की प्राप्तियों और व्ययों का समय पर ऑडिट सुनिश्चित करने के लिए, इस मंत्रालय ने एक ऑनलाइन एप्लिकेशन – ऑडिटऑनलाइन (https://auditonline.gov.in) शुरू किया है। यह एप्लिकेशन न केवल पंचायत खातों की ऑडिटिंग की सुविधा प्रदान करता है, बल्कि ऑडिट रिकॉर्ड को बनाए रखने की भी सुविधा प्रदान करता है। यह एप्लिकेशन ऑडिट पूछताछ, ड्राफ्ट स्थानीय ऑडिट रिपोर्ट, ड्राफ्ट ऑडिट पैरा आदि के लिए प्रक्रिया को सुव्यवस्थित करता है और इस प्रकार पारदर्शिता और जवाबदेही में सुधार के लिए पंचायतों द्वारा खातों का उचित रखरखाव सुनिश्चित करता है।

- मंत्रालय ने eGramSwaraj को सार्वजनिक वित्तीय प्रबंधन प्रणाली (पीएफएमएस) के साथ एकीकृत किया है। eGramSwaraj-PFMS इंटरफेस (eGSPI) ग्राम पंचायतों को विक्रेताओं/सेवा प्रदाताओं को तत्क्षण भुगतान करने में सक्षम बनाता है।
- ईजीएसपीआई के माध्यम से लिखे जाने तक 1.74 लाख करोड़ रुपए का लेनदेन किया गया है। पंचायतों को निर्बाध खरीद और लेखांकन अनुभव सक्षम करने के लिए ई-ग्रामस्वराज को गवर्नमेंट-ई-मार्केट प्लेस (जीईएम) के साथ भी एकीकृत किया गया है।

✿ ✿ ✿